U0071644

懂紫微

這年頭，每個人都需要

台中市五術教育協會 理事長
黃恆堉◎著

推薦序

古聖先賢說：「凡人不知命，難以為君子。」

自古以來紫微斗數和子平八字以及星平會海並稱命學三大系統，故吾人自出娘胎後，長輩大都會請老師替寶貝排命盤，或趨吉避凶，或做為命名之依據，或做為日後發展的方向指引，所求都是為了替家裡的新希望，找到能出人頭地的好方法。

紫微斗數，顧名思義即是以紫微星為首而引導出的星群，其主要論述有星情和四化，此二者互為體用，就如同人的肌肉和血脈，缺一不可，熟練應用更是斷驗如神。

黃恆堉老師本著對五術的使命感，不辭千辛萬苦，用心學習各名家秘傳之紫微斗數，綜合出版本書。讓有心研習紫微斗數者，能在最短的時間內，用最少的花費學會各名家的私房菜。本書可說是集紫微斗數精華之大成，擁有本書即如同聘得各家名師為顧問。熟讀本書並融會貫通，您也是紫微斗數大師了。

本人於2008年夥同黃老師合著兩本書，一本是《學奇門遁甲、這本最好用》，另一本是《學擇日、原來這麼簡單》，也都由知青出版社出版，而這本紫微斗數書本人也提供了很多資料來豐富內容，整本書的整體架構可說相當完整，對紫微有興趣的朋友，很值得收藏。

祝福您。

中華民國奇門學會　理事
彰化縣命理人際管理學會　學術顧問
吉發堂奇門開運中心　**林錦洲**　老師　戊子年臘月謹序於豐原
服務處：台中縣豐原市豐南街12號
電話：04-25353141　0933-411186

推薦序

欣逢台中市五術教育協會黃恆堉理事長的紫微斗數大作問世，敝人備感榮幸之至樂為理事長寫推薦序，因為黃老師在五術教育上的努力與心血付出，個人甚表讚佩。

學習紫微斗數者將來必會人手一冊這本《沒看過紫微斗數這麼好學》，當您擁有此書之時，方知吾所言不虛。因為黃老師是將目前市面上所有紫微斗數派別做整理歸納，甚至連吾所學由謝昕潤老師所創的國寶派紫微斗數，亦被黃老師收納於本書及軟體中。

生在21世紀的我們終於不需興嘆紫微斗數易學難精了，因為拜今日的電腦科技興盛之下黃老師是最善於利用無遠弗屆的網路資訊懂得抓住趨勢，知道現今社會就該將所有紫微斗數資料整合於一本書中，成為學習者人手一書，若再搭配紫微斗數專用軟體將會如虎添翼。不管您是專業命理師或是自算命運研究者都將因此書而功力大增。也將使您財運、事業、健康、感情……等皆能順利亨通。

因為當您開始研究這本書及軟體時，您就已具有比別人積極、觸發、堆砌自身善知識的開始。有句話說：「抓住趨勢，錢財如潮湧，背離趨勢，財去如退潮。」

想要掌握趨勢的您必要研究此書。當您清楚知道未來人生方向時，懂得善用趨勢時您將會再多了一筆資產。

而這份資產是越老越珍貴，現代人學紫微斗數講求速、快、準，但能學出門道者並不多，原因在於欠缺共同有系統的研究紫微斗數的學理並多驗證，以徵生命之運數，一窺天地之奧妙，命、運、數的道理盡在此書中。

台中市五術教育協會　理事　**孫承緯**　老師

推薦序

因為十幾年前的因緣，接觸五術的命與相，因而隨處與人結緣，當作與人互動的話題。無心插柳在十九年後，又一個因緣再起，參與台中五術教育協會，更加廣泛的研究五術，也因各大名師的聚集，有更多學習的機會。看了很多的五術著作，才知過去所學的紫微斗數不夠深入，而起了再度學習之心，近兩年看了黃老師的多本著作後，突然覺得命理論斷並不困難嘛，跟以往所看過命理書籍的深澀，顯然有很大的差別。

黃老師因有過去參與行銷大學教育研究的講師訓練，在專業的訓練下，對表達及敘述部分能很詳細而有系統的解說，由淺入深，而且配合文字及電腦軟體加上圖文並茂的方式來引導學生學習，因此在書本的編排上非常易懂易學，尤其在紫微論斷表達上，得體又容易被接受，有如與人面對面對話般，讓人有親切感，因而獲得不同階層人士對學習紫微的興趣！

以往黃老師所出版的幾本書如《學八字，這本最好用》等十幾本著作也都受到好評，主要是因讓學生感覺不難學，所以有句話說得很貼切「沒有教不會的學生，只有不會教的老師」，在這本紫微的書問市前夕，我用很短的時間就看完手稿，覺得很有系統且很好學，黃老師特邀我幫他寫推薦序，像這麼有親和力，整理資料功夫又這麼符合人性的老師要再度出書，當然很高興為他推薦。

黃老師在五術界的心願，是想開發更多的軟體，以輔助專業命理師，讓他們更得心應手來服務客戶，這種前瞻性的想法完全符合未來趨勢也滿足六年級、七年級生的需求，因此黃老師的著作保證值得一看或收藏，黃老師可說是業界的奇葩。

台中市五術教育協會 常務理事 **陳明荷**

自序

這十多年來聽到很多人說論命八字比較難學，跟隨了幾位老師學習後，都還不太懂怎麼論八字，反觀紫微斗數比較好學，因為紫微十二宮較淺顯易懂，但坊間紫微斗數的書很多，有論星性，有論四化，看來都不錯但總覺得要背的似乎多了一點，資料整理稍嫌複雜，在論斷上似乎比較不容易一下子就能找到答案，於是我就用寫電腦程式的方式來寫書，讓讀者看到命盤就可直接找到答案，於是在教材編排上花了不少時間整理，本書保證可以讓您很快學會排盤且各宮論斷約兩分鐘就可找到答案，如果您懶得排盤，本書附贈一套排盤軟體可讓您輕鬆入門。

繼多本著作熱賣後恆堉應眾多讀者要求能不能出版一本深入淺出且論斷功能更廣泛的紫微斗數工具書，且又強調不能寫的太深奧，要很容易懂，又要很好學，又能馬上會批紫微斗數的參考書，讓想學紫微斗數的人看完了自然就會論紫微斗數，這實在是一大難題、但是有了前幾本的經驗後於是著手整理這一本很實用的紫微斗數書來與讀者分享，希望對有興趣學紫微斗數的朋友不會因為紫微斗數難學而放棄。

要學會批紫微斗數流年，可能需要學習一段時間，但最重要的關鍵點就是當您需要從紫微斗數命盤中瞭解什麼事、怎麼看、從哪裡看時，該到哪裡找到論斷的資料，這可就不是那麼容易，如今有了這本書，所有的問題都可迎刃而解，您想要瞭解的部分，都能在這本書找到資料，因為本書分類的很有系統，很好瞭解，讓您在學習紫微斗數的過程中可縮短學習時間，因為時間就是金錢，不是嗎？

作者本著經驗願意分享、不藏私、將所會所學全部傾囊而出的理念來整理這本書，只要您想學會紫微斗數批命，看這本就能搞定一大半喔。

本書從入門、中階、高階、批命、論命、改運，只要讀者想知道的，在這本書幾乎都可查到答案，讓我們學完紫微斗數後真正能知命而後造運，這也是我深入五術研究的期望及心願。

最後要感謝吉發堂奇門開運中心林錦洲老師在五術命理方面的指導及資料提供，沒有林老師的細心校對及協助，恆埼的書籍恐有疏漏之憾，林老師可堪稱是我這一輩子的貴人，再度感恩。

台中市五術教育協會　理事長　**黃恆堉**　0936286531

網址www.abab.com.tw　網址www.a8899.com

◎紫微斗數論命軟體（試用版）安裝說明

試用版軟體聲明

1、電腦開至XP的桌面上（WIN98、WIN2000不能執行）

2、將軟體光碟放入光碟機中會自動啟動執行，本軟體需要安裝到電腦硬碟中

3、點兩下紫微斗數附贈版進入安裝畫面

4、按setup（有藍色電腦圖示）之檔案

5、然後按照軟體指示開始操作軟體

吉祥坊易經開運中心，不會使用請電 04-24521393

本軟體是屬附贈品，所以功能有所限制，只開放7項論斷項目，請點選所要論斷項目，其餘反白部分需購買「專業版」才能使用，如有其他問題請洽04-24521393，謝謝！

安裝試用版軟體，請先將防毒軟體關閉。

◎紫微斗數論命軟體功能簡介

本書所附贈之（試用版）軟體以下有◎之項目才可使用

A、紫微命盤

1、紫微斗數綜合盤　2、紫微斗數流月盤　◎3、紫微斗數大運盤

4、紫微斗數流日盤　5、紫微斗數流年盤　◎6、紫微斗數星盤

B、紫微斗數命中十二宮分析

◎7、先天命宮分析　8、先天僕役宮分析　9、先天兄弟宮分析

10、先天官祿宮分析　11、先天夫妻宮分析　12、先天田宅宮分析

13、先天子女宮分析　◎14、先天福德宮分析　15、先天財帛宮分析

16、先天父母宮分析　17、先天疾厄宮分析　18、先天遷移宮分析

19、以上挑選列印

C、本命特質剖析

◎20、由紫微斗數看本命格局　21、各宮四化入十二宮各種現象

22、由生年四化看一生現象

23、以上挑選列印

24、由本命自化看各種現象

D、紫微大運分析

25、大運命宮分析

26、大運僕役宮分析

27、大運兄弟宮分析

28、大運官祿宮分析

29、大運夫妻宮分析

30、大運田宅宮分析

31、大運子女宮分析

32、大運福德宮分析

33、大運財帛宮分析

34、大運父母宮分析

35、大運疾厄宮分析

36、大運之四化現象

37、大運遷移宮分析

38、以上挑選列印

E、紫微流年分析

◎39、流年命宮分析

40、流年官祿宮分析

41、流年兄弟宮分析

42、流年田宅宮分析

43、流年夫妻宮分析

44、流年福德宮分析

45、流年子女宮分析

46、流年父母宮分析

47、流年財帛宮分析

48、流年命宮星性特質

49、流年疾厄宮分析

50、流年之四化現象

51、流年遷移宮分析

52、流年僕役宮分析

53、以上挑選列印

J、其他特別功能

75、剖腹生產擇日功能　76、封面列印功能
77、合婚或情侶論斷功能　78、客戶資料備分功能
79、館號修改功能　80、流年派流月、流日盤自訂
81、各派別四化選擇功能（占驗派、國寶派、中洲派、欽天四化派）
82、小限派流月、流日盤

本軟體收錄四大派系四化不同盤局及流年、流月斷法，可自選設定。一個人的流年命書約可印出80張。

保證論斷內容最精實，保證論斷內容最淺顯，保證內行或外行都看得懂，所有命盤及論斷內容可轉成Word檔或PDF檔再行編輯，以便用e-mail傳送給客戶或親朋好友。

如果需要專業版軟體請洽 04-24521393
吉祥坊易經開運中心 黃老師
如果需要專業版軟體請洽 04-25353141
吉發堂奇門開運中心 林老師

第一章

紫微斗數的基本認識

第一節　排紫微命盤需要什麼資料

我們常在坊間聽到，「走，我們去批個紫微斗數及流年行運。」究竟紫微斗數的盤是怎麼形成的呢？

即是用一個人出生之年、月、日、時，一個人出生時的那一刹那就決定了先天命運，這就是所謂的落土時「八字命」。

由一個人的八字中就可推論出一個人現在、未來的運勢，八字的好壞不是由我們決定，而是由父母決定，但長大後的命運則是由我們自行決定，所以說：命不能改但運卻可以轉變，如果能知命就能造運了。俗話說：「命好不如運好，運好不如個性好。」

建議各位看倌都能學會老祖宗所傳承的紫微斗數，然後運用紫微斗數統計學來規劃未來美好的人生。

第二節　如何快速學會紫微斗數

坊間紫微斗數書籍琳瑯滿目，本書就不再重複其他大師的書寫技巧及論點。本書編寫方式採按圖施工的方式呈現，保證讓讀者一目瞭然，因為我當初學習紫微斗數花了太多的時間在找資料及排命盤，至於要如何開始來論命盤就需花更多時間才可能懂，所以經過很長時間的學習及收集總算歸納出一種公式，既簡單又好懂，又很準的論命流程，希望讓想學紫微斗數或已學一段時間一直抓不到論命重點的朋友做為初階索引。

如果您能用心將本書看完一遍，不用刻意去背起來只要腦中留有一點印象，保證日後在批命盤時就能在短時間內找到您想要的資料。

為什麼我敢這麼說呢？在現今社會潮流下要論紫微斗數一定要排盤，初學者單單要學會排盤就需要一段時間，如今困難的排盤動作有紫微軟體來取代，可避免排錯盤的困擾，在論命盤時只要翻到解說的部分也都歸納很清楚一下就懂。

論紫微斗數的困難度就在論斷時的資料掌握及套用，以及論斷者的經驗，本書研究了坊間最簡單的論斷模式，以及最能讓大眾所接受的論斷，用命盤對照方式來指示讀者在最短時間內就能學會紫微斗數的學理，以便達成趨吉避凶的目的。

第三節　爲什麼要用電腦軟體來輔助論命

有的人為什麼會被稱讚為聰明絕頂，因為他總是博學多聞，頭腦裡裝滿很多學問。如果你要成為紫微斗數專家，那鐵定要背很多資料任考不倒，但一般大眾並不一定想要成為紫微斗數專家，只是想從紫微斗數中知道自己的命運罷了，所以並不想投入太多的時間來研究紫微斗數，如果能藉由紫微斗數軟體來做輔助工具，那就會省下很多時間，同時也會減少許多錯誤發生。

現今為21世紀電腦化的時代，也是趨勢，奉勸所有想學紫微斗數或是紫微斗數老師們，一定要懂得如何運用電腦來幫助我們日常生活的便利，因為21世紀是靠管理及快速而致勝，如果我們再排斥電腦化，幾年後將很難與他人競爭。現今流行網際網路，網路算命何其多，有些網站生意很好，論命一次收費一千~三千元不等，據調查台灣人大約有75%的人曾經算過命，而且一生中算過5次以上者已超過50%，如果您是屬於愛算命一族，請問您一生中大約要花多少錢在算命上呢？親愛的讀者只要把這本書帶回家將電腦軟體安裝好，就可以幫自己及全家人或親朋好友論命了，同時也可省下許許多多的論命費用。

第四節　學紫微斗數首先要瞭解五行

學紫微斗數必須先瞭解五行相生相剋之理，才有辦法來解盤。

首先我們開始用最簡單的方式來呈現紫微斗數中的天干、地支中各字所代表的五行之互動關係，瞭解後在論紫微斗數的過程中就比較會有頭緒。

五行就是木、火、土、金、水，以下就是五行間的相互關係。

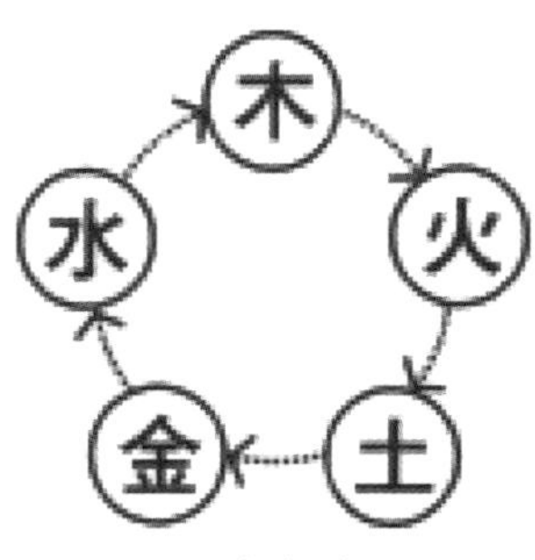

五行相生
木生火、火生土、土生金、
金生水、水生木

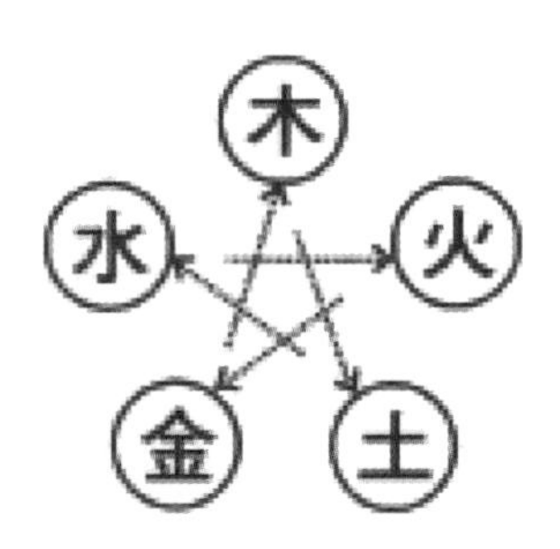

五行相剋
木剋土、土剋水、水剋火、
火剋金、金剋木

第五節　瞭解十天干的合剋

天干是指甲、乙、丙、丁、戊、己、庚、辛、壬、癸

台語記憶諧音法：甲、乙、丙、丁，有、一、天、承、認、鬼

天干與天干之間的關係，有天干五合如下圖：

戊陽土←→癸陰水→合化火

丁陰火←→壬陽水→合化木

丙陽火←→辛陰金→合化水

乙陰木←→庚陽金→合化金

甲陽木←→己陰土→合化土

天干的五行就標示在甲、乙、丙、丁、戊、己、庚、辛、壬、癸下方

甲、丙、戊、庚、壬屬陽干，乙、丁、己、辛、癸屬陰干

天干在方位上所代表的是：

甲乙屬木→表示東方＝也代表春季

丙丁屬火→表示南方＝也代表夏季

戊己屬土→表示中央方＝也代表四季

庚辛屬金→表示西方＝也代表秋季

壬癸屬水→表示北方＝也代表冬季

第六節　天干與天干間的對應關係如下

甲、丙、戊、庚、壬是陽干。乙、丁、己、辛、癸、叫陰干

庚剋甲　辛剋乙　壬剋丙　癸剋丁　乙剋己
丙剋庚　丁剋辛　戊剋壬　甲剋戊　己剋癸，由下表得知，陽對陽、陰對陰才叫剋（沖）

第七節　瞭解十二地支間的刑沖合害

地支就是子、丑、寅、卯、辰、巳、午、未、申、酉、戌、亥共十二個字，以下就以地支間的相互關係來分析。

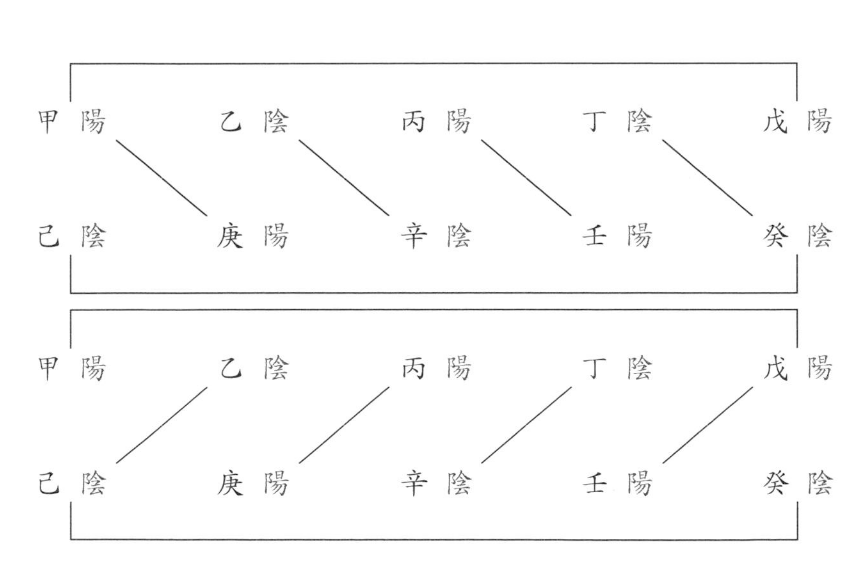

以十二生肖論：

子→鼠
丑→牛
寅→虎
卯→兔
辰→龍
巳→蛇
午→馬
未→羊
申→猴
酉→雞
戌→狗
亥→豬

以下圖三是地支三會局的圖：

寅卯辰為東方木、巳午未為南方火。
申酉戌為西方金、亥子丑為北方水。

三會局所合化的力量很大，在做命盤論斷時是一個重要參考。

快速記憶法，記憶不好的朋友可以用諧音法多唸幾次保證記得起來：用台語唸「寅卯辰」可記成「是蒼蠅」、「巳午未」可記成「是我胃」、「申酉戌」可記成「真夭壽」、「亥子丑」可記成「孩子醜」。

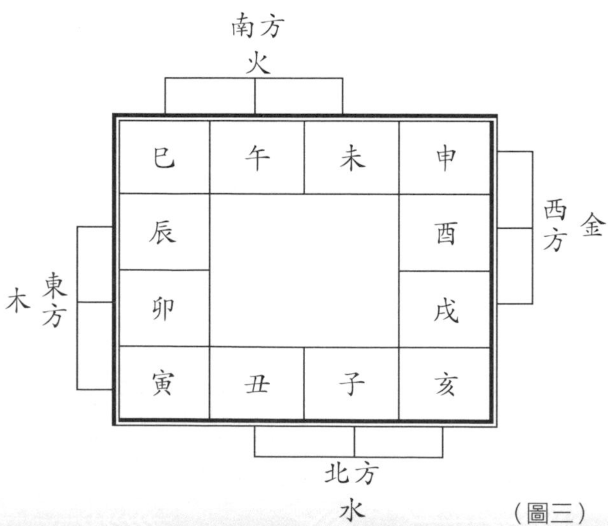

（圖三）

所謂地支三合：就是圖三中相差四位之宮

寅午戌合化火局、巳酉丑合化金局

申子辰合化水局、亥卯未合化木局

所謂地支半三合：就是三合少一個字

寅午合化火局、巳酉合化金局

午戌合化火局、酉丑合化金局

申子合化水局、卯未合化木局

子辰合化水局、亥卯合化木局

以地支六合談：圖三中橫方向相臨或相對之兩宮

子丑合化土局、寅亥合化木局

卯戌合化火局、辰酉合化金局

午未合化火局、巳申合化水局

什麼是地支六沖：圖三中相差六宮

子午沖、丑未沖、寅申沖、卯酉沖、辰戌沖、巳亥沖

再談地支六害：圖三中直方向對應的兩宮

子未相害、丑午相害、寅巳相害、卯辰相害、酉戌相害、申亥相害，害代表無助力

那地支相刑又是什麼?

辰辰相刑、午午相刑、酉酉相刑、亥亥相刑、子卯刑、寅巳申相刑、丑未戌相刑，刑代表有損害，在批命盤時大都以不佳論。

第二章

紫微斗數命盤導覽

紫微斗數星盤

日期：2023/10/31

<table>
<tr>
<td>廉貪陀
貞狼羅

鳳天地地
閣貴劫空
【福德】力長指歲
【乙巳】士生背建
1、13、25、37、49、61、73
104～113 小限 11</td>
<td>巨 祿
門 存
忌

【田宅】博養咸晦
【丙午】士 池氣
2、14、26、38、50、62、74
94～103 小限 12 權</td>
<td>天 擎
相 羊

蜚三八天
廉台座月
【官祿】官胎地喪
【丁未】府 煞門
3、15、27、39、51、63、75
84～93 小限 1</td>
<td>天天
同梁
權
天孤天天天封
傷辰才壽姚誥
【僕役】伏絕亡貫
【戊申】兵 神索
4、16、28、40、52、64、76
74～83 小限 2</td>
</tr>
<tr>
<td>太 文鈴
陰 昌星
祿
天寡天
喜宿刑
【父母】青沐天病
【甲辰】龍浴煞符
12、24、36、48、60、72、84
114～123 小限 10 忌科</td>
<td colspan="2" rowspan="2">姓名: 性別:男
西元：1977年9月21日午時 農曆：66年8月9日午時
編號 :0
五行：金四局
性屬：陰男
□□□蛇
命主：文曲
身主：
子年斗君：亥</td>
<td>武七天火
曲殺鉞星
祿
龍破
池碎
【遷移】大墓官
【己酉】耗 符
5、17、29、41、53、65、77
64～73 小限 3</td>
</tr>
<tr>
<td>天 右 身宮
府 弼

【命宮】小冠災弔
【癸卯】耗帶煞客
11、23、35、47、59、71、83
4～13 小限 9</td>
<td>太 文
陽 曲
祿
天紅
使鸞
【疾厄】病死攀小
【庚戌】符 鞍耗
6、18、30、42、54、66、78
54～63 小限 4</td>
</tr>
<tr>
<td>天截解
官空神
【兄弟】將臨劫天
【壬寅】軍官煞德
10、22、34、46、58、70、82
14～23 小限 8 祿</td>
<td>紫破
微軍
祿
天
哭
【夫妻】奏帝華白
【癸丑】書旺蓋虎
9、21、33、45、57、69、81
24～33 小限 7</td>
<td>天
機
科
陰台旬
煞輔空
【子女】飛衰息龍
【壬子】廉 神德
8、20、32、44、56、68、80
34～43 小限 6</td>
<td>天左
魁輔
天天天天恩
福虛馬巫光
【財帛】喜病歲大
【辛亥】神 驛耗
7、19、31、43、55、67、79
44～53 小限 5</td>
</tr>
</table>

正財	日元	偏印	七殺	主星
甲午	辛巳	己酉	丁巳	八字
己丁	庚戊丙	辛	庚戊丙	藏
偏七印殺	劫正正財印官	比肩	劫正正財印官	副星
病	死	臨官	死	運
桃花 天乙貴人 桃花 外桃花	血刃 伏吟 血刃 福星貴	金匱 五鬼 祿神 紅豔 將星	血刃	地支神煞

75	65	55	45	35	25	15	5	大運
辛丑	壬寅	癸卯	甲辰	乙巳	丙午	丁未	戊申	

◎廟 ⊕旺 ○得地 △利益 ▲平和 ●不得地 ▼落陷

第一節　紫微斗數常用專有名詞一定要熟悉

在學習紫微斗數的流程中，一定會接觸到許多專有名詞，以下就是會常常碰到的一些專有名詞，最好能熟記。

◎主星：

紫微斗數主星共有十四顆，紫微星系六顆，依序為紫微、天機、太陽、武曲、天同、廉貞；天府星系則有八顆，依序為天府、太陰、貪狼、巨門、天相、天梁、七殺和破軍，主星也包含六吉星及六凶星。

◎星、曜：

紫微斗數所排出的星可稱星辰、星斗或星曜。

北斗主星：紫微、武曲、巨門、貪狼、廉貞、破軍。

北斗助星：祿存、羊刃（擎羊）、陀羅、左輔、右弼、文曲。

南斗主星：天府、天機、天相、天梁、天同、七殺。

南斗助星：火星、鈴星、天魁、天鉞、文昌。

中天主星：太陽、太陰。

中天助星：天空、地劫。

◎四化：

化祿、化權、化科、化忌。四化是根據天干的變化而變，例如「甲」干的四化為廉貞星化祿、破軍星化權、武曲星化科、太陽星化忌，若是「乙」干四化則為天機星化祿、天梁星化權、紫微星化科、太陰星化忌……等（可參考各派系之圖表）。

◎紫微星系：

紫微、天機、太陽、武曲、天同、廉貞共有六顆。

◎天府星系：

天府、太陰、貪狼、巨門、天相、天梁、七殺、破軍共有八顆。

◎六煞星或煞星：

擎羊（羊刃星）、陀羅、火星、鈴星、天空、地劫，對凶星的威力有加強的作用，對吉星有減弱吉星效果。

◎六吉星或吉星：

文昌、文曲、天魁、天鉞、左輔、右弼，對凶星的威力有減弱的作用，對吉星有增強吉星效果。

◎本宮：

欲探討之事項所在的宮位，探討財帛宮時，則稱財帛宮為本宮。

◎對宮：

對欲探討之事項所在宮位之相對宮位，稱為對宮。如探討夫妻宮時，則官祿宮為夫妻之「對宮」。或是宮位在子，則對宮則是在午。

◎鄰宮、兩鄰宮，又稱夾：

所探討事項宮位之「前後兩宮」，稱為「兩鄰宮」。所在的宮位在子，則兩鄰宮為亥及丑宮。若所在的宮位為命宮，鄰宮為兄弟宮與父母宮。

◎三合：

亦稱三合宮，由寅、午、戌三宮；申、子、辰三宮；巳、酉、丑三宮；亥、卯、未三宮。如命坐寅、午、戌中之一宮，其他兩宮必成財帛和官祿，命、財、官因而成為「三合」或「三合宮」，其吉凶引動息息相關；同理，若田宅宮坐於亥、卯、未之其中一宮，另兩宮必為疾厄與兄弟，該三宮的吉凶亦息息相關。可參考本章第三節之地支三合。

◎三方四正：

三合宮加上對宮，則為三方四正，如探討丑宮時，巳、酉兩宮和丑宮的對宮「未宮」，皆成為丑宮的三方宮位（即為三方四正）。

◎宮干：

每個地支宮位所配之天干叫「宮干」。

◎坐、守：

指某星曜進入該事項宮位。如論命宮時，命宮有天相星，即是天相坐命，或天相守命宮，亦可說天相在命宮坐守。

◎會、照：

星曜坐入欲探討宮位之三方宮位，和本宮形成交會，則稱該星曜由三方「會入」或「照入」。如探討未宮時，「文昌」由三合的卯、亥或對宮丑宮會入時，則稱文昌由三方會入：或文昌由丑（亥、卯）宮會入。

◎同宮、同度、共守、同守：

兩顆以上的星曜同在一宮位時稱之「紫微」和「天相」共守疾厄宮或稱「紫微」、「天相」同宮。

◎沖：

對宮的星沖向本宮的位稱為沖，例如命宮在子，對宮在午，午宮的星沖向子宮，則謂之沖。

◎ **夾：**

忌星和煞星同宮或會照時，忌星便可夾煞星共同危害三方宮位。如流年忌煞相互會照時，謂之流年忌星「夾」煞攻入某宮；煞星組合若構成格局時，三方的主星便可「夾」成格的煞星共謀，該主星便因而「夾煞成格」也。

◎ **四生宮：**

以寅、申、巳、亥四宮稱為「四生宮」，指各局數長生之坐宮，和各干支天馬之坐宮而定名，長生和天馬僅在寅、申、巳、亥四宮坐守，故曰「四馬地」，有生生不息、希望無窮之意。

◎ **四墓宮：**

以辰、戌、丑、未四宮稱為「四墓宮」，星性落入此宮時，星性的展現程度會比較具有內斂、收藏、守成、有備無患之意。

◎ **四敗宮：**

以子、午、卯、酉四宮稱為「四敗宮」，星性落入此四宮位，其星性好的部分比較不易展現好的一面，反而星性的缺點比較容易展現。若星性有桃花特質，而落入此宮比較容易破敗。

◎天羅地網：

天羅指命盤之辰宮，地網指命盤之戌宮，星系落入這兩宮（辰、戌宮），其星性容易受到限制。如下圖：

生 巳	敗 午	墓 未	生 申
天羅 墓 辰			敗 酉
敗 卯			地網 墓 戌
生 寅	墓 丑	敗 子	生 亥

◎太歲：

指流年所在的位置，例如西元2001年（民國九十年）為辛巳年，巳宮為太歲所在的位置，不論天干為何干，以地支論之，生肖則代表為「蛇」。

◎三方：

凡命盤中，任何一宮，其每隔四個宮位，及對宮，均稱三方，例如以子宮為例，則午為對宮，申、辰為二方，合稱三方。

◎小限：

即當年年齡所在之宮，例如五、十七、二十九、四十一、五十三、六十五歲居申宮，則五歲、十七歲、二十九歲等均以申宮星宿來論當年吉凶。

◎大限或大運：

每十年換一宮，主十年吉凶。

◎**四生、四馬：**

命盤上寅、申、巳、亥四宮。

◎**四墓：**

命盤上辰、戌、丑、未四宮。

◎**四敗：**

命盤中子、午、卯、酉四宮。

◎**七吉：**

六吉加祿存。

◎**四煞：**

指火星、鈴星、擎羊、陀羅。

◎**六煞：**

四煞加地劫、地空。

◎**拱：**

每隔四宮，稱「拱」，如子宮的拱宮是申、辰兩宮拱子宮。

◎照（或沖）：

即對宮，如寅、申互稱對宮，子宮的對宮，不是未宮，而是午宮，例如丑未、卯酉、辰戌均互稱對宮，兩宮星宿互稱照或沖。

◎廟：

星宿所在之宮，其光度最亮，即其最吉利盛旺之地。

◎惡曜：

指貪狼、廉貞、破軍、七殺、火星、鈴星、羊刃、陀羅、地空、地劫。

◎帝：

指紫微星。

◎三奇：

化權、化科、化祿在命宮，或三方四正沖照，必能出人頭地。

◎暗合：

如寅宮與亥宮，稱暗合。其他如卯宮與戌宮，辰宮與酉宮，巳宮與申宮等。

第二節　紫微斗數坊間的四大派系

目前在坊間較常看到的紫微學派約為四種，其中流年及流月及流日還有四化方面的化科及化忌部分有點不一樣，請選擇您所學之學派來做飛星四化論斷，專業版軟體可自行設定派系，四化時會依據您所選的派別做論斷。

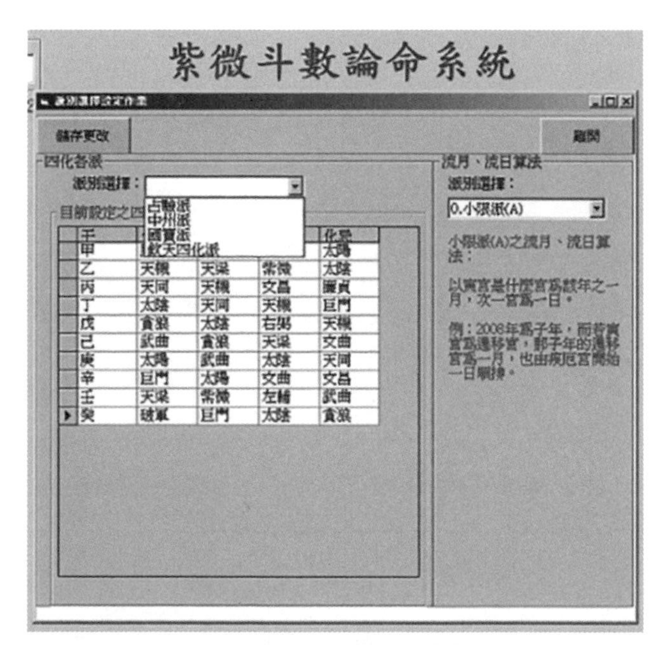

	化祿	化權	化科	化忌
甲	廉貞	破軍	文曲	太陽
乙	天機	天梁	紫微	太陰
丙	天同	天機	文昌	廉貞
丁	太陰	天同	天機	巨門
戊	貪狼	太陰	右弼	天機
己	武曲	貪狼	天梁	文曲
庚	太陽	武曲	天同	天相
辛	巨門	太陽	武曲	文昌
壬	天梁	紫微	天府	武曲
癸	破軍	巨門	太陰	貪狼

坊間較常接觸學派（二）欽天四化派

	化祿	化權	化科	化忌
甲	廉貞	破軍	武曲	太陽
乙	天機	天梁	紫微	太陰
丙	天同	天機	文昌	廉貞
丁	太陰	天同	天機	巨門
戊	貪狼	太陰	右弼	天機
己	武曲	貪狼	天梁	文曲
庚	太陽	武曲	太陰	天同
辛	巨門	太陽	文曲	文昌
壬	天梁	紫微	左輔	武曲
癸	破軍	巨門	太陰	貪狼

	化祿	化權	化科	化忌
甲	廉貞	破軍	武曲	太陽
乙	天機	天梁	紫微	太陰
丙	天同	天機	文昌	廉貞
丁	太陰	天同	天機	巨門
戊	貪狼	太陰	右弼	天機
己	武曲	貪狼	天梁	破軍
庚	太陽	武曲	天府	天同
辛	巨門	太陽	文曲	天梁
壬	天梁	紫微	左輔	武曲
癸	破軍	巨門	太陰	貪狼

坊間較常接觸學派（四）中州派

	化祿	化權	化科	化忌
甲	廉貞	破軍	武曲	太陽
乙	天機	天梁	紫微	太陰
丙	天同	天機	文昌	廉貞
丁	太陰	天同	天機	巨門
戊	貪狼	太陰	太陽	天機
己	武曲	貪狼	天梁	文曲
庚	太陽	武曲	天府	天同
辛	巨門	太陽	武曲	文昌
壬	天梁	紫微	天府	武曲
癸	破軍	巨門	太陰	貪狼

第三節 各星在十二地支之曜度

	子	丑	寅	卯	辰	巳	午	未	申	酉	戌	亥
廟◎	機府陰相梁破祿	紫府武陰貪相殺昌曲羊陀鸞	廉府巨相梁殺祿火鈴鸞姚刑	陽巨梁祿鸞姚刑	府梁貪武殺羊陀鸞	同祿昌曲	紫機梁相破祿火鈴	紫府武貪殺羊陀	相祿殺巨廉	祿巨昌曲姚刑	府梁武貪殺羊陀火鈴鸞姚刑	陰同祿鸞
旺◎	武同貪巨殺	梁破	紫陽陰	紫機殺曲	陽破	紫陽巨	陽武府貪巨殺	梁曲破	紫同	紫機府陰殺	陰破	紫巨曲
得地 ∨	昌曲	火鈴	機武破	府	紫相昌曲	府相火鈴		陽相	機陽府武破昌曲	梁火鈴	紫相	府相
利益 ∨		廉	同	武貪昌火鈴	機廉			廉昌火鈴	陰	武貪	機廉	昌火鈴
平和 ∨	紫廉姚刑		貪曲	同廉	同姚刑	機武姚刑殺破	姚刑廉		姚刑貪	陽同廉	同	機武姚刑殺破
不得地 ㄨ		陽同巨					陰	陰同巨			陽	
陷 ㄨㄨ	陽羊火鈴	機姚刑	昌陀	陰相破羊	陰巨火鈴	陰梁貪廉陀	同昌曲羊	機姚刑	梁陀火鈴	相破羊	巨昌曲	陽廉貪梁陀

各星在十二地支之曜度

如在廟……加5分
如在旺……加4分
如在得地……加3分
如在利益……加2分
如在平合……加0分
如在不得地…扣3分
如在落陷……扣5分

第四節　日光節約時間參考表

日光節約時間　緣起

日光節約時（Daylight Saving Time），也叫做夏令時（Summer Time）。其方法是將標準時間撥快一小時，分秒不變，恢復時再撥慢一小時。首先提倡者，當推英國。當西元一九〇八年英國議會，曾有日光利用法之議案，是由威廉・威雷特（William Willett）所提議的。

其理由為：若將時刻改早，則學校、工廠、機關同樣提早上課、上班，而人民勢必早睡早起，早睡可節省燈火，早起可呼吸新鮮空氣，而且接觸日光機會較多，足以增進國民的健康。可是當時英國學者多數反對，因而英國國會未通過此議案。

到西元一九一六年歐戰期間，德國因經濟上關係，首先實行「經濟時」，也就是所謂「日光節約時」，而奧地利、荷蘭、丹麥相繼採用。英國深感驚訝，不久亦採用。

我國實行「日光節約時」，始自民國三十四年，每年起訖日期與名稱略有更動。茲記載於下表，以資參考。民國五十一年至六十二年期間停止使用。原因是多數國內專家學者反對這種時制；因為此時制，易使時間紀錄上陷於混亂。民國六十三年至六十四年及六十八年由於阿拉伯產油國家，提高油價，引起能源危機。我國政府為節約能源，再度恢復使用日光節約時。民國六十九年因民間對於日光節約時反應不佳，再度停止。每年起訖日期及名稱均由政府公佈施行。

年代	名稱	起迄日期
民國三十四年至四十年	夏令時間	五月一日至九月三十日
民國四十一年	日光節約時間	三月一日至十月三十一日

民國四十二年至四十三年	日光節約時間	四月一日至十月三十一日
民國四十四年至四十五年	日光節約時間	四月一日至九月三十日
民國四十六年至四十八年	夏令時間	四月一日至九月三十日
民國四十九年至五十年	夏令時間	六月一日至九月三十日
民國五十一年至六十二年		停止夏令時間
民國六十三年至六十四年	日光節約時間	四月一日至九月三十日
民國六十五年至六十七年		停止夏令時間
民國六十八年	日光節約時間	七月一日至九月三十日
民國六十九年		停止夏令時間
民國七十年後至今		停止夏令時間

註：1、依中央氣象局表示，上述時間每日撥快1小時。
2、日光節約時間，是政策問題，僅供參考。

第三章

如何來開始論紫微命盤

第一節 如何排紫微斗數盤

要用人工排盤請參考第二十章，要用軟體自動排盤請放入本書所附贈的軟體就可將完整的盤排出來。

紫微斗數星盤

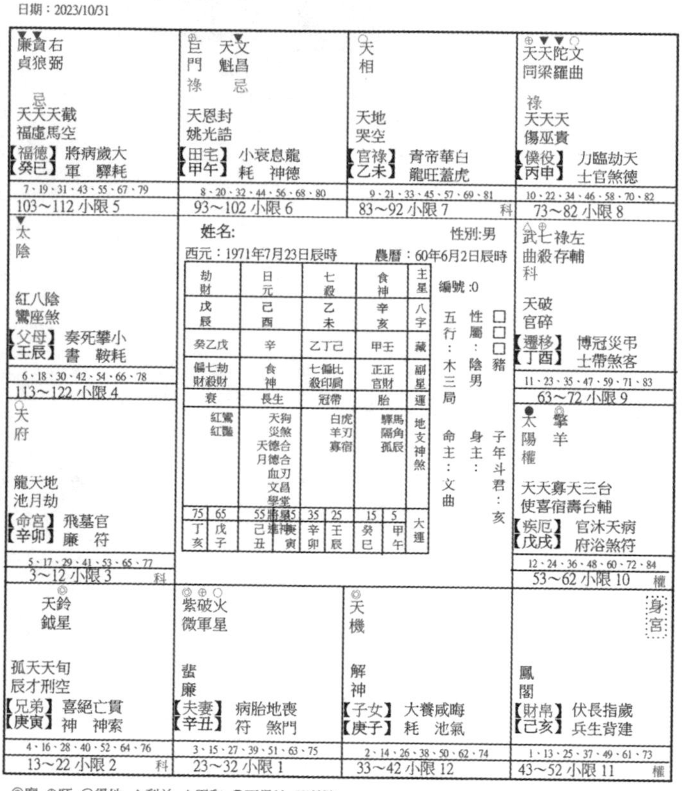

日期：2023/10/31

<table>
<tr>
<td>▼▼
廉貪右
貞狼弼
忌
天天天截
福虛馬空
【福德】將病歲大
【癸巳】軍　驛耗
7、19、31、43、55、67、79
103～112 小限 5</td>
<td>⊕　▼
巨　天文
門　魁昌
祿　　忌
天恩封
姚光誥
【田宅】小衰息龍
【甲午】耗　神德
8、20、32、44、56、68、80
93～102 小限 6</td>
<td>○
天
相
天地
哭空
【官祿】青帝華白
【乙未】龍旺蓋虎
9、21、33、45、57、69、81
83～92 小限 7　科</td>
<td>⊕▼▼○
天天陀文
同梁羅曲
祿
天天天
傷巫貴
【僕役】力臨劫天
【丙申】士官煞德
10、22、34、46、58、70、82
73～82 小限 8</td>
</tr>
<tr>
<td>▼
太
陰
紅八陰
鸞座煞
【父母】奏死攀小
【壬辰】書　鞍耗
6、18、30、42、54、66、78
113～122 小限 4</td>
<td colspan="2" rowspan="2">姓名:　性別:男
西元：1971年7月23日辰時　農曆：60年6月2日辰時
編號 :0
五行：木三局
性屬：陰男
□□□豬
命主：文曲
身主：
子年斗君：亥</td>
<td>△⊕
武七祿左
曲殺存輔
科
天破
官碎
【遷移】博冠災弔
【丁酉】士帶煞客
11、23、35、47、59、71、83
63～72 小限 9</td>
</tr>
<tr>
<td>○
天
府
龍天地
池月劫
【命宮】飛墓官
【辛卯】廉　符
5、17、29、41、53、65、77
3～12 小限 3　科</td>
<td>●
太　擎
陽　羊
權
天天寡天三台
使喜宿壽台輔
【疾厄】官沐天病
【戊戌】府浴煞符
12、24、36、48、60、72、84
53～62 小限 10　權</td>
</tr>
<tr>
<td>◎
天鈴
鉞星
孤天天旬
辰才刑空
【兄弟】喜絕亡貫
【庚寅】神　神索
4、16、28、40、52、64、76
13～22 小限 2　科</td>
<td>◎⊕○
紫破火
微軍星
蜚
廉
【夫妻】病胎地喪
【辛丑】符　煞門
3、15、27、39、51、63、75
23～32 小限 1</td>
<td>◎
天
機
解
神
【子女】大養咸晦
【庚子】耗　池氣
2、14、26、38、50、62、74
33～42 小限 12</td>
<td>身宮
鳳
閣
【財帛】伏長指歲
【己亥】兵生背建
1、13、25、37、49、61、73
43～52 小限 11　權</td>
</tr>
</table>

劫財	日元	七殺	食神	主星
戊辰	己酉	乙未	辛亥	八字
癸乙戊	辛	乙丁己	甲壬	藏
偏七劫財殺財	食神	七偏比殺印肩	正正官財	副星
衰	長生	冠帶	胎	運
紅鸞 紅豔	天狗 災煞 天德合 月德合 血刃 文昌 學堂	白虎 羊刃 寡宿	驛馬 隔角 孤辰	地支神煞

75	65	55	45	35	25	15	5	
丁亥	戊子	己丑	庚寅	辛卯	壬辰	癸巳	甲午	大運

◎廟 ⊕旺 ○得地 △利益 ▲平和 ●不得地 ▼落陷

第二節　紫微斗數論命之步驟

紫微斗數是一門深奧哲學，易學難精，排出命盤很簡單，但要批命，就覺得無從下手。

1、首先，將一個人正確之出生年、月、日等時辰確定。

2、依上述資料排出正確之命盤（也可用電腦排盤）。

3、再來就開始論斷命盤十二宮之星性為何，對照「十二宮內有何星宿」，一一查閱，即可得答案，十二宮的論斷都可清楚得知。

4、再找出生年四化星位於何宮會有什麼現象，請查書即可得答案。

5、接著找出各宮自化星位於何宮會有什麼現象，請查書即可得答案。

6、再來論斷大運十二宮的各種現象和大運四化之現象。

7、再來論斷流年十二宮的各種現象和流年四化之現象。

8、再來論斷各項提問之問題。例如問一生幸運密碼、一生貴人與小人、工作上之升遷與否、家運與置產、工作與職業選擇、一生學歷與考運、一生官非與訴訟、一生意外與車禍、婚姻與桃花、剖腹生產等等，請依照書中的論斷條件仔細對照即可得答案。

步驟：

A、首先，將一個人正確之出生年、月、日等時辰確定。

B、依上述資料排出正確之命盤（也可用電腦排盤）。

請參考命例（二）校對正確出生年、月、日。

C、再來就開始論斷命盤十二宮之星性為何，對照「十二宮內有何星宿」，一一查閱，即可得答案，十二宮的論斷都可清楚得知。

請參考第五章。

D、再找出生年四化星位於何宮會有什麼現象，請查書即可得答案。

請參考命例（二）畫○為生年四化，找出後去查閱第六章。

E、接著找出各宮自化星位於何宮會有什麼現象，請查書即可得答案。

請參考命例（二）畫□為各宮自化，找出後去查閱第六章。

F、再來論斷大運十二宮的各種現象和大運四化之現象。

請參考命例（二）33～42大運，然後看各宮星性變化及大運四化之現象。

G、再來論斷流年十二宮的各種現象和流年四化之現象。

請參考命例（二）之流年位，然後看各宮星性變化及流年四化之現象。

H、再來論斷各項提問之問題。例如問一生幸運密碼、一生貴人與小人、工作上之升遷與否、家運與置產、工作與職業選擇、一生學歷與考運、一生官非與訴訟、一生意外與車禍、婚姻與桃花、剖腹生產等等，請依照書中的論斷條件仔細對照即可得答案。

請參考書本中之第八章到第十九章就可得到答案。

紫微斗數星盤

日期：2023/10/31

<table>
<tr>
<td>▼▼▼
廉貪陀
貞狼羅
權
權
天台
馬輔
【官祿】官絕歲弔
【己巳】府　驛客
11、23、35、47、59、71、83
42～51 小限 9</td>
<td>⊕
巨　祿
門　存
天天解陰
傷壽神煞
【僕役】博胎息病
【庚午】士　神符
12、24、36、48、60、72、84
52～61 小限 8</td>
<td>○　◎
天　擎
相　羊
天
刑
【遷移】力養華歲
【辛未】士　蓋建
1、13、25、37、49、61、73
62～71 小限 7</td>
<td>⊕▼　▼
天天天火
同梁鉞星
科
祿
天紅孤天
使鸞辰才
【疾厄】青長劫晦
【壬申】龍生煞氣
2、14、26、38、50、62、74
72～81 小限 6</td>
</tr>
<tr>
<td>▼
太
陰
權
寡
宿
【田宅】伏墓攀天
【戊辰】兵　鞍德
10、22、34、46、58、70、82
32～41 小限 10</td>
<td colspan="2" rowspan="2">姓名:　性別:女
西元：1980年1月12日亥時　農曆：68年11月25日亥
編號 :0
五行：水二局
性屬：陰女
□□□羊
命主：巨門
身主：天相
子年斗君：丑</td>
<td>△⊕○
武七鈴
曲殺星
祿
天截
官空
【財帛】小沐災喪
【癸酉】耗浴煞門
3、15、27、39、51、63、75
82～91 小限 5</td>
</tr>
<tr>
<td>○　⊕
天　文
府　曲
忌
鳳蜚
閣廉
【福德】大死白
【丁卯】耗　虎
9、21、33、45、57、69、81
22～31 小限 11</td>
<td>●
太
陽
忌
天恩地
月光劫
【子女】將冠天貫
【甲戌】軍帶煞索
4、16、28、40、52、64、76
92～101 小限 4</td>
</tr>
<tr>
<td>左
輔
天天三天天
福喜台巫貴
【父母】病病亡龍
【丙寅】符　神德
8、20、32、44、56、68、80
12～21 小限 12　祿</td>
<td>◎⊕
紫破
微軍
天破封
虛碎誥
【命宮】喜衰地大
【丁丑】神　煞耗
7、19、31、43、55、67、79
2～11 小限 1</td>
<td>◎
天　天右
機　魁弼
權
八地旬
座空空
【兄弟】飛帝咸小
【丙子】廉旺池耗
6、18、30、42、54、66、78
112～121 小限 2</td>
<td>△
文
昌
身宮
天龍天
哭池姚
【夫妻】奏臨指官
【乙亥】書官背符
5、17、29、41、53、65、77
102～111 小限 3</td>
</tr>
</table>

劫財	日元	傷官	正財	主星
乙亥	甲申	丁丑	己未	八字
甲壬	戊壬庚	辛癸己	乙丁己	藏
比偏肩印	偏偏七財印殺	正正正官印財	劫傷正財官財	副星
長生	絕	冠帶	墓	運
五鬼 天德合 月德合 學堂 亡神 孤辰	紅鸞 劫煞	歲破 天乙貴人	月破 天乙貴人 墓庫 寡宿	地支神煞

79	69	59	49	39	29	19	9	
乙酉	甲申	癸未	壬午	辛巳	庚辰	己卯	戊寅	大運

◎廟 ⊕旺 ○得地 △利益 ▲平和 ●不得地 ▼落陷

第三節 紫微斗數論命先後順序說明

（一）第一看命宮，吉凶會旺，化吉、化忌，及凶吉星之曜度等。
（二）次看身宮、吉凶、曜度。
（三）看遷移、財帛、官祿三方星辰，刑、沖、傷破。
（四）看福德宮、生年權、生年祿、地劫地空之廟陷情況，「命宮、身宮、遷移、財帛、官祿、福德」，六宮名曰八座，俱在會照聚吉，又化吉者富貴且高壽也。
（五）若命宮無正曜者，財帛、官祿二宮，有吉星拱照，也可富貴全美。
（六）命宮在桃花位或驛馬位或四庫位。
（七）身宮在十二宮中的哪一宮。

第四節 命宮之三方四正位星宿吉凶

命宮之三方四正位——有好的星，每個加5分
紫微，天機，太陽，武曲，天同，天府，天相，天梁，文曲，文昌，祿存，天魁，天

鉞，天馬，華蓋，紅鸞，天喜，左輔，右弼

命宮之三方四正位——有壞的星，每個扣5分

天刑，天姚，陰煞，地空，地劫，火星，鈴星，廉貞，太陰，貪狼，巨門，七殺，破軍，擎羊，陀羅，孤辰，寡宿

各星在十二地支之曜度

吉星如在廟……加5分

吉星如在旺……加4分

吉星如在得地……加3分

吉星如在利益……加2分

吉星如在平合……加0分

吉星如在不得地…扣3分

吉星如在落陷……扣5分

凶星如在廟……扣5分

凶星如在旺……扣4分

凶星如在得地……扣3分

凶星如在利益……扣2分

凶星如在平合……加0分

凶星如在不得地…加3分

凶星如在落陷……加5分

生年四化及各宮自化的得分

在命宮及三方四正位如有化祿星或化權或化科或自化祿、權、科，每個祿或權或科再加15分，但在命宮及三方四正位如有化忌星或自化忌，每個忌扣15分。

從命例三中得知該員大約有以下的命格，此答案是由第三、四、五、六、七節所查出，您大概也可以簡單辦到。

（一）第一看命宮，吉凶會旺，化吉、化忌，及凶吉星之曜度等。
發現命宮在丑星宿為紫微5分＋廟5分，但有破軍扣5分＋旺扣4分，沒化吉也沒化忌。

（二）次看身宮、吉凶、曜度。
身宮在亥星宿為文昌5分＋利益2分，沒化吉也沒化忌。

（三）看遷移、財帛、官祿三方星辰，刑、沖、傷破。
發現遷移在未宮星宿為天相5分＋得地3分＋擎羊扣5分＋廟扣5分，加總後共扣2分。
發現財帛在酉宮星宿為武曲5分＋利益2分＋七殺扣5分＋旺扣4分＋鈴星扣5分＋得地扣3分，加總後共扣10分。
發現官祿在巳宮星宿為廉貞扣5分＋貪狼扣5分＋陀羅扣5分，共扣15分。

（四）看福德宮、生年權、生年祿、地劫地空之廟陷情況，「命宮、身宮、遷移、財帛、官祿、福德」，六宮名曰八座，俱在會照聚吉，又化吉者富貴且高壽也。
生年權在官祿宮、生年祿在財帛宮、地劫在子女宮、地空在兄弟，堪稱八座吉，會照所以命局還不錯。

（五）若命宮無正曜者，財帛、官祿二宮，有吉星拱照，也可富貴全美。

（六）命宮在辰、戌、丑、未為四墓之地，也是四墓庫之地，四墓庫有收藏之意，主守成。這種人比較勞碌，也比較認命。所以有時會被現實所逼迫，不得不做，打從心底認為人生就該勞心勞力，只會埋頭苦幹。賺多賺少無所謂。如果把人生分成欠債和討債兩種。這種人是屬於欠債的，所以要拼到底，窮也拼，富也拼。

（七）巳、亥時生的人，身宮在夫妻宮。

如果有吉星坐守，表示能擁有一個好配偶，而且配偶有自己的貴人，能受配偶之助，相輔相成。

若逢煞星坐落，則會受到配偶的拖累，這種情形之下，在選擇配偶時，可要睜大眼睛，寧缺毋濫，而且不宜早婚，以免草率結婚而抱憾終身。

（八）夫妻宮、身同宮：表示有家庭責任，重視家庭生活情趣，亦重視配偶，易受配偶的影響而改變之。

第五節　命宮三大類型

（一）子、午、卯、酉四敗地，也是四桃花地，子午乃是橫成橫敗之方。卯酉為桃花浪蕩之位。古曰：「子午卯酉為敗地。」男女多變又多情，這種人比較樂天。但變化角度大，尤以子午立命之人。

所謂變化大，除運勢橫成橫敗之外，情緒也易喜易怒，但可說遊戲人間，樂天之性，並非代表不知喜怒，反而喜怒由我，易起興，也易敗興，較無恆心。但其對工作有使命感，處事較妄大，也為錢奔波勞碌。

（二）寅、申、巳、亥為四生之地，也是四馬之地，命宮在四馬地之人，屬於奔波型，好動，靜不住，行動敏捷，動就有錢賺，這種人雖好動，但較取巧。工作要選擇輕鬆的，較重財，會專挑利益大的事，利潤高的工作，才做得住。

（三）辰、戌、丑、未為四墓之地，也是四墓庫之地，四墓庫有收藏之意，主守成。這種人比較勞碌，也比較認命。所以有時會被現實所逼迫，不得不做，打從心底認為人生就該勞心勞力，只會埋頭苦幹。賺多賺少無所謂。如果把人生分成欠債和討債兩種。這種人是屬於欠債的，所以要拼到底，窮也拼，富也拼。

第六節　紫微斗數以生時論身宮的各種特性解說

把命盤放桌上，然後直接查是何時生而身宮在十二宮之哪一宮再看其解說，即是個人三十五歲以後的特質。

身宮所在的位置是屬何宮?表示身宮對此宮的在意與執著，且關係密切。

用身宮斷特質

命宮代表一個人的先天，命宮裡的星座於內主宰著一個人的個性、思想與心態，於外則表現該星所特有的長相與身材。

身宮則是代表一個人的後天，是在三十五歲之後才會漸漸發揮作用。雖是如此，但是在命格上卻也具有舉足輕重的地位，而不容忽視。

以下的解釋如果有提到吉星或凶星較會有什麼現象，所謂的吉星與凶星就是指：

吉星就是：左輔、右弼、文昌、文曲、天魁、天鉞

凶、煞星就是：擎羊、陀羅、火星、鈴星、地空、地劫

*子、午時生的人，命、身同宮

（一）命、身同宮者較具自我觀念。

（二）若是命、身宮有一大票星宿坐守，因受眾多星宿之影響，其心性較令人摸不透，命、身同宮者又減少了一個影響的變數，所以自我觀念較重。

＊丑、未時生的人，身宮在福德宮

（一）福德宮是一個注重精神享受的宮位，同時也代表著一個人的福分厚薄。

（二）福德宮內坐落吉星，自己比較注重生活情趣與享受，就算此人事業心很強，也不忘在工作之餘撥空消遣一番，而且他就有這個福分可以忙裡偷閒。

（三）福德宮內若是逢煞星坐守，自己容易過度操心，杞人憂天，心情放不開，常鑽牛角尖，明明大可放手給別人代勞的事，卻無法寬心而事必躬親，於是該做的與不該做的，全部攬在身上自己做。

＊寅、申時生的人，身宮在官祿宮

（一）官祿宮內若逢吉星者，自己事業心較重，具有創業之雄心，有工作之狂熱，有事業可做比什麼都開心，從工作中獲得樂趣及成就感。

（二）宮內逢煞星坐守，自己事業常更動不穩定，而且創業艱難，起伏不定，一波三折，備受阻礙，事業上的挫折也比較多。

＊卯、酉時生的人，身宮在遷移宮

（一）宮內逢吉星坐守者主其人較外向，愛往外跑，而且必須離開出生地赴他鄉謀生，此人在外的人際關係良好，而且外出必逢貴人相助。

（二）宮內坐落煞星則其人人際關係較弱，而且外出所遇挫折是非較多，因而奔波勞碌難免，人緣不佳，人際關係較單純，如從事外交或業務以及公關等，可就備感吃力了。

（三）宮內坐落吉星則其人人際關係不錯，而且外出所遇挫折是非較少，因而人緣佳，人際關係不錯，如從事外交或業務以及公關等，可較輕鬆。

＊辰、戌時生的人，身宮在財帛宮

若逢吉星，「人生以賺錢為目的」，金錢觀念較重。比較精打細算，善於理財；必然堆金積玉，富甲一方。

若逢煞星坐守，則財來財去，花錢勇敢，守成不易，不宜理財。

＊巳、亥時生的人，身宮在夫妻宮

如果有吉星坐守，表示能擁有一個好配偶，而且配偶有自己的貴人，能受配偶之助，相輔相成。

若逢煞星坐落，則會受到配偶的拖累，這種情形之下，在選擇配偶時，可要睜大眼睛，寧缺毋濫，而且不宜早婚，以免草率結婚而抱憾終身。

第七節 紫微斗數身宮在各宮的各種特性解說

身宮代表後天運勢。命宮不吉時，身宮吉，代表可以藉後天的努力改善命運。身宮絕無單獨在一宮，必寄於十二宮之內，若與命、夫、財、遷、官、福德等六宮之一宮同宮。所與同宮之該宮吉，所飛之四化吉，吉力加倍。該宮凶，凶力加倍。身宮亦為老運歸屬宮，亦可看前世之因果關係。

（一）**命宮、身宮同宮**：命運趨向最明顯，命宮內星曜的代表性質會表現明顯，主觀極強，不易受外力之影響而變動之。

（二）**兄弟、身同宮**：命運趨向依賴兄弟成事，母性性情遺傳較重。

（三）**夫妻、身同宮**：表示有家庭責任，重視家庭生活情趣，亦重視配偶，易受配偶的影響而改變之。

（四）**子女、身同宮**：表示關愛子息、喜合夥，易受股東、子息之影響。

（五）財帛、身同宮：表示較偏重錢財價值，有受經濟左右命運之傾向。

（六）疾厄、身同宮：表示注重身體保養，易受身體健康之影響。

（七）遷移、身同宮：經常會有職業或居住環境的變遷，或長期往來國外，易受遷移的影響。

（八）僕役、身同宮：表示注重交友感情，成敗易受交友之影響。

（九）官祿、身同宮：表示熱衷名位，事業心也較重。

（十）田宅、身同宮：表示熱衷田宅之買賣，也表示異性桃花緣較重。

（十一）福德、身同宮：表示較重視享受，又與祖德、因果有相當關係及影響。

（十二）父母、身同宮：表示較注重父親及上級之關係，又注重身體健康之關係。

第四章
紫微斗數看十二宮

第一節　紫微斗數十二宮的代表意義

在紫微斗數中共分十二宮位，以這十二宮位就可以論斷人生的種種狀況，以下就先來解釋一下各個宮位所管轄的人、事、物之各種現象，以及診斷的頭緒。

◎命宮：

代表您一切行為舉止、相貌、才能、才華、個性及特質，還有人生觀，包括您運氣的好壞及未來發展的情形，一生歷程。

命宮是用來看以下的現象：

（一）命宮是財帛宮的官祿宮，為財帛之氣數位，看財帛之支出行為狀況。

（二）命宮是官祿宮的財帛宮，事業資金的往來調度情形由此看出。

◎兄弟宮：

顯示您與兄弟姊妹間相處緣分深淺、相互對待關係，也表示兄弟姊妹的才華，兄弟姊妹是否能夠功成名就，也代表您與平輩或是合夥人之間的關係，能得助力與否，及其他一切的對待關係。

兄弟宮是用來看以下的現象：

（一）兄弟宮是財帛宮之田宅宮，稱為財庫，聚財之所，資金狀況。

（二）兄弟宮是田宅宮之財帛宮，田宅（房地產）等不動產之狀況由此宮看出。

◎夫妻宮：

代表與配偶、婚姻、感情生活的好壞，或異性朋友之間的對待關係（異性緣），亦代表對方的才華、個性等，夫妻宮的星也代表您對另一半是否欣賞的類型或想法。

夫妻宮是用來看以下的現象：

（一）官祿宮為陽，夫妻宮在對宮為陰，因此夫妻宮可知道影響事業外在因素或潛在之危機。

（二）夫妻宮是田宅宮的疾厄宮，可查知田宅（房地產）之危機。

◎子女宮：

代表子女發展、子女與您的關係及部屬關係，您對孩子的關心程度。若您的職業是老師，則代表您是否有學生緣；是公司的主管，代表您與部屬相處與互動；亦代表您的性慾需求能力、桃花運等。

子女宮是用來看以下的現象：

（一）子女宮是福德宮的疾厄宮，乃桃花宮，子田線乃桃花線，是享受歡樂的宮位，亦表示性能力，以及個人在性方面之癖好。

（二）子女宮是僕役宮的氣數位，可看交友狀況或與合夥人之間的關係。

（三）子女宮是疾厄宮的福德宮，看身體健康和疾病的狀況。

◎財帛宮：

代表您對財務的運用狀況，開闢財源的能力，獲利能力，賺錢種類是哪一種，是適合上班領固定薪水、自行創業當老闆、適合投資事業？亦代表理財管理能力或賺錢機會的強弱，錢財如何進、如何出。

財帛宮為夫妻宮之夫妻宮，配偶的配偶就是我，財帛宮不理想，有時候對婚姻破壞力比夫妻宮還大。

財帛宮是用來看以下的現象：

（一）財帛宮為遷移宮之福德宮，在外闖蕩之賺有錢無錢、有路無路由此看端倪。

（二）財帛宮為官祿宮之官祿宮，表示事業中之營運及損益狀況。

◎ **疾厄宮：**

代表您身體的健康狀況，體質之強弱，疾病的種類與災厄等，身體各部位的健康情形，有無意外災害的產生，也代表脾氣的好壞，個性是否豪爽。

疾厄宮是用來看以下的現象：

（一）疾厄宮為夫妻宮之子女宮，配偶之人際關係由此見端倪。

（二）疾厄宮為官祿宮之田宅宮，為工廠或店面、公司等營業場所。

◎ **遷移宮：**

代表您出外是否順利，社交活動力的展現、應酬、人際關係的擴展能力。另外也顯示出外對你所造成的影響，以及判別事物發展的好、壞、吉、凶。

現代社會的進步，外出工作頻繁，所以也代表交通上的安全。

遷移宮是用來看以下的現象：

（一）遷移宮是福德之氣數位，陰德在此如何展現、出外防小人。如以因果而論，是在償還前世債。

（二）遷移宮又為夫妻之財帛，即所謂妻財者也。

◎僕役宮：

代表您交友的類型或是與朋友之間的互動性、合作及相處的模式，亦代表運用人才的能力及領導能力的展現，也代表您對跨部門的協調能力和企業策略聯盟的能力。

僕役宮是用來看以下的現象：

（一）僕役為福德之田宅，藏福分之所，故不能破，破則有災，甚者亡命。

（二）僕役為官祿之父母，代表上司或是來貨之源頭。

（三）僕役宮為夫妻之疾厄，配偶的健康情況可在本宮看出。

◎官祿宮：

官祿宮代表工作上的表現，更可顯示你適合從事何種行業類別，從事何種職業才能發揮專長，工作的機會是否多，工作升遷是否順利，能擔任何種職銜，在學期間的功課是否理想等。

官祿宮是用來看以下的現象：

（一）官祿宮為命宮之氣數位，命造本人之行為表現運之兌現支付處。

（二）官祿宮乃代表一個人外在形象、舉止行為。

（三）官祿宮乃財帛宮之財帛宮，表示資金往來運用情形。

◎田宅宮：

代表您居家生活及環境品質的好壞，是否擁有不動產或動產的情形，是否有繼承祖業或祖產的機會；以流年運而言，代表您的資產營收是否良好，有無購置動產或不動產。以財帛而言，代表您實際財務方面的資產，亦表示家運的起伏情形等。

田宅宮是用來看以下的現象：

（一）田宅宮為僕役之夫妻，亦為夫妻之僕役，表示為異性朋友。

（二）田宅宮為第二命宮，不可沖破，破則有災，故忌入子女沖田、同入遷沖命。

（三）若論桃花、子女宮代表年紀輕者，田宅宮代表年紀較大者。

◎福德宮：

代表您的內心想法、意志力及精神層面的問題，對於事物的看法或感覺，是樂觀或悲觀，遺傳方面的問題等，例如想法、感受、精神生活的狀態、道德準則判斷尺度依據等。在看福德宮時要和命宮兩者合參，福德代表內心世界，命宮代表外在的行為表徵，兩者要合論。

福德宮是用來看以下的現象：

（一）福德宮為疾厄宮之疾厄宮，身體狀況之重要參考宮位，亦說明福德為因、疾厄為果之不可分關係。

（二）有無自殺傾向看福德宮，又稱為自我之病。

（三）福德宮為官祿宮之夫妻宮，代表關係企業與實物往來之同行。

（四）福德宮為遷移宮之財帛宮，可看出在外之財運多寡。

◎父母宮：

代表您與父母親、長輩、上司之間的對待與互動關係，亦代表您的父母親兩人相處關係，父母親與您的緣分深或淺，能否得到長輩的提攜及幫助等，考試是否會錄取。

父母宮是用來看以下的現象：

（一）父母宮為僕役宮之財帛宮，用在判斷事業損益上，具舉足輕重之地位。

（二）父母宮為子女宮的官祿宮，表示子女之形象、行為，亦代表合夥之利弊。

（三）父母宮為財帛宮之僕役宮，表示支票、現金、支付契約……等。

（四）父母宮為官祿宮之子女宮，指事業之子公司。

第五章
用紫微論十二宮特質

紫微斗數星盤

日期：2023/10/31

太陽 祿存 文昌 科 天天孤天天恩 官喜辰刑巫光 【命宮】博臨劫晦 【癸巳】士官煞氣 2、14、26、38、50、62、74 2～11 小限6 權	破軍 擎羊 權 鳳蜚地 閣廉空 【父母】官冠災喪 【甲午】府帶煞門 3、15、27、39、51、63、75 112～121 小限5 祿	天機 火星 權 祿 天封 壽誥 【福德】伏沐天貫 【乙未】兵浴煞索 4、16、28、40、52、64、76 102～111 小限4 權	紫微 天府 龍 池 【田宅】大長指官 【丙申】耗生背符 5、17、29、41、53、65、77 92～101 小限3
武曲 陀羅 忌 截解地 空神劫 【兄弟】力帝華歲 【壬辰】士旺蓋建 1、13、25、37、49、61、73 12～21 小限7	姓名: 性別:女 西元：1976年11月5日巳時 農曆：65年9月14日巳		太陰 天鉞 文曲 祿 天天天 才姚貴 【官祿】病養咸小 【丁酉】符 池耗 6、18、30、42、54、66、78 82～91 小限2 權
天同 鈴星 身宮 祿 【夫妻】青衰息病 【辛卯】龍 神符 12、24、36、48、60、72、84 22～31 小限8	編號:0 五行：水二局 性屬：陽女 □□□龍 命主：武曲 身主： 子年斗君：酉		貪狼 祿 天天陰 傷虛煞 【僕役】喜胎地大 【戊戌】神 煞耗 7、19、31、43、55、67、79 72～81 小限1
七殺 右弼 天天天 哭馬月 【子女】小病歲弔 【庚寅】耗 驛客 11、23、35、47、59、71、83 32～41 小限9	天梁 寡破三八旬 宿碎台座空 【財帛】將死攀天 【辛丑】軍 鞍德 10、22、34、46、58、70、82 42～51 小限10	廉貞 天相 左輔 忌 忌 天天 使福 【疾厄】奏墓白 【庚子】書 虎 9、21、33、45、57、69、81 52～61 小限11	巨門 天魁 紅台 鸞輔 【遷移】飛絕亡龍 【己亥】廉 神德 8、20、32、44、56、68、80 62～71 小限12

食神	日元	正印	正官	主星
癸巳	辛酉	戊戌	丙辰	八字
庚戊丙	辛	丁辛戊	癸乙戊	藏
劫財 正印 正官	比肩	七殺 比肩 正印	食神 偏財 正印	副星
死	臨官	冠帶	墓	運
天喜 劫煞 血刃	桃花 天德合 月德合 天醫 祿神 紅豔 將星	歲破 羊刃 魁罡	天德貴人 月德貴人 月破 飛刃 墓庫	地支神煞

80	70	60	50	40	30	20	10	
庚寅	辛卯	壬辰	癸巳	甲午	乙未	丙申	丁酉	大運

◎廟 ⊕旺 ○得地 △利益 ▲平和 ●不得地 ▼落陷

第一節 論各星在命宮的特性

把命盤放桌上，直接看命宮之主、副星然後查詢命宮之所有星性解說；所得答案即是一個人的一生特質。

如果您命宮無主星容易有以下現象：

（一）命宮無主星，一生容易大起大落也比較情緒化。

（二）天魁、天鉞坐命宮，命無主星，一般而言四十歲之後一定會有所成就，但若命宮無主星又有空劫、化忌，此人一生要發達難也。

◎紫微在命宮的特性

（一）紫微貴為帝王星，具有領導才華，更有統治慾望，喜歡掌權發號司令，不愛受管束，喜獨斷獨行，若無左輔、右弼則為孤星，則事必恭親，很勞累。

（二）為人耳根軟，翻臉無情（因耳孔輕，易被人煽動），個性善變而多疑，好掌權，好高騖遠，有虛榮心，易被環境所影響而改變初衷，承受不了打擊，容易氣餒。

（三）看高不看低，往來權貴，驕傲（皇帝星），喜愛被尊崇（拍馬屁），又因尊星之故容易帶桃花。

（四）通才而不專，紫微在命宮的人興趣非常廣泛，什麼都想學，但都不專精，所以是通才，不是專才。

◎天機在命宮的特性

（一）天機坐命宮之人，則佔到兄弟的位，故兄弟之間緣分淡；若兄弟好時，則兄弟較無機會在一起；若兄弟不好時，此現象更為明顯。

（二）天機主思想與智慧，略帶神經質，多愁善感易反應過度，有異性緣。

（三）天機在命，智商不輸人，若加上生年化祿、權、科，更具非凡，只是少了主控權，就會怨天尤人，時不我與。

（四）正面的天機，將聰明化為智慧；負面的天機，讓聰明轉為投機帶來許多麻煩，導至神經緊張。

（五）天機化忌在命宮，過度聰明常鑽牛角尖，要他不疑東疑西很難。自命非凡而怨眾人虧待他，真傷腦筋；要注意腦神經，也要注意手足神經系統。

◎太陽在命宮的特性

（一）有博愛精神不分彼此，故太陽守命之人有慷慨濟世的胸懷。

（二）一生運勢轉不停，故屬於驛馬星，辛勤奔波，行運逢之亦做此論。

（三）太陽本身燃燒自己，毫不保留的放射光與熱，熱心助人，不求回報．其行事光明磊落，不愛計較是非，坦誠無心機，因此走公益路線最佳。

（四）人緣佳，有責任感，為人圓滑不易得罪人。缺點為愛表現，好勝心強，不服輸易發脾氣，容易衝動，耐心不足，喜歡熱鬧且不甘寂寞（非指男女之間感情而言）。

（五）太陽坐命宮，個性正直剛強，不愛受人管束，表達直接，坦誠無欺，做事積極，行事光明，不計是非，不拘小節，自尊心強，喜愛他人奉承有虛榮心。

◎武曲在命宮的特性

（一）武曲坐命宮者多屬孝順一族。

（二）女命之武曲不開朗、藏心事、保守、認命、勞碌、孤獨感。

（三）武曲為寡宿星，不利女命，其配偶若非命硬（也須強星坐命）恐怕要生離或死別。

（四）男命之武曲代表執行力、開創、勇敢、開朗、義氣。

（五）有一股冷硬之氣息，嚴謹無笑容，不然就是像軍警執法人員，一切照法規來不容講情（面帶威嚴，不笑時好像很兇）。

（六）心直性直，不滿之事，皆直接反應。性格剛毅，誠實，重義氣。真可謂性情耿直，心性光明，不易被煽動。

（七）個性剛強內斂，大喉嚨，聲音宏亮，無桃花（武曲寡宿之性）。做事乾脆不喜推拖，嚴格要求自己。

（八）武曲者如婚姻觸礁，會有父母兄弟做後盾。這是優點，也是缺點。

（九）武曲坐命宮者，天機一定在田宅，家務事是你煩惱的主因。

（十）武曲坐命的人兄弟宮必然是天同，基本上會照顧兄弟、朋友的，陰金生陽水。

◎天同在命宮的特性

（一）天同星，較小孩子氣，無過夜仇。精明，重面子，注重外表；未說話前外表嚴肅木訥，話匣子一開非常有幽默感。

（二）福相之人，人緣好；天同尚有一種面貌，就如同福德正神般模樣（若與華蓋同宮更靈驗）。

（三）天同星，性情溫和，不善與人計較，能隨遇而安，做事不積極、不競爭，喜愛安靜的生活怕別人干擾。就是發脾氣也不大，發過就好了，就算有危難，也不會愁眉苦臉。

（四）多才多藝但不精，什麼都懂一點，什麼都可來一手（換句話說・就是樂觀，但不積極的人）。

◎廉貞在命宮的特性

（一）廉貞在命宮，凡事喜佔上方、內心善變、好猜疑、好勝好辯、不合群、不拘小節、個性強、不低頭、記憶力強、喜新觀念、風流、好賭、好冒險。

（二）女命廉貞坐命宮，有超旺的異性緣，但容易遭同性嫉妒、排擠或對立；職場上易遭老闆娘或女性主管刁難，不過她也會還擊。

◎天府在命宮的特性

（一）天府之人，胖的人比較有錢，瘦只是空殼子，好看而已。

（二）天府星坐命宮的人，可以白手起家，自己賺錢置產。

（三）天府坐命宮的人心性善良、相貌清新、端莊、忠厚老實、聰明反應快、安分守己、對學習有濃厚興趣、多學多成、執著要達成心願或理想方肯罷休。

（四）女命清秀、高雅，理智勝於感情。重視穿著，有特殊之審美天賦，喜愛佈置家庭空間。

（五）命宮見天府，衣食無虞。包括一切吃、穿、用，妻財子祿（不只財庫而已）。

（六）天府不結婚會比較舒服的，可惜他（她）從未想過，反而很多人傾向早婚。

（七）破軍跟天府同宮的夫妻，要注意婚姻容易變化。

（八）因天府受破軍所管，天府又為化權令，被管會起衝突，也是天府之夫妻問題多的因素之一。

◎太陰在命宮的特性

（一）聰明、美麗、文雅、才學洋溢、有度量、心性溫和、有耐心、重感情、愛乾淨、有潔癖、清秀耿直、外表看起來忠厚老實。

（二）太陰化忌，精神上會有長期的苦悶，也會帶點神經質。脾氣不好，不會輕易表現出來，故很陰沉。如遇煞星會刑傷父母，另一種狀況即和母親沒話說。

（三）命宮太陰落陷，對異性渴求卻不敢表明，也不敢接近。對感情看不開悶在心裡，心事誰人知（※太陰化忌是多情種子）。

（四）太陰在命宮，如有化忌，反能剛柔並濟，因太陰性柔，而化忌是剛性之故，化權次之。

（五）男命坐太陰星，舉止行為較女人化，個性害羞形象較像母親。

（六）落陷之人，力不從心、膽小、懶散、有感情挫折、對感情看不開。失輝時，男命有女態；女命嬌小，渴望異性，卻不敢接近。

◎貪狼在命宮的特性

（一）為人個性剛毅、性格無常、深謀遠慮、處事圓滑好計較、不擇手段、抹壁雙面光、杯水釋英雄、愛恨難定、虛華無實。

（二）敢賺又敢花、善交際應酬、能言善道、愛過夜生活、喜吃喝、不拘小節、放浪形骸、喜愛熱鬧，生活多采多姿、做事明快、不畏辛苦。

（三）重感情為性情中人，會對人很好（別人對他好，他對別人更好）。付出多回報少。如對朋友好，反而被別人以小人之心對待，恩將仇報。

（四）貪狼坐命宮，喜歡抬高自己身價，不管才華如何，富貴貧賤，都不願被人看不起，一不小心常會弄巧成拙，反而被人誤解。

（五）貪狼女人若腰細，不愛做家事，心中常有空虛孤獨感。感情不定、複雜，為人隨和，特別關懷異性，有博愛之病，善解人意，喜歌藝，又好神仙之術（演藝人員喜算命，仍貪狼之性）。

（六）貪狼坐命宮，表示一生大好大壞，易受到環境所迷惑。

（七）食狼坐命宮、身宮或福德宮，最好學玄學或五術，對往後的人生運程會過得比較平穩。但通常是才藝盡通，但不會精。

◎巨門在命宮的特性

（一）腦筋好記憶力佳、舉一反三、眼光銳利、善於察言觀色、反應佳、細心、注意小節、挑剔永不滿足、有點傲氣、不滿現實。

（二）巨門在命、身宮；一生招口舌是非，容易與人爭執、爭辯。因口才好，故適合大量講話之工作：如老師、外務員、電台、公關、政治人物、演藝界。

（三）主口是心非（暗星）。多嘴星，易遭是非（※因看不慣便批評）。

（四）巨門化暗，懷疑心重，帶有雞婆性而多是非（三姑六婆）（※常常打破沙鍋問到底，還會有挑撥離間之事發生）。

（五）巨門化忌者，跟母親緣分較薄（※因為巨門在太陰（母星）之福德宮位（因果宮位）先天情緣）。

（六）女命不宜，好處是人緣好，細心，也是挑剔星；壞處是不合群，而且多疑，也是狐疑星，致使愛情常變。

◎天相在命宮的特性

（一）天相坐命宮，主聰明，相貌敦厚，對人誠懇、隨和，有精神，說話語氣誠實，不虛偽。

（二）天相坐命宮，對錦衣玉食有偏好、好酒食、慷慨、重外表、有虛榮之嫌、常笑臉迎人、有人緣。

（三）有同情心、略帶桃花、有幽默感。愛打抱不平，有正義感，為人公正，樂意幫助別人。

（四）天相在命宮或官祿宮的人，喜好自由，懶於雜事（譬如大多睡醒不摺棉被）。

（五）天相之人，做事主動，享受物質生活，很會賺錢，不然就是配偶很會賺。所以天相的女人，能幹非好命，能夠的話，放給先生做，只要不離婚，先生是很有作為的（※但天相的婚姻不穩定，這是要注意的）。

（六）天相守命宮，不論男女會藏私房錢，行運夫妻宮逢之，配偶較會藏私房錢。

（七）天相坐命者，天府在財，命已穩住一半，所以說命好，少作為。

◎天梁在命宮的特性

（一）天梁在命宮、遷移宮的人，山根挺直為其特徵（山根：鼻梁）。

（二）容貌清秀、穩重，行事大方，給人的印象閱歷豐富很成熟的樣子。

（三）天梁坐命宮的人，天庭飽滿、善辯、很會蓋（為吹噓之星），會藉題發揮。喜出風頭，心無私曲，鑽研文藝或書法容易出名。

（四）有分析能力，處事果斷，富機智，名聲好（因好管閒事，故出名）。

（五）老成持重，有龍頭老大的架勢，青少年時就會讓人覺得他的模樣比實際年齡老成些，等到中年之後，就好像不再老化了，有愈老愈青春之勢。

◎七殺在命宮的特性

（一）一臉嚴肅之氣、冷靜、不善表達，喜怒哀樂形於色、狂風暴雨後瞬間天晴。做事很有計劃，看似魯莽乾脆，其實事情的好壞在內心早就心知肚明。

（二）七殺喜掌權，具獨立氣概、好勝、個性急躁，不喜他人管束，而喜管他人，較有責任感，肯吃苦敢冒險。喜投機，雖有謀略，因慾望大，行事與理想會有差距，故一生變化很大。

（三）七殺的人，喜歡自己當老闆，多競爭易失去好機會、財富。枯燥工作待不下，不喜謀職，或寄人籬下。

（四）命、身宮有七殺的人，不管一生貧窮或是富貴，大都不依祖業，喜自己雙手奮鬥打拼。一生中競爭者較多，真所謂沒有永遠的朋友。

（五）在社會上是個硬角色，凡事不服輸，吃軟不吃硬，比較不受上司、師長管束，對不合理之事會反抗，勇於向上司爭取以維護權益。

（六）七殺坐命、身宮，一生中，不管貧富，成敗都會碰到，跌倒了照樣爬起來，很勇敢，屬孤軍奮鬥型，六親較緣薄，完全靠自己（男女都一樣）。

（七）若是修養好的人，有五術細胞，適合宗教、修道生活。如脾氣暴躁的人，則適合往企業界、司法界較佳。

◎破軍在命宮的特性

（一）破軍在命宮，遇事多疑，易喜易怒，任性、個性剛強不易與人相處，男命不重視外表，女命反之，且虛榮、浪費、帶點神經質。

（二）喜投機、冒險、破壞現狀而加以變化改革，但亦易受環境的影響。

（三）破軍坐命宮的人，思想比較偏激、極端，只要認為自己是對的，不管對方是何人，就算父母也不客氣，馬上翻臉。心情好時，不管價值，任何東西都可送人；不高興的話，不但會與人計較到底，報復心也重。嚴重時甚至與人同歸於盡。

（四）破軍之人，鬼主意特別多，單獨做事還會存善三分，人多時則餿主意特多所以容易得罪人，也較容易受人引誘而去做壞事。

（五）破軍，就先天而言為殺氣，本身威風凜凜，有殺氣、喜爭鬥。愛恨分明，愛打抱不平，敢說敢罵，葷腥不拘，易鼓動其舌讓他人為之憾心動容。就後天而言為破耗，對任何事情，皆有損害（不損財，就會對感情或子女有影響）。破軍坐命的人，具備政治家的性格，翻臉無情，沒有永遠的朋友和敵人。

（六）女命不宜與空、劫同宮，易落風塵，宜修身養性，最好有宗教信仰。

◎祿存在命宮的特性

（一）容貌和靄，為人忠厚耿直，做事主動而穩重，心地善良、有風度、反應快。

（二）男主具多才藝；女主有君子之志（大丈夫的志向）。

（三）祿存雖是大吉星亦主富，但不利人事，對周遭人事感到束縛。有孤獨感，不合群（因它的前後宮是羊刃、陀羅兩顆凶神護衛財產，所以主孤獨，不願和人親近）。

◎羊陀在命宮的特性

擎羊

（一）為人高傲，好勝心強，性情野蠻粗暴，說話較尖銳直接，愛鑽牛角尖，故比較容易得罪人，多衝突。

（二）擎羊在命宮，別人比較怕你，你會對別人指揮東指揮西。

（三）擎羊在命，做事較乾脆不囉唆，行蹤不定像一陣風，忽來忽去。

（四）擎羊在感情方面很敏感，恩怨分明，容易感情用事。記恨心很強，世事多變動，容易走向極端（因擎羊心靈受挫折時愛刀刃向自己），容易有自殘念頭。

（五）很愛利用別人的金來貼自己的臉，如帶刀箭般的武器去爭奪他人功名、功勞，其實不是本身很有才華（橫立功名）。

（六）與他愈親近的人，他愈看輕不會珍惜，會以小人之心度君子之腹。會過河拆橋，恩將仇報（視親為疏，翻恩為怨）。

陀羅

（一）個性固執剛強、自以為是、心行不一，為人狂傲飄蕩、吊兒郎當，容易受指責攻擊。

（二）做事有耐心、先入為主，對觀念有固執感，知道一些事物和原理就認為自己是對的，別人是錯的。

（三）容易認假為真欠缺判斷力，很容易相信剛認識的人，故易遭受欺騙。

（四）陀羅在命，外柔內剛，性情難捉摸。外表看不出來他生氣時很暴躁、兇狠。

（五）陀羅坐命長期受精神上折磨，如陀羅般一直不停地轉啊轉。

（六）陀羅在命如果得到橫財也會破敗掉。適合離開故鄉求發展，否則壽元較短，災禍也特別多，故宜離開出生地為佳。

（七）男女要經過多次戀愛才會結婚，尤以女性特別明顯，婚姻關係容易生變，也會暗渡陳倉。

（八）陀羅坐命、身宮於寅申巳亥，一生中會有一次錯誤的選擇，造成一失足成千古恨。如：選錯科系、選錯行業、失戀、錯誤的婚姻；工作要有所成就，工作環境必須要經過兩、三次轉換。

此星為「天公星」（因上天有好生之德，而彌補此星），有憨福不易吃大虧，凡吃大虧的事，總幸運地不降臨在他身上。

◎天魁在命宮的特性（天魁、天鉞二星同論）

天魁

（一）天魁代表長輩的貴人，聰明有謀略，有威嚴，有名望，心地善良，喜助人，愛管閒事。設想周到（長輩有經驗之故），難免有小糊塗（因長輩年紀大，故易顛三倒四）。

（二）心直口快，倚老賣老，比較不客氣，有話直說藏不住話，也容易得罪人。

（三）女命聰明能幹，賢慧明理，好學而記憶強，口才佳，個性較男性化。

天鉞

（一）個性溫和善良，氣質高雅，惹人憐愛，非常女性化（夜貴），敦親睦鄰，有同情心，很能幹。

（二）不太會拒絕別人請求，但僅止於口頭上答應而無實際行動，例如你去求他幫助，他不會拒絕你，但也不會積極幫助你，只是介紹你方法，或去找誰幫助，自己卻不親自幫助你。

（三）易同情或幫助對方而產生感情的桃花。因不太會拒絕別人，很容易被人感動而追到手。

（四）天鉞為桃花星，其三合方又有桃花星（天姚、咸池），在感情上也較容易吃虧。

（五）天鉞與紅鸞同宮為糊塗桃花，在不知不覺之中對人發生感情而造成情路上的困擾。

◎天馬在命宮的特性

（一）天馬入命宮或遷移宮，個性急，閒不住，好動，來去一陣風。

（二）女命會有「先上車後補票」的傾向，加陀羅或桃花星多更糟糕。

◎華蓋在命宮的特性

（一）華蓋入命、田宅：有佛緣，面帶威嚴，淡泊名利，對玄學有偏好。

（二）華蓋入命者，中年前常自稱其雖信而不迷，中年後必信而不迷。

（三）面帶威嚴，讓人不敢太親近，好人壞人都敬畏他，孤芳自賞或孤立不群，常以威嚴示人，說話犀利而直入，喜幫助人也愛出風頭。

◎天哭、天虛在命宮的特性

天哭星

（一）主內心憂鬱表露在外，個性消極孤僻，思想灰色，容易讓人反感，誤解為惡臉向人。

（二）天哭不論身分高低、富貴貧賤，一生中精神層面負擔特別重。

（三）好幻想不合群，常自尋煩惱不開朗，勞碌，不過尚能是非分明，自我肯定，故有敬業精神。

天虛星

（一）天虛代表緣薄，如入命、身宮，其人面貌較嚴肅，沒有笑容。

（二）主憂鬱，表情虛冷，喜怒哀樂不明顯，多灰色思想常怨天尤人，逃避現實，為人華而不實，漂蕩不定，好欺騙吹噓，表面卻是悠閒隨緣。

◎紅鸞、天喜在命宮的特性

紅鸞星

（一）紅鸞坐守命宮的人，異性緣超佳，為人溫順善良，個性直爽。

（二）紅鸞有虛榮心、好面子的傾向，喜打扮，鍾愛華美之事物。有流蕩的現象，一生多變化、變動。

天喜星

（一）天喜坐守命宮的人，聰明俊美，個性外向喜歡熱鬧，喜出外漂泊，不喜待在家裡。異性緣佳，交友廣闊。

（二）天喜星活潑主動、人緣好、身心早熟，隨遇而安（人人好）；婚前有很多人追，婚後還是有人打主意（此星之人「深緣」，有人緣）。

（三）天喜星略帶衝動，對感情處理容易衝動，常有孤獨感。

◎孤辰、寡宿在命宮的特性（孤寡合論）

（一）外表孤寒，一臉落寞愁臉迎人，苦相，給人看到的笑容多半是苦笑，讓人有不悅之感，不想親近（孤寡二星皆表個性固執孤僻，消極鬱悶，略帶神經質）。

（二）若沒吉星照會，個性則固執孤僻，不近人情，百事無賴，且自以為是，喜獨自往來，有孤獨落寞之感嘆。

（三）孤寡入命的人，喜效孤鳥單飛，獨自遊蕩，是別人眼中的怪咖（有怪癖）。

（四）男命，忌見孤辰，在結婚以後有一段時間會聚少離多，或分床、分居，或較不易溝通。

女命，忌見寡宿，第一次結婚會不盡人意且婚姻不美滿，大運走入寡宿，宜分房，否則易守寡。

◎左輔、右弼在命宮的特性

左輔

（一）左輔個性敦厚、穩重、隨和，桃花較弱（因左輔五行屬土）。

（二）有計謀、為人寬宏大量、對人無目的地慷慨。

右弼

（一）右弼屬機智、善計劃、處事小心謹慎、長相清秀、好動帶驛馬、善解人意、人際關係好（因右弼五行屬水）。

（二）右弼屬水，富有同情心，好濟施，故很「雞婆」，幫助人是有實際上的行動，有成人之美，不是光嘴巴上講講而已。

◎天刑在命宮的特性

（一）天刑星臉色黃白帶紅，性躁、個性固執，有威嚴、英俊挺拔而有才華、自立性強、心性高傲不認輸、愛面子、不隨便低頭，坐命可能會有刑傷、緣薄。晚年易入空門。

（二）為人鐵齒、不信邪、有神佛緣；行善積極、善惡分明，早年較無宗教信仰，中晚年之後，會產生好奇心，而深入探討命學、佛家、宗教、玄學，最後變成忠實的信徒，這也與孤傲有關。

（三）天刑星與煞忌同宮，行運逢之，容易產生不如意、不順遂，唯有宗教信仰心靈歸屬，方可稍改善。

◎天姚在命宮的特性

（一）天姚臉方帶圓、眉清目秀、容貌可人、有異性緣、面帶笑容、風趣、感情豐富、談吐佳為笑星。

（二）天姚星的人，漂亮而瀟灑，話多，喜歡開講，善察言觀色，但在家則話少。

（三）欠缺平穩性，喜歡打扮、外向、輕浮、大膽開放且變異大，故桃花來得快去得快，不持久。

（四）天姚耐不住寂寞，喜歡風花雪月、虛榮、玩世不恭，喜喝酒，容易因酒色犯官司刑責。

（五）天姚單守或所會之星不是桃花星，則主好學，應變佳，對文藝有天分，多才多藝，談吐大方，應對有一套。

◎陰煞在命宮的特性

（一）陰煞星坐守命、身宮的人，一生容易犯小人，本身也多猜疑，容易招妒，宜修身養性，多積陰德方能化解。

（二）陰煞星入命，如同化祿忌同宮，性情陰晴不定，有時開朗有時悶，卻難尋原因，有靈異體質易與無形的溝通。

（三）陰煞星加擎羊、陀羅，心性上較陰沉，喜歡暗暗來而壞事。

◎文曲、文昌在命宮的特性

文曲星

（一）聰明、頭腦冷靜、善推理分析、學習能力強、多學多能、喜研究事理、文筆不錯、口才好，於身、命宮有滾浪桃花。

（二）文曲單守命、身宮，遇到凶星會合，社會地位較低，口齒伶俐，如路邊擺販，很會說話但身分不高。

（三）女命不宜文曲坐命，因文曲屬水，若再逢水星（破軍、巨門、貪狼、太陰、咸池、天姚）則水性楊花，愛幻想，不切實際，對感情不利。

（四）性慾旺需求多，尤以女命為驗，寅、午、戌宮位宜做偏房。

文昌星

（一）優雅、聰明、記憶力好、反應快、理解能力強、聞一知十、多學多能、好學不倦、外貌給人的印象極佳。

（二）喜好裝飾打扮、愛面子、口才佳、文筆好。對文學藝術、美術有天賦（琴棋詩畫）。

（三）文學才華很好，考試可得高分，凡是動到文筆，則文昌勝於文曲。

（四）女命不宜，寅、午、戌宮位性需求多，感情易變，不重視貞節，多幻想，有感情走私不怕別人知道，有孤獨感。

（五）文昌化忌入命，語言誇大不實，好大喜功，不切實際，但學有專長。

◎地空、地劫在命宮的特性

(一)個性固執孤僻、做事多標新立異、心中空虛不踏實、無精打采、好幻想。
(二)做事狂妄、敢做敢當、喜怒無常心性不定、無法融入人群、多是非。
(三)變動多、勞苦奔波、不聚財、祖業難守、不實際、一生多漂泊勞碌。
(四)空劫守命，在一生當中會發生一件讓你怵目驚心、難以忘懷的大事。

◎火星、鈴星在命宮的特性

火星

(一)火星主權威，脾氣暴躁沒耐心，遇事急躁，欠缺深思，得罪人而不自知，易傷感情，為人喜好自由。
(二)火星平時看起來安靜斯文。遇到不開心、煩悶、不樂觀的事情，容易生氣，報復心也特別重，容易與人爭辯。

鈴星

(一)鈴星性情急躁，個性剛硬，固執倔強，拒絕時抵死不從，追求時不顧一切死也要堅持。
(二)鈴星：優點；聰明伶俐、機智反應快。缺點；性格陰沉、多疑、嫉妒(總是覺得命不好，認為別人對不起他）。

第二節　論各星在兄弟宮的特性

把命盤放桌上，直接看兄弟宮之主、副星然後查詢兄弟宮之所有星性解說；所得答案即是一個人與兄弟間的互動關係。

如果您兄弟宮無主星比較會有以下現象：

（一）在陰宮，主姊妹多於兄弟。有地空、地劫、天馬，與兄弟無緣。

（二）有擎羊、化忌時，無兄弟或兄弟早亡。

（三）如有化科、化權、化祿或天魁、天鉞，兄弟間有很好的成就。

（四）有左輔、右弼，父母宮桃花星多，會有異父母的兄弟姊妹出現。

（五）不喜有地空、地劫、化忌，主兄弟的事業亂七八糟，此人會為兄弟而破財。

◎紫微在兄弟宮的特性

（一）主本人勞碌（帝王星不得位，主人多勞碌）。

（二）紫微入兄弟，所謂「形勢比人強」好看而已，一生中行吉運時，與人往來尚能彼此敬重，一逢壞運或與人有衝突時，無論誰都比你強。

（三）紫微入兄弟宮即入照夫妻之疾厄宮，亦即入照配偶之體，就此一條件上，配偶比你強。

（四）兄弟中有顯貴者，可以讓你依靠或主動照顧你。但逢煞星則無。此則為吉中帶凶，或兄弟中相助與失和皆有。

（五）單守主孤，逢空劫則主刑傷或破敗衰落者，遇天馬則會各奔前程。

◎天機在兄弟宮的特性

（一）命坐天機兄弟必少，兄弟間必有人須過房或認義父母，如處陷地則無法同心；加煞星，互扯後腿，如處旺地手足親和。

（二）天機化祿在兄弟，必主兄弟中有智慧高者，若化權，兄弟易起爭端。若兄弟化忌入命，不用化權，也表示兄弟損傷我於無形，只要兄弟宮再自化即無傷。

（三）主兄弟少或緣分薄，因其命造本身紫微守命之故（紫微星主孤），若逢凶煞，不會互相扶持，甚至互扯後腿。

（四）在寅、申、巳、亥又見天巫，兄弟姊妹間會爭奪遺產，反目相向，甚至鬧上法庭。

◎太陽在兄弟宮的特性

（一）太陽星主貴，入兄弟宮有化吉者，主富貴。

（二）太陽入六親宮，你對兄弟付出，他認為理所當然，不必一樣相對的付出。

（三）旺地，主社交能力強；必有成就高之兄弟；落陷有刑煞，則兄弟不成器或是混混，了不起當草莽英雄。

（四）如陷地逢六煞及刑沖破忌，主兄弟中煩事多，或易受兄弟所拖累。

◎武曲在兄弟宮的特性

（一）武曲入兄弟宮本無助益，不宜與兄弟合夥，彼此任性、偏激。

（二）武曲入兄弟，命宮必坐太陽，自然的想要教化兄弟以及眾生，若太陽失輝則有心無力。

（三）武曲入兄弟，來往皆富豪人士居多。行限化武曲忌，會有破財之災。如會合七殺、破軍、擎羊，主因為財起衝突，令祖上蒙羞。

（四）兄弟中有個性強烈、偏激者，或喜獨來獨往者，如有文星會合則吉，可中和其孤性。

◎天同在兄弟宮的特性

（一）天同為福星，主手足間能和睦相處。

（二）天同為協調星，逢化忌兄弟不好協調。若加四煞、化忌，則是表面和善，私下暗鬥，做事互相推拖，分開居住為宜。

◎廉貞在兄弟宮的特性

（一）廉貞在兄弟宮單守，通常感情尚稱融洽。彼此時好時壞。

（二）逢煞或化忌，主助力不佳，感情易反目成仇，容易受兄弟所拖累，有刑傷病災。

（三）廉貞守於兄弟位，加左輔或右弼，亦主時好時壞；逢貪狼或破軍，主分開居住不和。

◎天府在兄弟宮的特性

（一）主父母的心思多放在弟弟身上，而忽略對自己的關心較不疼愛。

（二）天府主兄弟多才多藝，兄弟有人服公職，彼此照應，不拘小節。

（三）會合天空、地劫，會需要你幫忙資助；會天姚、陰煞，兄弟會各使手段明爭暗鬥。

◎ **太陰在兄弟宮的特性**

（一）月暗月明，兄弟間有如太陰坐命之性質。

（二）旺地，兄弟感情好緣厚，多助力，逢化祿、化權、化科則主兄弟富貴成就高，才華好。

（三）若逢煞星、化忌，則兄弟意見多難有共識（※且要注意本人身體，恐有陰症、不明症狀）。

◎ **貪狼在兄弟宮的特性**

（一）貪狼主兄弟之間各懷鬼胎，兄弟宜分開居住，久處必不合生嫌隙。

（二）兄弟中有不聽父母管教者或與父母意見相左者，無法忍受而離家。

（三）加天魁、天鉞，則狼狽為奸；陷地恐有同父異母或同母異父之兄弟或領養他人孩子。

◎ **巨門在兄弟宮的特性**

（一）主兄弟間意見分歧難溝通、各自為政，且兄弟間有巨門性質者，善辯好理論說（唯祿存可解其惡）。

（二）巨門在兄弟沒感情、沒話說，互相沒有助力，也可以說兄弟姊妹緣薄，在生活上自掃門前雪，只有暗中尊重，如果家中有祖產，分得很清楚，兄弟無情義可言，各立門戶。

（三）巨門主刑傷不和、口舌爭鬥，意見難以協調，自以為是，只有付出，別想有回饋；於戌、亥位無煞，主兄弟創業有成。

◎天相在兄弟宮的特性

（一）天相喜入兄弟宮，兄弟手足感情好，兄友弟恭。如加左輔、右弼、武曲、天魁、天鉞，兄弟顯達富貴。

（二）逢化吉或祿存，主兄弟有橫發的機遇；逢煞星，好壞互見，感情易起變化。主孤獨無依。

◎天梁在兄弟宮的特性

（一）天梁主兄弟間長幼有序，相互尊重，婚後亦不受影響（婚後手足情依舊，到老仍然會相互提攜）。

（二）遇天刑會煞，則兄弟有爭訟；見天機者，各持己見；加煞糾紛難免。

（三）天梁略帶有孤傷的性質，以各自獨立為最佳選擇。

◎七殺在兄弟宮的特性

（一）主孤傷，兄弟人數少、緣薄，各分東西。若兄弟多也無助益，也是各自為政。

（二）若文昌、文曲會照，則於急難時，兄弟尚可團聚互相扶持，共解危困。加左輔、右弼，主刑傷；加天魁、天鉞，主兄弟能有好發展。

◎破軍在兄弟宮的特性

（一）兄弟無緣，各自為政，甚少往來互不相涉，古云：「骨肉參商。」

（二）破軍入命或兄友，發起脾氣時好像要拼命一樣。

（三）耗星入主，代表骨肉離散，不常在一起。

（四）與吉星相配合，兄弟尚有依靠；有天魁、天鉞或化科、化祿、化權者，命宮必須有主星旺而無破，才能得到兄弟之幫助。

（五）落陷或逢煞沖破，則無助也必枉然。加煞，各懷鬼胎，互不相容（子午位例外）。有煞星或空劫星者，兄弟姊妹必有所損。

（六）通常皆主刑傷不和，唯有自己是長子，或兄弟之間年紀相距很大，否則必有爭端。

◎祿存在兄弟宮的特性

（一）祿存亦主孤；男性傷六親，與六親無緣容易有紛爭之事。

（二）祿存不逢煞忌，兄弟有顯貴之人；逢煞忌，縱有顯貴兄弟，冷眼旁觀亦無出手相助之舉。

◎擎羊、陀羅在兄弟宮的特性

擎羊：兄弟單薄，兄弟中有性情粗暴、個性剛強果決之人。

陀羅：兄弟單薄，兄弟中有人個性剛強固執、性格沉悶、性情難捉摸。

（一）羊陀最怕親臨兄弟、田宅、父母三宮；羊陀進入兄、田、父比入命、身宮還厲害，所產生的明暗是非糾葛及傷害比其他各宮還厲害。

（二）會以小人之心度君子之腹，有過河拆橋、恩將仇報之舉。以現代而言，擎羊入交友宮傷害力也很大。和他愈親近的人，他愈不在乎。※擎羊、陀羅不論在哪一宮皆有損害；入廟損害輕，落陷損害重。

◎天魁在兄弟宮的特性（天魁、天鉞二星合論）

兄弟彼此間能夠互相幫助，兄弟中也有富貴者。

◎天馬在兄弟宮的特性

兄弟間有個性急躁好動者，再視其主星與前星性所論合參，即知吉凶。

◎華蓋在兄弟宮的特性

兄弟中有面帶威嚴，淡泊名利，喜好玄學、五術論命與神佛有緣者。兄弟中有文筆好表達能力佳，具有特殊才藝者。

◎天哭、天虛在兄弟宮的特性（哭虛合論）

主兄弟無助刑傷、緣薄、破敗。

◎紅鸞、天喜在兄弟宮的特性（鸞喜合論）

兄弟好動，喜出外，不喜待在家裡，但感情不錯。

◎孤辰、寡宿在兄弟宮的特性（孤寡合論）

孤辰、寡宿入兄弟六親皆主孤傷、無緣，常因故不得相處，或四處分散。

◎左輔、右弼在兄弟宮的特性（左輔、右弼合論）

兄弟之間，彼此有交流會互相幫助（平輩貴人，如朋友般的無目的幫忙）。

◎天刑在兄弟宮的特性

天刑在六親宮，與六親有刑傷、緣薄。兄弟雖多，但各自為政，互不干涉。

◎天姚在兄弟宮的特性

天姚主姊妹多，逢貪狼、巨門，會有異胞兄弟。

◎ **陰煞在兄弟宮的特性**

兄弟中有人個性陰晴不定、喜怒無常；兄弟中有靈異體質者可與「無形」的溝通者，或替神明辦事者。

◎ **曲、昌在兄弟宮的特性（曲、昌合論）**

兄弟之間感情融洽，和睦相處，有文學藝術才華；或兄弟各自發展，不會干涉對方；有危難時，會聚集加以援助。文曲、文昌忌在寅、午、戌三宮，主兄弟孤單，加煞則無兄弟，有兄弟則主刑傷不和。

◎ **地空、地劫在兄弟宮的特性（空劫合論）**

兄弟有刑傷，兄弟不和、無助，但本人卻為助兄弟而受連累。

空劫在六親宮，主與該六親關係欠佳，有刑傷，無緣，且主該六親有刑傷。

◎ **火星、鈴星在兄弟宮的特性（火鈴合論）**

在寅、午、戌宮，兄弟有性情急躁、個性暴躁者（有吉星，尚有些許幫助；加煞，因爭端而有傷害或分離）。

第三節　論各星在夫妻宮的特性

把命盤放桌上，直接看夫妻宮之主、副星然後查詢夫妻宮之所有星性解說；所得答案即是個人與夫妻間的互動關係。

如果您夫妻宮無主星比較會有以下現象：

（一）不會長久，不穩定，有化忌或鈴星，有精神層面的折磨。

（二）有空、劫，婚變或關係不耐久，除非三方有吉星助。

（三）喜有天魁、天鉞、文昌、文曲來助，主配偶成就佳。有天魁、天鉞，配偶主觀性強。

（四）有空、劫再有孤辰寡宿，婚姻難成，尤其又再有陀羅時更明顯，有四大凶星時則代表配偶的個性倔強。

（五）不喜有鈴星、化忌，雙方時常在冷戰，配偶情緒化處事，有地空、右弼、化忌、鈴星入夫妻宮最討厭，肯定離婚。

（六）地空——主孤，沒有戀愛機會，右弼——主多情感情氾濫，以上二者皆有，肯定離婚。

◎紫微在夫妻宮的特性

（一）紫微入夫妻宮是配偶掌管家中大權，有支配慾望，不喜受管束。

（二）帝坐臨妻宮，配偶宜選年紀稍長，選配偶眼光較高，男可娶賢妻，女嫁貴夫，但需要相當尊重、容忍對方，因此不宜早婚，晚婚則較不會變化。

（三）如逢左輔、右弼、天魁、天鉞併桃花星同宮，易有第三者。

（四）紫微入夫妻宮，當事人最好不要表現比配偶強。紫微入夫妻，自然照我官祿，紫微在我官祿的遷移，表示我在做事上頗能讓人馬首是瞻，但一回到家卻以配偶馬首是瞻。

◎天機在夫妻宮的特性

（一）天機主配偶年齡相差較大，老少配無妨。

（二）男命：妻賢慧，能夠持家，但個性上較剛烈、愛計較。

女命：夫多學有專精，少理家務；加煞星曾解除婚約或是二度婚姻者。

（三）配偶略帶神經質，若逢煞忌則更強烈，相處難免有口舌之爭，如逢巨門（機巨）更嚴重，逢太陰（機陰）為冷戰，大致上婚姻是不美滿的，而且家務多紛爭。逢煞忌更是如此。

◎太陽在夫妻宮的特性

男命

（一）太陽旺守夫妻宮，本人是個大男人主義者；太太雖有男人心志，但原則上，太太雖強勢，還是會尊重先生。

（二）太陽守夫妻宮，通常都主妻子個性急、直爽，有正義感，有男子氣概，喜歡權力在握，旺地加吉星，可得妻助。

（三）太陽在夫妻宮，有吉星進來，可娶到能幹的好太太。

（四）入廟宮位加吉星，要娶妻後才會有好發展，包括賺錢及不動產之獲得，落陷宮位加煞主妻不吉。陷地逢煞，主妻性急，疑心重，雙方感情不佳或傷妻不利，或妻子身體多毛病，嚴重者有生離死別之兆。

（五）若失輝、化忌、加煞，極為不妙（男女同論），因太陽為爭論星，故夫妻生活就像鬥雞，見面就打，這是輕微的，重則死別。所以有此種格局，或運限逢之，最好夫妻不要常在一起，可相安。

（六）男命主因妻得貴，配偶能幹，卻嫌凶悍。女命配偶主貴，但嫌獨裁。

女命

（一）太陽守夫妻逢吉星，配賢夫，主能得富貴之婿，或得夫之助，因夫得貴。陷地加煞，主婚姻不美，夫妻感情不好且自身多災多病或生離死別。

（二）太陽守夫妻宮，皆以晚婚為宜。早婚不好，較利於女命，不利男命（如：陷地加煞忌，主戀愛、婚姻多波折）。

（三）失輝的太陽在夫妻宮，夫妻不願同時在外曝光，也可能有秘密之情事，女命較靈驗。

（四）女命戌、亥、子，男命卯、辰、巳，主婚姻不好，逢煞有外遇；如在丑、未，感情複雜。

◎武曲在夫妻宮的特性

（一）配偶性情剛烈，獨斷獨行，女命感情保守，宜晚婚，生活較平實。

（二）武曲不宜入夫妻宮，行限夫妻宮亦同，未婚者在感情方面趨向保守，已婚者配偶間互動冷淡；若加羊陀、空劫、化忌，家庭生活單調無情趣，夫妻關係冷漠。

（三）武曲為寡星入夫妻位，難以言吉。宜自由戀愛年齡相近為佳，加吉星可因配偶而富。

（四）男命配偶個性剛烈，獨立性強，不懂情調；女命配夫，個性暴躁，獨來獨往，不解風情。加煞星主生離再婚。

◎天同在夫妻宮的特性

（一）天同主配偶年齡差距宜大，男命宜娶「幼齒」，女命宜嫁「老公」。

（二）男命能娶賢內助，妻端莊聰明、美麗賢慧；女命主夫妻感情和睦，溫和體貼多疼愛。唯辰、戌、丑、未不佳，加煞則徒有夫妻之名，而難有夫妻之實。

（三）宜晚婚方能白首偕老。或早年有解除婚約之事情，否則婚姻不穩；若逢煞沖，主夫妻間感情不睦，有分居或離婚之象，也主配偶有刑傷多病之兆，改運方式以同居或不舉行結婚儀式來避免以上之刑害。

◎廉貞在夫妻宮的特性

（一）廉貞星為亦正亦邪之星，入夫妻宮，不論男女，婚姻美滿者，甚少！

（二）夫妻雙方很注重精神生活，但意志薄弱，禁不起外界誘惑，因此婚姻容易起變化。

（三）夫妻不和，煞多則有生離死別，會有多次婚姻生活，本命星曜穩定者，尚可解救。會天府，「府廉」主吉。祿存，主吉。化祿，桃花多，有豔遇。會七殺「廉殺」或化忌，感情糾紛。四煞，主夫妻吵架。加煞，暴力相向；加左輔、右弼，爭訟難免；加天魁、天鉞，綠巾罩頂（通常廉貞只有逢天府「府廉」，才是最好的結構組合）。

◎天府在夫妻宮的特性

（一）主妻子賢慧，能得妻助，注重精神生活享受，也主妻愛掌權，能力強，理財一級棒。

（二）男命主妻為職業婦女，男會順從女命，無煞能彼此互相寵愛。會煞星則有爭端。

（三）女命天府臨夫妻官，丈夫俊俏有為，成就不錯，感情豐富、融洽。

（四）不宜早婚，以免耳根不得清靜；加煞，主分離，不能論死別。

（五）逢煞多刑傷或常有不如意事，如以偏房繼室或許可減低其刑傷不順。

◎太陰在夫妻宮的特性

（一）男命可娶得美嬌娘，溫柔賢慧，屬賢妻良母喜在家中侍候丈夫，整理住家；一生異性緣多。

（二）男命，太太會管你、限制你的活動，你尊重太太如同母親。

（三）男命太陰化祿在夫妻宮，可得美妻並能得妻財資助來成就事業獲得富貴，女命則因夫得貴。

（四）女命夫妻宮太陰逢祿、權、科，對內能安置好家庭，對外則擅長交際應酬，但不喜逢忌，主配偶易離鄉背井。

（五）太陰利男不利女。男命得美妻，聰明能幹，柔情似水，宜配年少。女命配夫宜年長，先生個性柔和，缺乏陽剛味。心易向外，喜化吉星來化解。加煞星或空劫，主配偶易壽短。

◎貪狼在夫妻宮的特性

（一）貪狼不喜入夫妻宮，在夫妻宮主桃花對象多多益善，易受外力誘惑，造成夫妻感情不穩定。

（二）貪狼在夫妻宮，皆宜晚婚得子，可免刑傷。

（三）貪狼在夫妻宮，配偶熱衷性生活，尤其在水宮或相生之宮。

（四）貪狼者多帶桃花，但在感情與需求上，不可兼得。比如事事貪求、處處計較者，在愛情上會吃大虧；反而不計較、願吃虧、捨得的人，會有情人供養他，供其揮霍。

（五）與紫微同宮（紫貪），配偶是個善交際、能言善道之人。與武曲同宮（武貪），配偶個性倔強，婚姻波折多，不宜早婚。與廉貞同宮（廉貪），配偶俊美，不宜早婚，加煞，易再婚。

（六）喜聽甜言蜜語，講求格調與品味，風流且對世俗禮儀不遵守。戀愛過程有波折，或婚前有人唱反調的現象反吉。加煞星，有桃花糾紛。

（七）男命：既疼愛老妻，又容易見異思遷，感情漂浮不定，會見桃花星多易有外遇，喜歡在外另築愛的香窩。

（八）女命：有幫夫運，但難駕馭，喜聽甜言蜜語，感情上有水性楊花之傾向，煞多有衝突。夫有二心，宜長配、偏房，或繼室。

（九）貪狼，選擇對象忠厚老實者看不上眼，而對花花綠綠、不可靠、明知不會長久的對象，反而投懷送抱。

◎巨門在夫妻宮的特性

（一）古云：「巨門在夫，主有隔角煞，觀念難溝通。」

（二）女命巨門在夫，則斷論為隔角煞主有生離之災，不是離婚就是要兩地相隔。

（三）主配偶口才好善爭辯，夫妻間口舌多。如與祿存同宮，可得妻財（加煞，可能會走離婚一途）。

（四）女命多為偏房，尤其與天機同宮（機巨門）者，機巨門為浪蕩格。常有正常夫妻不當，而為人妾者，主要想嫁好「老」公，才有安全感。

（五）男喜妖嬌美豔婦，女愛富家翁；喜歡嫁給有才又有財的丈夫。

（六）巨門在夫妻宮，初戀不易有結果，戀愛波折多，也特別容易搭上別人的老公。

（七）巨門主配偶有強烈佔有慾與疑心病，常因嫉妒起口角，宜老少配年齡差距最好相差10歲以上，可免經常冷戰。

（八）巨門獨坐，配偶任勞任怨，知吃知做；加煞，則主生離死別難免。

◎天相在夫妻宮的特性

（一）天相坐命或夫妻宮，若會左輔、右弼、文昌、文曲，追求者多，難以抉擇感情易生波折，晚婚為宜（煞星、桃花星入，對感情有阻礙）。

（二）古云：「天相臨夫妻宮，親上加親。」以現代而言，為舊識或親戚介紹或親友間的同事、同學而結成姻緣。

（三）女命得處事穩重的好好先生。因本身欠缺獨立性，故易「親上加親」。

（四）男得美妻，賢慧能幹，持家有方；妻有依賴性；女命丈夫有責任感，做事積極。

（五）天相與武曲同宮（武相），配偶具有雙重個性。加煞，同床異夢。

◎天梁在夫妻宮的特性

（一）男命，娶賢慧妻、宜配「某大姊」，相當尊重老婆；善理家務，有能力把家庭打理好（若為職業婦女，如教師、行政文書）。

（二）女命，先生是管家郎，喜干涉或掌管家務。不宜早婚。加煞星，則最好選擇當個快樂的單身貴族。

（三）女命，宜晚婚。有當繼室偏房之命格，以同居方式或無婚姻儀式或找婚前曾解除婚約者來破解。

（四）舉凡天梁在夫妻宮，如婚前無遭受挫折或波折者，婚後會有一段時間的分離。行運逢桃花星，而夫妻宮有天梁化祿，則易結識已有配偶的對象。天梁雖兩人已分離，但仍會藕斷絲連的牽扯耿耿於懷在心，而造成本身的痛苦。

◎七殺在夫妻宮的特性

（一）七殺守命或夫妻宮的人，早婚會為對方付出太多，反使本身沒有得到好處，導致不知為誰辛苦為誰忙，守命宮者此現象更加明顯。

（二）會擎羊、鈴星則桃花多感情易生變，二度婚姻，孤傷之象。

（三）女命七殺守夫妻宮，紅顏薄命之象，故宜修身養性，改變倔強的個性，將會對本身的命運有所改變（女命，命宮、夫、福逢七殺同論）。

（四）旺地有祿、權、科，主配偶精明能幹個性強烈，男命妻奪權，女命夫地位高，事業發達。逢煞曜，主夫妻感情不睦，或配偶有刑傷或分離。

（五）對感情較「阿莎力」，多數採取閃電結婚，難耐愛情長跑，多屬一見鍾情；冷熱較快兩人感情淡薄。

（六）男命有吉星照會，主妻子精明幹練、莊重有威。女命主丈夫性情剛強、術業有專精。

（七）陷地逢煞，主夫妻難溝通、不和，情盡緣未了，糾紛難免。

（八）宜晚婚，早婚不利，且年紀相差大一點，如果年紀太接近，脾氣不好，感情不美。

◎破軍在夫妻宮的特性

（一）破軍在夫妻宮，夫妻雙方都有想駕馭配偶之傾向。

（二）破軍在夫妻宮，是不利婚姻的。婚前、婚後同居，常有婚外情。不只一次。

（三）破軍入夫妻宮，感情好的時候，為配偶拼命，翻起臉來，也會把命拼。

（四）婚姻多屬不正常，夫妻間難和諧，主獨具不同之婚姻觀念。有獨身主義想法。不喜受時下婚姻觀之束縛，故宜晚婚。

（五）若逢煞多，則易有刑傷分居，或有夫妻之名而無夫妻之實。也主配偶個性倔強、不服輸、好掌權、不喜受管束。不喜待在家裡，或缺乏家庭責任。

（六）戀愛多波折，或遭破壞中傷者，或婚後分居或聚少離多者亦能偕老。或繼室偏房同居方式亦佳。男、女配偶的年紀宜相差大。

◎祿存在夫妻宮的特性

（一）祿存在夫妻宮，表示夫妻有特別深的緣分（任何凶煞星在夫妻宮，皆不會造成太大的傷害）。

（二）祿存在夫妻宮，夫妻皆因對方而得貴。

（三）適合晚婚，且男娶少妻為宜；女可成為官夫人、貴婦；加煞為偏房。

（四）祿存會天馬，祿馬交馳，因配偶得富，即男娶富婆，女嫁富翁。

◎羊陀在夫妻宮的特性

擎羊

（一）擎羊在夫妻宮，太太身體若曾動過手術或流產、墮胎就沒關係，否則對先生較不利。

（二）若男命坐擎羊，是本人刑傷太太，不是生離就是死別，對妻或母之一不利。而女命擎羊在夫，則對感情無信心會斬斷所有情緣。

（三）夫妻感情快熱易冷，多衝動易有閃電結婚之舉。會凶煞，有二度婚姻或生離死別之事。

陀羅

（一）陀羅在夫妻宮，夫妻離婚機率高，歹戲拖棚會拖很久（很容易藕斷絲連或破鏡重圓）。

（二）男人甘願辛苦養美嬌娘，女人甘願辛苦養老公，皆會為感情犧牲身外之物、倒貼，最後還是沒結果，只是時間拖很久而已。

（三）夫妻不和有刑傷，可能要結兩次婚。結婚前最好多交往幾個或來一段愛情長跑再結婚。

擎羊合論

（一）擎羊、陀羅在夫妻宮，最怕一見鍾情的婚姻，容易以離婚收場。

（二）擎羊、陀羅見太陽或太陰，看其在何宮，則該宮會有傷破（在命、身會刑傷配偶，在夫妻宮被配偶刑傷）。

（三）擎羊、陀羅見太陽或太陰，女傷夫，而夫傷妻，而且眼睛容易出問題。

◎天魁在夫妻宮的特性（天魁、天鉞二星合論）

（一）「天魁、天鉞主夫婦美麗」：天魁、天鉞在夫妻宮則配偶美麗，且得配偶之助。

（二）天魁、天鉞主得顯貴或端莊之配偶。若夫妻宮在丑未，坐貴向貴，則配偶多助。兩人同心經營事業夫唱婦隨。

（三）天魁、天鉞不喜入夫妻宮，若坐落夫妻宮反成細姨星，男命天鉞坐命，主有雙妻命。

◎天馬在夫妻宮的特性

（一）天馬入夫妻宮，配偶為遠地人或跨國姻緣。

（二）男女皆主配偶賢良有助，有吉星，男可得妻助，女有幫夫運亦可得夫助。

（三）天馬喜與祿存、太陰同宮，配偶來自遠方，可得妻財，加煞則無。

（四）天馬與機陰同宮，主配偶閒不住喜往外跑（機陰皆為動星又居四馬動位）。

◎華蓋在夫妻宮的特性

兩人能有共同的宗教信仰，及互相勉勵修持最好。

◎**天哭、天虛在夫妻宮的特性（哭虛合論）**

（一）夫妻宮三合會天哭、天虛，配偶臉上沒有笑容，好像欠他許多錢似的。

（二）夫妻感情淡薄，宜會祿存、天馬，可減其凶。

◎**紅鸞、天喜在夫妻宮的特性（鸞喜合論）**

夫妻情深，男得美妻有愛撒嬌的個性；女：夫婿俊美，是個調情高手。

◎**孤辰、寡宿在夫妻宮的特性（孤寡合論）**

（一）男命孤辰坐夫妻，主夫妻分居、離婚或妻早逝或有名無實。女命寡宿坐夫妻，主夫妻分居、離婚或夫早逝或有名無實。

（二）孤辰、寡宿不喜坐夫妻宮，無論男女，皆主與配偶緣薄、不合或因工作關係而分居（若不分居亦得分房）。

（三）寡宿有不喜入夫妻宮（孤辰不喜入父母宮）；廣義說，孤寡二星皆以不入命宮、身宮及六親宮為佳。

◎**左輔、右弼在夫妻宮的特性（左輔、右弼合論）**

（一）左輔、右弼不喜進入夫妻宮，夫妻之間不喜歡有外力干涉，因左輔、右弼為第三者的助力，故左輔、右弼入夫妻宮，對婚姻關係恐有第三者介入（故左輔、右弼亦被稱為細姨星）。

（二）左輔、右弼入夫妻宮，另有一種狀況容易被疏忽，就是左輔、右弼夾夫妻宮，也容易讓夫妻產生不和（諸多離婚者命盤十之八九有左輔、右弼夾夫妻宮者）。

（三）左輔、右弼入夫妻宮、福德宮主二度婚姻，左輔、右弼單守官祿宮或沖夫妻宮則重婚。尤其左輔、右弼單守在辰、戌、丑、未，又有四煞沖破，再婚或離婚，更加應驗。

（四）左輔、右弼在夫妻宮，可能會有二度婚姻，男娶二妻（女嫁二夫）。男人不是娶大小老婆，就是離別後再重聚，有時會碰到三角戀愛。女命婚前，盲目追求愛情渴望被疼愛。會經歷兩個男人懷抱。

（五）大限夫妻宮走入左輔、右弼之宮，走十年的桃花運（會不會接受則看個人的修持）。

（六）左輔、右弼入夫妻宮，命造本身性慾強烈（宮位在子尤甚），會找第三者來發洩。

（七）若單以左輔、右弼二星來比較第三者介入狀況；因右弼多嘴、雞婆且又有實際行動為重，而夫妻宮本就是夫妻兩人的事，有外人加入就有是非吵架之事。

※二度婚姻的條件，為在辰、戌、丑、未四宮單守，或左輔、右弼在夫妻宮有四煞或巨門、破軍同宮才驗（與紫府同宮則不會）。

◎天刑在夫妻宮的特性

（一）天刑入夫妻，天姚一定在福德，夫妻同床異夢。跟這個睡覺，心中卻想著另一個（天刑亦主身心多用，難得清閒）。

（二）天刑星在夫妻宮逢煞忌，感情不佳容易鬧婚變。改善方法，宜晚婚，有各自工作的空間聚少離多，及相同宗教信仰。

◎天姚在夫妻宮的特性

（一）配偶容貌佳、有人緣、喜歡打扮、笑臉迎人、談吐佳、應對有一套。

（二）婚前兩人各有風流的愛情史，彼此皆非初戀情人（不管婚前或婚後，容易和兩個人以上發生親密關係，或鬧婚變而發展出婚外情）。

（三）有無重婚的機率，必須看主星及坐干之四化。化祿入命、疾，不犯重婚。化忌入兄友，主桃花不斷，而生重婚之象。不喜會煞忌、七殺、破軍、貪狼、左輔、右弼、文昌、文曲易再婚。

◎陰煞在夫妻宮的特性

（一）陰煞星坐守夫妻宮，夫妻間常出現莫名其妙的爭執。

（二）陰煞在夫妻宮，婚姻難成，戀愛的對象最好有共同嗜好及信仰。

◎曲、昌在夫妻宮的特性（曲、昌合論）

（一）夫妻也算恩愛，注重生活品質、浪漫，對文藝興趣大。

（二）文曲再與文昌同宮或會照，則主桃花多，男、女皆有婚外情。文曲、文昌也是「細姨星」，不能再逢桃花或煞忌，否則感情會出現問題；情人就跑出來，男命若文昌、文曲星在夫妻宮，易有婚外情，或在外金屋藏嬌。

（三）文曲、文昌感情變化大，化忌則不利感情或賠了夫人又折兵，或有文書官非之災。

◎地空、地劫在夫妻宮的特性（空劫合論）

夫妻宮有地空、地劫對感情不和、不利。「加煞離死別、配偶早亡」。

◎火星、鈴星在夫妻宮的特性（火鈴合論）

（一）火星、鈴星在夫妻宮且位於寅、午、戌宮，主感情平平（寅、午、戌三合火局），其餘之宮皆主婚姻會突起之變化，結婚時閃電火速，欠缺考慮。

（二）火星、鈴星亦主配偶火氣大，有耳朵方面的疾病。

第四節　論各星在子女宮的特性

把命盤放桌上，直接看子女宮之主、副星然後查詢子女宮之所有星性解說；所得答案即是一個人與子女間的互動關係。

如果您子女宮無主星比較會有以下現象：

（一）與子女間互動性不佳、緣薄。

（二）有陰煞或鈴星，子女易學壞或流浪在外。擎羊或天刑，子女有傷災。

（三）如帶火星，會有流產的現象，如有天馬，與子女聚少離多。

（四）有吉星助而無煞星，子女的成就很高。

◎紫微在子女宮的特性

（一）紫微入子女宮，教育小孩要把父母威權擺一邊，要做個「孝順子女」的父母，因為在小孩心中認為自己會比父母行。

（二）紫微在子女宮顯示後代相當優秀及會有特殊之才能；子女的要求也是有求必應。

（三）逢羊陀、火鈴、空劫忌，主有刑傷或孤，或子女有血光。

（四）帝星入子女位，星座過旺反而不利，子女人數不多，又代表子息的氣勢凌駕於當事者，主管教不易，父子間感情不佳，或生前無法享受子女的孝養。

◎天機在子女宮的特性

（一）天機在子女，子女自有其思想和智慧，但總還是關心著他。

（二）天機星乃代表計較與異動之星，化忌則代表子女好動、聰明、活潑，小時候喜歡拆玩具；也代表子女有必須認義父母之兆，或有同父異母，或同母異父之手足。

（三）女命子女宮內又有擎羊則有流產之跡象。

（四）子女宮內帶有左輔、右弼可能會有領養他人孩子的情形。

◎太陽在子女宮的特性

（一）太陽在旺地，子女有貴，充滿朝氣，活動力強，喜歡戶外運動；也主子女人數眾多。落陷地，子女文靜，依賴性較強；喜安穩成就不大。

（二）太陽旺守，如會左輔、右弼、天魁、天鉞、祿存之類吉星，子女會有了不起的成就，且子女多，若在陽宮（寅、辰、午、申），男孩較多，太陽失輝，子女少。

（三）太陽失輝又化忌或加羊陀，女命特別注意有小產、流產或墮胎（因為太陽主血液之故）。

（四）加煞星，子女易學壞。不利長男；加空劫或化忌星，須防白髮送黑髮或獨房送終。

◎武曲在子女宮的特性

（一）武曲星入子女宮，代表中年得子或子女少。
（二）武曲在子女照田宅，有了小孩後，就會有房地產，又子女的官祿坐紫微，子女個性獨立。
（三）子女個性好強，固執具反叛性，須用心溝通管教，但其活動強，富有研究精神。最好能提供金屬物品如玩具之類供其研究，誘導其專精研究事物，不與人爭勝。
（四）武曲在子女宮有化忌，小孩難育，其個性較硬，也要注意住家是否有壁刀沖射，女命有產厄。
（五）會左輔、右弼，主子女獨立自主，早離家庭，當事者應盡早做好生涯規劃。

◎天同在子女宮的特性

（一）天同星的特性為感情濃厚，臨子女宮，與子女感情和諧容易溝通。
（二）主子女溫柔貼心，乖巧又善解人意；兩代之間沒什麼代溝，父子如兄弟，母女如姊妹。
（三）天同之星太過於柔弱，表示子女依賴性較強、愛玩、頑皮，當父母的人比較累。又遇到化祿星甚至連孫子都得要您操心。

（四）逢擎羊或火星，須注意流年子女宮不宜再會合白虎，此年不宜生兒育女，以免生個弱智或自閉的小孩。

◎廉貞在子女宮的特性

（一）子女個性倔強有叛逆性、不受管束，若會水星在水宮，主本人性慾強。

（二）廉貞星坐守子女宮，為子息造反之局，叛逆性甚強，須防其有呼朋引伴、結黨營私的情形（須特別注意行蹤及管教）。

（三）子女有研究心、破壞性（會將玩具拆開分解，注意電器用品，小心安全）。

（四）「廉貞加七殺」可能會先損子，然後才能招子。
「廉貞加天府」同宮表示可得貴子。
「廉貞加天相」同宮表示可能很早就做親家。
「廉貞加貪狼」同宮表示易得性情較中性之子女。
「廉貞加破軍」同宮表示多病又多災。

（五）廉貞單守，表示主膝下猶稀，有子奉老或送終，已經相當「圓滿意」了！

◎天府在子女宮的特性

（一）天府為庫星入子女位，必得孝順之子女，通常皆主子女多，且聰明孝順，感情濃厚。

（二）天府在子女宮，子女不會學壞，獨立性強，主觀意識亦高，對家裡很有向心力。出外很乖巧，有禮貌。可因子女得貴，家門顯耀。

（三）逢文昌、文曲或天魁、天鉞，必得貴子，亦可因子而貴顯，光耀門楣；與子女之間感情良好，唯對子女過度的關心，有嘮叨之嫌。

◎太陰在子女宮的特性

（一）太陰星入子女位，代表子女有特殊藝術天分，對音樂、書畫、設計方面必出眾有可造之材；反應力敏銳，聰明有才幹。

（二）主子女異性緣佳，溫順聰明。愛乾淨，化忌時亦表示很想要乾淨，但力不從心。

（三）旺地主子女富有，陷地則嫌不足。白天生人，或失輝宮位，再加煞星，主子女少。

（四）逢文昌、文曲或化科，主顯貴；但女生比男生傑出。也代表女多於男，母女貼心，父子則是沒大沒小。

◎貪狼在子女宮的特性

（一）子女個性強、好勝心、閒不住、善變、慾望高。

（二）主子女較懶惰，貪吃好玩，代表下一代手足難和諧，具有不達目的絕不停止的特性。

（三）夫妻宮有祿、權者，則須防外頭二房多添人口。照會其他桃花星，須防正室不孕偏房入替之象。

◎巨門在子女宮的特性

（一）子女表達能力強，好的時候嘴巴甜，壞的時候愛頂嘴；亦主跟子女少見面。

（二）入子女宮，主損頭胎；也代表緣薄，喜歡與父母頂嘴，小時候挨打也最多，很不得父母歡心。

（三）三方會合太陽以驅其暗，以免父子各懷鬼胎，各彈各的調，誰也不願先放下身段，彼此坦誠溝通。

◎天相在子女宮的特性

（一）子女誠實、敦厚、喜美食、愛漂亮（男命較積極，女命較懶散、內向）。

（二）天相在子女宮，逢吉曜及化祿、權、科，主子女多、成就高，為人穩重。逢煞，主子女少，或養子或庶出。

（三）天相星入子女宮，代表子女負責任、內向。較缺玩伴，趕時髦愛打扮，跟得上時代的新新人類；愛作怪，卻又沒前衛和叛逆的膽量。

（四）對宮見煞，則須考慮「移花接木」。先女後男為吉。

◎天梁在子女宮的特性

（一）主子女緣厚、反應快、學習能力佳、對文學方面有興趣。

（二）天梁星入子女宮，主子女聰明、孝順、活潑可愛、人小鬼大，是同年齡裡的孩子王；也代表子女多才多藝，可多方面發展。

（三）天梁有孤傷的性質，臨子女宮，先得女。加昌、曲易有私生子之兆。唯加煞易有小產的現象；逢煞或逢空，老來孤單。

◎七殺在子女宮的特性

（一）七殺臨子女宮，子女頑皮、好動、不聽話、不易教導，且體力充沛、個性剛直，當父母的「耐心」是一大考驗。

（二）七殺在子女宮，子女少，先生女的再生男的較好，頭胎為女生。且不宜領養子女，恐招叛逆自己找罪受。

（三）注意小產、流產，或有缺陷之子女，會煞星則更增其必然性。會刑、忌，易有剖腹產之兆；逢煞，當心擁有缺陷的子女；三方吉星拱照，仍主子女有貴。

◎破軍在子女宮的特性

（一）破軍入子女宮，疼小孩疼得要命，打罵起小孩要他的命。

（二）耗星入子女位，叛逆性特別強，子女管教不易，與子女緣分較薄，唯破軍刑子不刑女，利女而不利子。

（三）破軍於子女宮，逢會刑忌四煞，易墮胎（經驗談）。尤以女命為然，墮胎、流產。與子女緣薄，化祿亦然，逢煞無子。

（四）主有刑傷，長子易損或不足月，或有疾病傷殘，宜遲子，或先女後男。有子女亦不好管教、好動、破壞力強，到手玩具，沒五分鐘分解成零件。

（五）逢忌星或火星、鈴星同處，則為人之長者，只好更加努力打拼，以供給下一代之花費，準沒錯的啦！

◎祿存在子女宮的特性

（一）主孤傷，少子女；喜逢三化吉，或逢天魁、天鉞、左輔、右弼，主生貴子。

（二）祿存在子女宮，最好祿庫移轉給子女（否則外界會將你的祿庫據為己有）。

◎羊陀在子女宮的特性

擎羊

（一）女命宜注意有墮胎、流產、剖腹生產等事情。逢吉星，子女尚多，但定有損；會凶，子女單薄，甚至無子嗣。
（二）子女個性剛強不易改變其思想、性情粗暴、易怒、不合群。
（三）擎羊會桃花星，情不自禁常有不速之豔遇。

陀羅

（一）刑傷子女，子女個性剛強固執，性格憂鬱深沉，性情難捉摸。
（二）陀羅會桃花星，要注意桃花之災，會讓人愛的痛不欲生、椎心磨肺。
（三）陀羅見桃花，暗通款曲，藕斷絲連；縱然斷了情緣，內心尚在徘徊，表面看不出兩情繾綣，尚是暗渡陳倉。

◎天魁在子女宮的特性（天魁、天鉞二星合論）

天魁、天鉞，子女聰明、好讀書、有才華、有貴氣且獨力性強。

◎天馬在子女宮的特性

子女聰明、機智、個性急、好動。
本人亦常外出不在家（子為田宅之遷移）。

◎**華蓋在子女宮的特性**

子女中有文筆好，喜好玄學、有特殊才藝者；淡泊名利。

◎**天哭、天虛在子女宮的特性（哭虛合論）**

與子女緣分淺薄，小孩最好請人帶，或外婆家代養。

◎**紅鸞、天喜在子女宮的特性（鸞喜合論）**

紅鸞主女多男少（因紅鸞為陰水）。

天喜主男多女少（因天喜為陽水）。

◎**孤辰、寡宿在子女宮的特性（孤寡合論）**

孤辰主多生男，寡宿主多生女；但兩者子息皆不多。

或特別原因，而未能與子女居住一起。

◎**左輔、右弼在子女宮的特性（左輔、右弼合論）**

子女為人敦厚、隨和風趣、聰明、乖巧、孝順。

左輔、右弼入子女宮，表命造本人性慾較強（宮位在子尤甚），會找第三者發洩。左輔、右弼在子女宮，對本人無力，所以通常以左輔、右弼在子女為閒宮。

◎天刑在子女宮的特性

主子女多，相處不佳、不相禮讓，會桃花星，主本人桃花多。

◎天姚在子女宮的特性

主女多男少；子女容貌佳、有人緣、笑容親切、談吐佳、喜歡打扮。

◎陰煞在子女宮的特性

子女中有性情陰晴不定，及有第六感、特殊感應者能與靈界溝通者。

◎曲、昌在子女宮的特性（曲、昌合論）

子女之間相處融洽，感情和睦，有文學藝術才氣。

文曲：非正統學術、才藝，偏重口才。

文昌：偏好文學與正統學術。

◎地空、地劫在子女宮的特性（空劫合論）

子女有刑傷（宜防流產，或子女有哭厄）；又主本人晚年較孤獨。

◎火星、鈴星在子女宮的特性（火鈴合論）

子女有性情急進、個性暴躁者，行動敏捷，要注意隨時出狀況。主子女不多；會桃花星，會有突來之豔遇。

命例（五）

紫微斗數星盤

日期：2023/10/31

<table>
<tr>
<td>◎ ◎
天 文
同 昌
科
忌
天孤
喜辰
【遷移】大絕劫晦
【辛巳】耗 煞氣
2、14、26、38、50、62、74
65～74 小限 8</td>
<td>⊕⊕
武天左
曲府輔
權
忌科
天天鳳蜚地
使福閣廉空
【疾厄】伏胎災喪
【壬午】兵 煞門
3、15、27、39、51、63、75
75～84 小限 9</td>
<td>○●◎ △
太太陀天火
陽陰羅鉞星
祿
科
截封
空誥
【財帛】官養天貫
【癸未】府 煞索
4、16、28、40、52、64、76
85～94 小限 10</td>
<td>▲
貪 祿右
狼 存弼
龍
池
【子女】博長指官
【甲申】士生背符
5、17、29、41、53、65、77
95～104 小限 11 祿</td>
</tr>
<tr>
<td>⊕
破
軍
天天天地
傷月貴劫
【僕役】病墓華歲
【庚辰】符 蓋建
1、13、25、37、49、61、73
55～64 小限 7 忌</td>
<td colspan="2" rowspan="2">姓名:　　　性別:男
西元：2000年4月25日巳時　　農曆：89年3月21日巳
<table>
<tr><td>偏財</td><td>日元</td><td>正印</td><td>正印</td><td>主星</td></tr>
<tr><td>丁巳</td><td>癸丑</td><td>庚辰</td><td>庚辰</td><td>八字</td></tr>
<tr><td>庚戊丙</td><td>辛癸己</td><td>癸乙戊</td><td>癸乙戊</td><td>藏</td></tr>
<tr><td>正正正
印官財</td><td>偏比七
印肩殺</td><td>比食正
肩神官</td><td>比食正
肩神官</td><td>副星</td></tr>
<tr><td>胎</td><td>冠帶</td><td>養</td><td>養</td><td>運</td></tr>
<tr><td>天喜
劫煞
天德合
月德合
天乙貴人</td><td>福德
羊刃
華蓋</td><td>伏吟
魁罡</td><td>魁罡</td><td>地支神煞</td></tr>
<tr><td>74 戊子 / 64 丁亥</td><td>54 丙戌 / 44 乙酉</td><td>34 甲申 / 24 癸未</td><td>14 壬午 / 4 辛巳</td><td>大運</td></tr>
</table>
編號 :0
五行：土五局
性屬：陽男
□□□龍
命主：巨門
身主：文昌
子年斗君：卯</td>
<td>⊕◎▼◎
天巨擎文　身宮
機門羊曲
祿
旬
空
【夫妻】力沐咸小
【乙酉】士浴池耗
6、18、30、42、54、66、78
105～114 小限 12</td>
</tr>
<tr>
<td>△
鈴
星
天天
才姚
【官祿】喜死息病
【己卯】神 神符
12、24、36、48、60、72、84
45～54 小限 6 忌</td>
<td>○○
紫天
微相
忌
天解陰
虛神煞
【兄弟】青冠地大
【丙戌】龍帶煞耗
7、19、31、43、55、67、79
115～124 小限 1</td>
</tr>
<tr>
<td>◎
廉
貞
天天三天
哭馬台巫
【田宅】飛病歲弔
【戊寅】廉 驛客
11、23、35、47、59、71、83
35～44 小限 5 祿科</td>
<td>天
魁
寡破天
宿碎壽
【福德】奏衰攀天
【己丑】書 鞍德
10、22、34、46、58、70、82
25～34 小限 4</td>
<td>⊕
七
殺
八恩
座光
【父母】將帝白
【戊子】軍旺虎
9、21、33、45、57、69、81
15～24 小限 3</td>
<td>▼
天
梁
天紅天台
官鸞刑輔
【命宮】小臨亡龍
【丁亥】耗官神德
8、20、32、44、56、68、80
5～14 小限 2 權</td>
</tr>
</table>

◎廟 ⊕旺 ○得地 △利益 ▲平和 ●不得地 ▼落陷

第五節 論各星在財帛宮的特性

把命盤放桌上，直接看財帛宮之主、副星然後查詢財帛宮之所有星性解說；所得答案即是一個人一生的財運情況。

如果您財帛宮無主星比較會有以下現象：

（一）一生財來財去，難以聚財。

（二）祿存獨坐，節儉，但為財傷腦筋，此時祿存在無主星宮位時無法發揮，除非能入財格或吉星超過三顆以上，或有科、權、祿時仍可大發。

（三）有祿存又有空、劫時，財來財去更嚴重。

（四）最喜有擎羊或火星獨坐，特別是火星，有突發徵兆，在四墓庫位，中年以後才突發且大發（因有入格），其他宮位較早發跡。

（五）擎羊獨坐也主突發，但須在四墓庫位才會，也不論其廟旺或陷地，一定會有錢財的糾紛。

◎紫微在財帛宮的特性

（一）紫微為官祿宮主，非財帛宮主，善理財，財運卻平平（紫微在財帛較偏重於權力、名譽方面）。

（二）紫微在財帛或田宅，三方見武曲、貪狼、左輔、右弼，其職務偏向財經界。

（三）紫微並非財星，入財帛官，偏向理財能力，並不主富有。

（四）紫微是重名聲、面子的星座，於財帛之位僅主收入比一般人較多，主安定與理財保守。要用便有即應知足。

◎天機在財帛宮的特性

（一）天機是兄弟宮主，所以居財帛時，錢財就在「你兄我弟」之間流動。

（二）天機在財宮，但天機不主財，僅代表賺錢的智商不錯有方法，不過天機又是眾生星、動星，是來來去去與眾生共用之財。

（三）白手起家，靠自己智慧及雙手賺錢；適合現金生意，週轉快之短期投資（故亦屬調度、借貸、週轉之財）。

（四）錢在手中不安穩，流通性大去了又來，來了又去，行運逢天機在財帛宮亦然，調頭寸，週轉來、週轉去。

（五）天機主流動性，財來財去，帶有投機性及週轉性質；逢祿、權，為銀行或店面生意。

（六）天機又為投機取巧之財，喜走偏鋒，應與「賭」字相關，如股票、期貨、二胎放款等。

（七）逢煞或逢空劫，雖用盡心機巧取豪奪，結果是那裡得到，那裡散去，白忙一場。

◎太陽在財帛宮的特性

（一）太陽不是財帛主，所以在財帛宮，僅代表理財能力不錯。

（二）無論太陽在明或暗，在財帛皆主善於理他人之財且不會有非分之想，但不重己財，因博愛之故。

（三）太陽旺守，錢財多，超愛面子，花錢也夠阿莎力，逢化祿尤驗。化祿或化權，更主善理他人之財。陷地加煞主財來財去，費心勞力；如逢羊陀也主破財；會地空、地劫，花不花也由不得你，總有許多事來挖你的錢財。

（四）如逢文昌、文曲化忌同宮，一生常為他人拖累破財，宜避免替人作保。

（五）太陽旺地，喜白日生人，喜歡投資生產事業，雖主富足，但太陽底下豈有輕鬆之財?太陽星入財帛位反而不喜歡太旺。

1、於戌、亥、子位陷地，賺錢反而輕鬆，大部分是從事夜間活動的生意，或從是走偏門的事業。

2、逢忌星或煞星，是非特別多。

3、加左輔、右弼則是樂善好施的散財童子。

◎武曲在財帛宮的特性

（一）武曲為財帛主，入財帛宮為得位，財富多多，宜金融事業，更是相得益彰。

（二）武曲在財為財歸位，旺地有祿馬吉曜，大富之格（武府逢祿主大富）。

（三）武曲入財田為好，化祿或逢祿存更好。要特別注意大命或大財化忌來沖破，忌沖破祿可是大損財喔。

（四）武曲星，在我宮（命財官田）是正財在我宮（我處），在他宮就是老天爺把你的正財放他處，要獲得是需要透過他人或其他方法取得。

（五）武曲是正財星、寡宿星，無論坐在哪一宮，這兩種性質永遠存在。

（六）武曲在我宮固然好，但寡宿性質隨之而來；所以我宮以財、田為好。是因田宅走財庫，不過田宅尚含家人，錢財入庫，寡宿星使得家人中彼此親情無法和睦對待，老是覺得很難融洽甜蜜。

（七）武曲是點子王，只要不化忌，出點創意就可小賺一點，逢化祿或祿存更佳。

（八）武曲是比較偏向現金之掌控與調度，加吉星或化吉者，必定是個錢多的「好野人」；逢破軍、七殺或加煞星，賺錢也辛勞；遇空劫者，應多置不動產為宜。

◎天同在財帛宮的特性

（一）天同不主財，在財帛宮則衣食無虞，對錢財看的很淡，不在乎錢之多寡，有得吃就好。

（二）天同化忌就不好，若不破財，也得常調頭寸。一破財就破的徹底精光，讓你無法招架，若再逢空劫則很厲害，要小心。

（三）天同星為享受之星，主白手起家或固定薪資成家，無煞沖破，一生衣食無憂，求財不斷，加祿星吉曜，往往有意外之財或坐享其成之財。但天同本身對錢財看得開，故不會為財拼命。

（四）天同逢煞曜，可從事技術或藝術方面發展。或與異性相關之服務業最適合。

◎廉貞在財帛宮的特性

（一）為了在競爭中或在是非中求財，鬧中取財，故宜經商，讓錢財能流動，以配合其鬧中取財之特性。

（二）廉貞是一顆亦正亦邪的星座，入財帛宮絕非善星，主橫發橫破，最忌投機性的投資，以免血本無歸。

（三）廉貞入財帛不易守，只管賺（只需專注賺錢），開源及開銷方面由他人負責最好。

（四）逢煞，易招惹訴訟、破財或被侵佔、偷盜，尤其是陷地逢煞更驗。逢空劫、大耗，宜防被劫及闖空門，逢羊陀、天刑、空劫，主訴訟破財。若化忌或逢煞，最好不要賭博。

◎天府在財帛宮的特性

（一）天府為財帛，主為祿庫（財庫），理財、守財皆佳。

（二）天府在財帛宮，主一生富足，謀財有方，財源廣，會接濟他人。

（三）天府是財庫之星，主守財及理財能力較強，須有好的組合才能成富。唯這種組合的人，用錢方法較有計劃，手上現金多就很快樂；手上現金少一點就憂心忡忡；手上無錢可用，晚上會煩惱必定睡不著。

（四）逢空劫、大耗，主財源有破耗，虛有其表而已。逢羊、陀、火、鈴、天刑，主因財而產生訴訟、糾紛。

（五）天府在財帛，化忌入沖大命或大財或大田，要注意庫破在此大限。如入沖大運田宅宮，田宅恐不保。

◎太陰在財帛宮的特性

（一）太陰是田宅主，也是財星，財為日積月累積蓄而來。

（二）太陰旺地喜夜生人，太陰入財帛位，喜愛不動產不重視現金。旺地逢祿，主富足，以不動產聚財最快。

（三）失輝宮位，若化忌，財暗破。財來自女性，亦為女人所散盡（※太陰化暗之故，怎麼破的都不知道）。

（四）太陰化忌有煞星同宮，容易受引誘而破財。「太陰逢羊陀，人離財散。」故主破財。逢火星、鈴星，會有財務上的糾紛。陷地則是仲介賺差價，或從事娛樂、休閒之行業。陷地化忌又加煞，須當心金光黨或仙人跳及詐騙集團。

◎貪狼在財帛宮的特性

（一）貪狼最喜逢火星、鈴星，主橫發或得意外之財，但亦防橫破。

（二）喜武貪宮，二星主財（且武曲可制貪狼之惡，但為晚發之格）。為異性財、娛樂之財。見祿存或化祿終能得富。

（三）貪狼有貪的成分，故有貪得無厭，或不擇手段，不惜代價的去為財拼命（與天同之心態相反）。

（四）逢煞多，主為錢財操勞，財來財去，或因賭博、投機或不良嗜好而敗財。
（五）貪狼不喜化忌，化忌則有損耗，且賺得少花費多，空想賺錢。
（六）加會桃花星，主因色破財，或從事色情行業。
（七）加廉貞、紅鸞、天姚，主投機行業得利，卻在異性身上賠光。會空、劫，主財來財去，空歡喜一時；加擎羊、陀羅，主因「賭」字破財。
（八）貪狼星入財帛宮，應以多方面分散投資為宜，切忌把所有雞蛋放在一個籃子裡。

◎巨門在財帛宮的特性

（一）巨門星入財帛宮，主是非競爭、勞心勞力，靠口才、智慧而來。
（二）巨門乃是非之星，守財不易，應以配偶或近親之名置產為宜。
（三）喜與太陽同度，主發財遠鄉；逢空劫，主白手起家；逢火、鈴，須當心回祿破財。

◎天相在財帛宮的特性

（一）善於理財、用財、財源穩定（凡是官祿星在財，都表示善於理財）。
（二）無論男女都會藏私房錢（行運夫妻宮有天相，配偶會藏私房錢）。

（三）天相逢祿星，主財源富足，並善於理財。天相又可化解廉貞及破軍的不良性質，也可使武曲星成為財星得祿，所以天相見祿，不逢煞星臨十二宮皆宜。

（四）天相坐財命主不缺錢用伸手就有，雖不多，缺就來。

（五）天相加擎羊、破印，不可作保。天相加煞，主破財，要注意文書契約方面（天相為官祿文星）。

（六）天相與武曲同宮（武相），錢財有兩種不同的來源。逢吉星拱照必然富足。

（七）會廉貞，主長袖善舞，商場得意；會武曲為專業技術領域得利；會紫微，則為細水長流，積富之人。

（八）天相單守，主財源不斷，正財、偏財皆有。

◎天梁在財帛宮的特性

（一）天梁是理論之星入財帛位，自命清高，不重視錢財，難為錢低頭。

（二）屬文事之財，不少教師喜愛打衛生麻將，與這顆天梁星有關（賭場江湖兄弟的豪賭，與廉貞有關）。

（三）天梁並非財星，但善於理財，是理財高手，較為適合從事帳目審核。

（四）有祿、權、科及吉曜，適合於公家機構任財務之職業，比自行經營更好。或從事自由業也不錯，自己不宜經商。逢煞、空、劫，則是常常做白工。

（五）天梁化祿在財帛宮常捐款於寺廟。

（六）天梁不喜歡化祿，因天梁為清高之星，而化祿為財，會有盈抱私利，利於他人的行為，即會收紅包。

（七）逢化權、化祿，好賭重輸贏，為激烈競爭而得，但不重錢財。如帶有賭博性的股市或期貨市場。

◎七殺在財帛宮的特性

（一）七殺是金神方位之凶神；主財星，財來得快，去得也快。

（二）七殺之財暴得暴失，有橫財運，但無法守，橫發橫破，中年必有財務危機。

（三）七殺喜會祿馬，賺錢更迅速、更多，最忌逢空，一定破。

（四）七殺與武曲同宮（武殺）逢羊刃，一有是非便破財。

（五）七殺守財宮，逢吉星拱照或化吉者，可成富裕，但一生中必有一兩次的週轉困難，或經濟危機甚至破產，所以限運不佳時，宜守，不宜投機。

（六）七殺入財位，其人花錢敢花又阿莎力，暗耗不少；逢煞星照會者，則更要小心守穩，切忌招搖不可一世，以免引來恐嚇、劫盜之災。

◎破軍在財帛宮的特性

（一）破軍之財，來去一陣風，主先破而後得。
（二）破軍入財帛位「如火熔金」，縱然有祖業亦難守。
（三）在子午位，暴起暴落，亦有橫財（限運逢之，情況亦同）。
（四）破軍旺地得祿存，主暴發或得祖先餘蔭；但破軍為耗星，既耗親又損財，逢祿存或吉星相配合於子、午、辰、戌為佳。
（五）遇武曲，主財東傾西散。遇化祿，為典當之財；加紫微，為意外之財；逢空、劫，為寅吃卯糧大破財。加煞，快速破財。
（六）衡量其程度，即以加羊陀、火鈴忌，截空地劫地空，大耗等沖煞多，則越嚴重。
（七）破軍善變，守財宮，仍不失其性，但仍須以舊業引申之新業為佳。

◎祿存在財帛宮的特性

（一）祿存是祿庫星，最好走入財帛宮、田宅宮，古云：「堆金如玉。」
（二）祿存主財為財星，在財帛宮，有錢看錢重（為守財奴）。
（三）祿存喜會財星如武曲、天府，或天馬星，財運好。

（四）祿存在財帛宮的人，會有錢買動產，如珠寶、股票、公債，可買低賣高。很有生意頭腦，做生意的人，可收購一些便宜的物品賺差價。

◎羊陀在財帛宮的特性

擎羊

（一）鬧中取財，若會吉星，只要努力、肯拼，中年後會發。

（二）擎羊單守，三合會財星（紫微、天府、武曲）主財運，但有是非。

（三）擎羊在財，有劫財事情發生，明的耗損；逢煞凶星，財富縱然來也未及看清楚就沒了，勞心勞力，無法聚財。

陀羅

錢財來源不安穩、好事多磨，會財星亦有財運，但有暗入，亦有暗損。

◎天魁在財帛宮的特性（天魁、天鉞二星合論）

天魁、天鉞主得財正當清廉，且能得長輩之貴人相助。

◎天馬在財帛宮的特性

（一）天馬主財，愈動財愈多。

（二）天馬喜祿存，天馬交馳，錢財難計富不可言。

（三）天馬喜會財星、吉星；加煞，變化多，錢財不久留，富亦不持久。

◎華蓋在財帛宮的特性

華蓋入財、官宮，工作場所宜供奉神明，可得庇祐。

◎天哭、天虛在財帛宮的特性（哭虛合論）

主錢財虛耗花費多，華而不實，破敗。

◎紅鸞、天喜在財帛宮的特性（鸞喜合論）

會有財來財去的現象，而且都與異性有關；單守喜賭、好投機。

◎孤辰、寡宿在財帛宮的特性（孤寡合論）

財源拮据之象，錢財常暗中損耗，雖儉樸吝嗇卻損耗於不知。

◎左輔、右弼在財帛宮的特性（左輔、右弼合論）

（一）左輔、右弼入財帛宮，經常有錢，加化祿（存）、化權、化科更主富。

（二）左輔、右弼加空劫，經常需要週轉。單守無力，一遇煞就鬧窮。

◎天刑在財帛宮的特性

（一）天刑在財帛宮，不宜跟會容易被倒，或事業失敗。

（二）天刑在財，天姚定在命，所以本身亦要注意官非。

（三）天刑會吉，可賺與法律有關之財。

◎天姚在財帛宮的特性

（一）天姚會吉星財運佳，談錢財總是笑臉迎人，工作夥伴中若多異性，則賺錢輕鬆。

（二）天姚在財帛宮，喜吃花酒、賭博。逢煞忌空劫，則因異性而破財或賭博破財。

◎陰煞在財帛宮的特性

（一）陰煞星坐守財帛宮、官祿宮，在財務、事業上容易犯小人而破財、損財，而且是無來由損失的莫名其妙。

（二）陰煞於財、官、疾等宮位，最好在自己的營業場所供奉所信仰之神佛。可防小人、陰邪侵擾，助益甚大。

（三）大限、流年逢陰煞，主該大限，該流年宜供奉神佛保平安。

◎曲、昌在財帛宮的特性（曲、昌合論）

（一）文曲、文昌皆主細水長流之財，與文學藝術有關之財源。如：古董、書畫、文書、文具、金石之類等。

（二）會吉星一生有財，錢財週轉靈活，可賺文藝財。

（三）文曲、文昌加煞，時不我與，窮學者，有學問，但沒錢財、懷才不遇之人。

（四）不喜在寅、午、戌三宮，成敗不定，窮富交替（寅、午、戌之財，斷斷續續）。

（五）文曲化忌在財帛，欠您錢的人還敢大言不慚。欠債的比要債的還凶。

◎地空、地劫在財帛宮的特性（空劫合論）

（一）地空、地劫分守財帛宮、福德宮，或俱守財帛，經常鬧窮，一生窮困。

（二）地空、地劫對錢財不利，得後必失，財來財去，不聚財；大限或流年逢之對投資大不利，宜守不宜攻，尤以地劫最嚴重。

（三）空劫在財帛宮，其人對生活較有責任感，日常開銷負擔重，常透支；或其人因不重財、輕財，以致財來財去不聚財，以地劫更明顯。

◎火星、鈴星在財帛宮的特性（火鈴合論）

（一）火星、鈴星在十二宮中，皆為鬧中取財。

（二）火星、鈴星，平生有巧遇之事；有意外之財可得，也會意外破財；單守或會吉星在寅、午、戌宮，更主有偏財。

（三）火星、鈴星喜遇貪狼，財源滾滾（為火貪格、鈴貪格）。火鈴若會武曲，再加羊陀，因錢財起爭執禍端，因財持刀相向。

第六節　論各星在疾厄宮的特性

把命盤放桌上，直接看疾厄宮之主、副星然後查詢疾厄宮之所有星性解說；所得答案即是一個人一生的身體狀況。

如果您疾厄宮無主星比較會有以下現象：

（一）易有稀奇古怪的病痛。加陀羅：骨頭痠痛、病變。加天馬：四肢、骨頭。加姚池：性病、花柳病。加昌、曲、化忌：腺性疾病。加空、劫：腰痠背痛。

（二）配合三方宮煞星宮位的主星論之。

◎紫微在疾厄宮的特性

（一）紫微屬陰土，故主脾胃之疾。

（二）又主頭部、腦部；與其他凶星會合，頭部易受傷，常有頭部之災。晚年宜注意高血壓、富貴病。

（三）逢桃花星，主縱慾、雜癆或婦科暗疾；由色慾引起之毛病。

（四）紫微與天府、祿存皆主脾胃，然紫微則較偏向主脾之疾。逢煞忌多者，為營養不良而引起之毛病；吉星多，主營養過剩而引起之毛病。

◎天機在疾厄宮的特性

（一）天機在疾厄宮，天機本身制煞能力差，坐疾厄，常為疾病所困擾。

（二）天機屬木，木主肝，有肝膽方面之疾病，肝開竅於目，逢煞連帶眼睛也會有疾病。

（三）天機主思想，會有腦神經衰弱及精神官能、神經系統痲痺問題。

（四）天機與文曲同宮加化忌，主四肢肌肉僵硬或萎縮。

（五）天機屬動星，也主筋骨、四肢、關節及流行之疾病，尤以四肢易受傷，以手最明顯。

◎太陽在疾厄宮的特性

（一）太陽屬陽火，主心血。晚年注意：心臟疾病、高血壓、腦溢血、中風。

（二）太陽旺守疾厄，在身體方面可指頭部、眼睛、心臟、血液。由心血引發之目黃、口乾、流鼻血、頭痛、齒痛、頭暈之類（在中醫理論上，是屬於陽明經症候群）。

◎武曲在疾厄宮的特性

（一）武曲屬陰金、主肺、大腸。在身體可延伸至鼻子、筋骨、經絡胸部等。

（二）武曲在病，有人主張是肺病，有人主張是鼻病，其實都有可能，最起碼在疾厄方面應注意肺部，在命宮注意鼻病。

（三）會擎羊，化忌，注意刀傷。會文曲，化忌，主鼻蓄膿，呼吸困難。肺積水之疾。逢六煞，一生多疾病或因病動手術。

◎天同在疾厄宮的特性

天同屬壬水，主腎、泌尿系統、膀胱、子宮、甲狀腺、耳鼻喉（腎開竅於耳），老年宜防糖尿病、富貴病、水腫、疝氣。逢煞，會有耳鳴或重聽。

◎廉貞在疾厄宮的特性

（一）廉貞在命宮、疾厄宮時，產生的疾病由小到大都有。

（二）廉貞屬木、火、土，屬性雜；所患症狀多，小病不好醫，大病醫不了，屬疑難雜症。

（三）廉貞是血，小時候易流鼻血，女人長大經期不順，或開刀、受傷。在疾病上，為膿血之災，心血之疾，從驚恐到心悸，從胸悶到精神官能症，從腫瘤到各類癌症都有它的存在。

（四）廉貞的癌症源自它的囚性，與乙木的胡思亂想有關。

（五）廉十破：主結石、陽痿、白帶，或意外傷害。

廉十相：主糖尿病、皮膚病、結石。

廉十殺：主肺病、咳嗽、鼻子過敏。

廉十羊：主膿血發炎、腫瘤或意外傷害。

（六）廉殺同宮在命宮、疾厄宮，腦筋變化快點子多，頗知「化腐朽為神奇」，是位「鬼才」。

◎天府在疾厄宮的特性

（一）天府主陽土，在疾厄病痛較少，但要注意脾胃方面的疾病。

（二）天府與火性星曜同宮主胃熱。天府與水性星曜同宮主胃寒。

◎太陰在疾厄宮的特性

（一）太陰屬陰水，主腎，主陰虧、糖尿病、血液、眼睛昏花。

（二）太陰的毛病，大多不可告人，難言之隱症。

（三）天有日月，人有兩眼，陰陽兩星與雙目有密不可分的關係，也須注重兩眼的保養，腎水開竅於耳，耳朵的毛病也須多預防。

（四）太陰會擎羊，眼睛不好；太陰會陀羅，牙齒不好。

◎貪狼在疾厄宮的特性

（一）貪狼屬甲木、癸水，主肝膽、腎臟，以及因腎疾引發之心臟病。肝開竅於目，故眼睛不好。

（二）女命主子宮不正，或子宮虛冷，難生育。

（三）逢紫微（紫貪），主色慾引起之疾病。逢廉貞（廉貪），主陰虛虧損、腰病，酒色之病皆因性事引發。不喝酒睡不著。見羊陀，主痔漏便血，也主開刀。

（四）逢貪狼化忌，主陽痿、遺精、血崩。

（五）貪狼亦主內分泌系統之疾病，故有紅鼻子頭之感應。

◎天相在疾厄宮的特性

（一）天相屬壬水，腎、膀胱，及排泄系統方面有關之疾病。

（二）或由血液循環不好所引起之皮膚病。

◎天梁在疾厄宮的特性

（一）天梁為陽土，主腦與胃。用腦過度、腦瘤，會文昌忌或文曲忌更驗。

（二）天梁在疾厄，一生少病痛，遇煞忌方主病痛（蔭星能轉危為安）。

◎七殺在疾厄宮的特性

（一）七殺屬陰火、陰金，主肺。

（二）幼年多災病，個性急躁，身體易受傷或肺部呼吸系統毛病。七殺也主哮喘，或鼻竇炎，此乃因金開竅於鼻的緣故。

（三）古云：「七殺逢鸞喜在疾，主血光。」七殺逢紅鸞天喜，主血光、開刀。古云：「七殺逢煞刑忌於遷移、疾厄，終身殘疾。」

◎破軍在疾厄宮的特性

（一）破軍屬陰水，主心臟、血液，與文曲化忌同宮·注意心臟痲痺。

（二）破軍在疾厄宮逢煞，幼年抵抗力弱或先天疾病。

（三）男注意腎虧遺精、生殖器官，女主婦女病，注意流產、墮胎之事。

◎祿存在疾厄宮的特性

（一）祿存屬陰土，主脾胃。

（二）古云：「明祿暗祿，位至公卿。」表示這種人財氣不斷，縱有災厄，亦能化險為夷（在疾為暗，在命為明）。

（三）少年多病；祿存在疾厄宮是祿入病位，這個祿存增多病氣卻減了財氣。唯有生年祿在命宮時，成了「雙祿交流」，或是明暗交流；可解。

（四）祿存加火星、鈴星，手腳四肢易帶傷；加空劫，暗疾纏身。

◎羊陀在疾厄宮的特性

擎羊

（一）擎羊屬陽火、陽金，主刑傷、血光外傷、開刀、外傷骨折、破相。

（二）擎羊七殺同宮：主羊癲瘋、精神分裂症。

（三）擎羊可表針灸、打針；流年逢之在流命遷或流父疾，若再搭上一個流羊或流陀，若要化解擎羊的凶性，身體稍有不適，就去看醫生打針或針灸，可避免開刀手術或外傷之害。

陀羅

（一）陀羅屬陰金，主肺、內傷、五臟六腑之疾，牙齒早壞，筋骨痠痛，導致四肢無力。皮膚病易生頑癬、金錢癬。

（二）陀羅在疾厄，易生結石症（如腎結石、膽結石之類）。

（三）陀羅與文昌、文曲忌同宮為胎記、斑疤、骨刺。

（四）陀羅居疾厄，暗疾相纏，一生中最少會開一次刀；辰、戌、丑、未生人為福。唇、齒、臉部破相，可以延壽。

◎天魁在疾厄宮的特性（天魁、天鉞二星合論）

（一）天魁屬陽火，主急躁、暴怒肝氣，皮膚之症。

（二）天鉞屬陰火，主暗疾、肝膽、脾胃、肺部、濕炎。

◎天馬在疾厄宮的特性

天馬屬陽火，主肝火旺、口臭、手腳痠痛、婦女病、赤白帶、遺精。

◎華蓋在疾厄宮的特性

華蓋於疾厄宮，主肝氣、頭風（頭疾、風症）。

◎天哭、天虛在疾厄宮的特性（哭虛合論）

（一）天哭：肝火旺、脾濕、經血枯乾（屬火、金）。

（二）天虛：虛火上升（屬火、土）。

◎紅鸞、天喜在疾厄宮的特性（鸞喜合論）

（一）紅鸞：主陰虛、上火下寒、傷寒、傷風、癆傷。

（二）天喜：主膀胱、濕寒之疾，亦主肺部、頭部、腦神經衰弱。

（三）紅鸞、天喜於疾厄二星皆主酒色之疾，遇煞則有血光、血疾。

◎孤辰、寡宿在疾厄宮的特性（孤寡合論）

（一）孤辰（丙、陽火）：性急躁熱、鬱悶、癆傷、痔瘡。

（二）寡宿（丁、陰火）：鬱悶、癆傷、性急躁熱、痔瘡、略帶神經質。

◎左輔、右弼在疾厄宮的特性（左輔、右弼合論）

（一）左輔屬戊陽土，主脾胃、腿腳浮腫。

（二）右弼屬癸陰水，主陰虛陽痪、上火下寒、精神不振、腎虧、經期不順。

（三）左輔：有暗痣；右弼：有暗痣、斑疤。

（四）左輔、右弼若無煞臨，少病少災。若逢煞忌，為多災多病。

◎天刑在疾厄宮的特性

（一）天刑表示幼年抗體差，體弱多病。

（二）天刑主陽火、肝火旺、心急、胃熱、咳嗽、火厄、開刀、季節病。

（三）天刑星在命宮、疾厄宮逢煞忌的人，易有官非或殘疾。

◎天姚在疾厄宮的特性

（一）天姚屬陰水，主陰虛、遺精，女命主赤白帶。

（二）天姚最忌與鈴星同在疾厄宮，吸毒、精神分裂、發瘋、中毒、植物人、智商低。

◎陰煞在疾厄宮的特性

（一）陰煞星坐守在命宮、身宮、疾厄宮，通常為不明症狀，這是業障病、因果病，「莫鐵齒」求神問卜化煞反而能見效，宜廣修陰德方能化解。

（二）大限疾厄、流年疾厄，亦主陰病或細菌感染之類，病起突然，也是莫名其妙的病因，多與神佛結善緣可趨吉避凶。

◎曲、昌在疾厄宮的特性

文曲星

文曲屬水，指血及腎、膀胱、腸疾、腹瀉；文曲又主神經系統、腎虧、經水不足、感冒、精神不振等症。

文昌星

文昌屬金，指肺及大腸；容易有車禍；文曲屬水，亦主血光。

曲、昌合論

（一）曲、昌二星於病較易產生併發症、潰爛、硬化或神經衰弱。

（二）任何星坐疾厄，只要帶文曲或文昌，即有副作用後遺症（如：發炎、潰爛、硬化等）。

（三）昌、曲同宮，機能或代謝易衰退。昌、曲獨守少災病，加四煞（羊陀、火鈴）病就出來了。

◎地空、地劫在疾厄宮的特性（空劫合論）

（一）地空主氣虛貧血、氣血不順、上火下寒、腹瀉。

（二）地劫主氣虛貧血、四肢有傷。

◎火星、鈴星在疾厄宮的特性（火鈴合論）

（一）火星屬陽火，主火症、個性暴躁、目疾、瘟毒、瘡毒、皮膚病。

（二）流疾過火星，火氣大，眼臉刺傷、嚴重者機能亢進症。

（三）火星主火傷、火厄以及聾啞、白癡等。

（四）火星於傷，為燒燙傷，遇水星化忌，開水燙傷。火星加羊陀，亦屬較劇烈的外傷。

（五）鈴星為擊傷碰撞、拉傷。

（六）火星、鈴星會合昌曲於疾厄宮，機能或新陳代謝容易退化、故障。

（七）火、鈴在命宮、身宮，或疾厄宮，精神上容易受到打擊，導致精神失常（如在落陷宮位更凶，乃因驚恐、驚嚇而起）。

第七節　論各星在遷移宮的特性

把命盤放桌上，直接看遷移宮之主、副星然後查詢遷移宮之所有星性解說；所得答案即是一個人一生在外機遇情況。

如果您遷移宮無主星比較會有以下現象：

（一）易出外奔波，尤其又有天馬星或身宮落在此宮時，會更加奔波。

（二）有羊火忌，出外小心會有嚴重傷災。

（三）如有地空、地劫、化忌，不宜出外投資，虧損嚴重。

（四）男命有鈴星、姚、池，易中仙人跳。

（五）有財星加火星時會突發，最喜見之，但不可有化忌，有之表示是「突然倒了」。

（六）有文昌化忌，出外易丟掉證件。

◎紫微在遷移宮的特性

（一）出外得貴，多方得助，交遊廣闊活動力甚強，人際關係良好。可得長輩提拔，交往層次越年長越有提升的機遇，而躋身上流社會。

（二）各種社團積極參與，交際場合表現活躍。面貌談吐、行為舉止，自然流露出一種不可抗拒之說服力。

◎天機在遷移宮的特性

（一）天機在遷移，若逢化忌，要注意手腳神經之毛病，慎防跌傷、車禍等。

（二）天機化忌到命宮、遷移宮，思考事情容易鑽牛角尖，輕則神經衰弱，重則精神官能症。

（三）天機在命遷兄友，在應對上有自己的一套，會很自然地運用不同方式，對待不同人。

（四）天機在兄友，流動性較大，有不安於現狀的特性，不宜久居出生地，適宜往遠處發展。

◎太陽在遷移宮的特性

（一）太陽是動星，也是驛馬星，所以太陽守遷移的人，在家待不住不堪單調生活，喜歡外出。

（二）在旺地加吉，則出外遇貴人提攜，他鄉發展顯貴（因太陽化貴，入遷移宮表在外）。

（三）太陽旺守，主出外格，早年離家在外，出外得貴百事吉，精神爽；尤以白天生人為驗。

（四）太陽在遷移宮，不靠父母，祖上留給自己的事業會改變，因興趣不同，自己會轉換跑道打天下。

（五）流年遇到對宮有太陽，則居住環境、職業會改變，上班族的人想換工作。

（六）通常太陽守遷移宮，比較適合求功名，求財較差（太陽主貴不主富）。

（七）太陽失輝，心情不開朗，尤以出外時心情煩悶，故難發展。

（八）如逢煞多則主是非、不安寧或破財。陷地時則不宜到外地發展，不利祖業、不利求財，只利於功名。

◎武曲在遷移宮的特性

（一）武曲星主動、主爭，本身即是很強的動星，臨遷移宮變動性更大，勞心勞力在所難免。

（二）武曲會吉星，加祿馬交馳在遷移宮，為巨門商之格。異鄉得祿，異地求財，稱心如意。

（三）擎羊、陀羅夾武曲忌在遷移宮，注意車禍。

（四）逢煞、忌，因財惹是非、糾紛多。若嚴重的，注意鐵器之傷（武曲化忌的人，常不小心被利器割傷了）。

（五）武曲化忌在遷移的日子，外出如被警察開了紅單，不必說情，遵守規則為上，否則一個月不只一張而已。

◎天同在遷移宮的特性

（一）天同較安於現狀，變動機率較低，但其五行屬壬水，也是流動之水，又是福星，如無煞沖，則有利於外出發展，並能得福。逢煞多，是非不安，破耗。

（二）出外有貴人相助，且外食機會多、口福好。

（三）個性不好動，人緣好，不會主動想出門逛街……等。坐享安樂之星。

（四）有安於現狀之特性，遷移頻率甚低，但如坐落於寅、申、巳、亥卻是浪跡天涯處處為家。

◎廉貞在遷移宮的特性

（一）勞碌、好動，但亦有懶散的一面（閒時，會規劃生活，喜登山郊遊）。

（二）廉貞本來就不適合待在祖居，宜往外發展，都會區、繁華地段更好。

（三）在異地可得人緣，經常會有不可思議的事情發生，奇遇多。

（四）有祿星吉曜，可在他鄉揚名及發展（逢煞忌，在外因財生禍，或酒色惹禍，也主遭意外凶禍）。

（五）廉破、廉殺，逢羊刑忌，有意外災禍。廉貞逢殺、破、狼，加文曲忌，出門宜防受騙或失竊。

◎天府在遷移宮的特性

（一）外出得福、貴人相助。但喜愛計較，唯與化科同宮，或自化科時，其計較傾向較輕。

（二）流年遷移宮天府加吉曜，會有轉換工作環境的想法。

（三）有積極參與社團的特性，為結交比自己能力強的人，也可得貴人助。

◎太陰在遷移宮的特性

（一）與異性朋友較有緣接觸多，並可得異性之助。部屬中以女性較有助力。若為女老闆，會很照顧你。

（二）耐力十足，出外常晚歸。具有不服輸的特性，能廣結人緣，在他鄉成家立業。

（三）旺地，益友多。人際關係好，出外得貴人幫忙。失輝時，則助力不佳，易有打翻醋桶之情事。陷地時，依賴性較重，又稱享樂桃花，宜靜守之工作環境。

◎貪狼在遷移宮的特性

(一)在外活動多，尋找刺激，自我表現強，喜歡推銷自己。在外異性緣佳，且喜愛接近異性。

(二)吉多，在外快樂，朋友多、人緣佳，能受愛戴；加煞，主奔勞。

(三)喜歡刺激與新鮮的生活，對交際應酬樂此不疲，易酒色傷身。

◎巨門在遷移宮的特性

(一)是非之星臨遷移，到處得罪人，較少遠行機會，逢祿存可解。主口才好、善辯。

(二)有祿、權、科，主出外大發，名揚他鄉異域，並能掌重權。

(三)逢煞多，主是非多，辛勞奔波，勞碌異常，人緣不佳。化忌，口舌是非多，多疑不定，進退不決，糾紛不斷，到處得罪人。古云：「巨門在遷，則招是非。」無故之災，在外是非多。

◎天相在遷移宮的特性

(一)天相為貴星，到處受歡迎，人緣好，常有人跟隨。愛管閒事，是最佳的公道伯。

(二)出外遇貴，能有特殊機遇得人愛戴擁護，適合外地生財。喜出風頭。

(三)天相不管是坐命、身或遷移，一生較容易遇到豔遇。

（四）大限走入，那十年要防桃花運，尤其女命遇到是人見人愛，要小心把持。

◎天梁在遷移宮的特性

（一）本人交遊廣闊，在外多貴人，貴人是年長者。
（二）天梁守遷，古云：「天梁加吉坐遷移，高商巨門賈。」必須於旺地逢吉曜，且無煞忌沖破方為此論，主適合異地發展，會有良好的成就。行限逢之，有很好的機緣。
（三）在陷地奔波勞碌、漂蕩無根，雖可以有發展，如將其轉化為航空、航海之事業亦可。
（四）不喜歡改變環境，一旦出國就有可能是定居，在外深受年長者提拔；逢化權、化祿者為雲遊異鄉。逢煞忌沖，勿遠行。

◎七殺在遷移宮的特性

（一）古云：「逢囚耗於遷移，死於外道。」逢煞忌、空劫，注意車禍。
（二）在家待不住，在外活動力十足，喜歡四處遊蕩；在奔波勞祿中求發展，常常會覺得錢財不夠用。

◎破軍在遷移宮的特性

（一）主奔波勞碌，在四馬地更嚴重。走到哪裡敗到哪裡，像拖尾彗星。

（二）破軍在遷移宮，對環境的適應能力較低，須承受奔波變動之苦，宜技術或特殊才藝立足，不宜經商。

（三）破軍逢四煞，主人際關係不佳，多挫折有災禍，會吉不見煞，可異地發展。

◎祿存在遷移宮的特性

（一）在外得志，本身有才華，貴人相扶持，為白手起家、錦衣玉食。

（二）祿存在遷移，須往外發展不能讓自己閒著（因遷移宮為動位）；利於「武市」不利於「文市」。

（三）祿存忌逢火星、鈴星、空劫，遭小人暗害。

◎羊陀在遷移宮的特性

擎羊

（一）擎羊在遷移宮，出外要特別注意安全，小心受傷。

（二）行運逢之，宜注意交通、意外傷害、受騙遭劫，或小人陷害。

（三）會吉星，競爭中得財利；會凶煞，多招惹是非，且易有劇烈爭執。

陀羅

加吉，在外忙的團團轉，人越多的地方越有發展。鬧市中取財，暗損也不知，如：擺地攤，客人忘記付錢或被偷竊一些東西，但無妨，總是賺錢；加煞，白忙一場，惹是生非。

羊陀合論

擎羊、陀羅不喜居遷移宮沖命宮，或沖大限命宮，會對利潤有所虧損。

◎天魁在遷移宮的特性（天魁、天鉞二星合論）

天魁、天鉞主貴人，貴人在外，應往外發展。要知誰是貴人。假設天魁在子坐遷移宮，則知生肖屬鼠的男性，為你的貴人。

◎天馬在遷移宮的特性

天馬主驛馬，行運逢之常遠行、不居家。

若逢煞，注意車禍外傷之災。

◎華蓋在遷移宮的特性

華蓋居遷移宮，對信佛拜神往往都在中、老年之時（遷移宮為動位，在距離為遠，在時間為久）。

◎天哭、天虛在遷移宮的特性（哭虛合論）

哭虛皆代表勞碌、奔波、辛苦多變、漂泊、不開朗，早年出外，出外須防是非、小人拖累及刑傷。

◎**紅鸞、天喜在遷移宮的特性（鸞喜合論）**

紅鸞、天喜二星在遷移，非常有異性緣，常有意外之財可得。

◎**孤辰、寡宿在遷移宮的特性（孤寡合論）**

百無聊賴，出外喜歡獨自往來，在曲終人散後，常感嘆孤獨落寞。

◎**左輔、右弼在遷移宮的特性（左輔、右弼合論）**

左輔、右弼，主動中得貴；加煞，要經過競爭之後才有利。

出外、遠行、到國外的機會增多。

◎**天刑在遷移宮的特性**

朋友多，三教九流都有，是益友或損友，須看所遇主星為何。

出外要注意刑傷（多災）。

◎**天姚在遷移宮的特性**

天姚喜入遷移，主異性緣佳，能得異性貴人相助（因別人的愛慕心而幫助）。

◎陰煞在遷移宮的特性

（一）陰煞入遷移，所交朋友皆為小人居多，邪祟陰害，暗損。

（二）陰煞星入財帛、官祿、遷移宮，常有小人使計暗害，喜遇空劫、截空、旬空將之沖散。

（三）逢七月鬼月，若晚上要出門可戴一頂帽子，以防邪祟入侵命門。

◎曲、昌在遷移宮的特性（曲、昌合論）

（一）出外有貴人，本人活潑樂觀，活躍於群體中，可獲成功；行運逢左輔、右弼、天魁、天鉞，得進財之機會。

（二）加煞忌，胸懷大志走天涯，卻無處可發揮；文昌、文曲逢化忌，宜注意文書麻煩。

（三）文昌屬金，偏主車禍；文曲屬水，偏主血光。

◎地空、地劫在遷移宮的特性（空劫合論）

空劫入遷移宮，須防小人拖累或嫁禍；在外變動多、波折、多災損財（大遷流遷逢之，更須注意車禍）。

◎ **火星、鈴星在遷移宮的特性(火鈴合論)**

(一)火鈴星單守，不宜出外，須防外傷、驚恐，不安(寅、午、戌宮可安)。

(二)加陀羅、地空、地劫，不宜外出，行運逢之，居家為宜。

(三)火星與天馬同宮在遷移，注意車禍或有刑傷；鈴星會天機在遷移宮主車禍(加忌則增其應驗)。加左輔、右弼、天魁、天鉞，鬧市中得志。

第八節 論各星在僕役宮的特性

把命盤放桌上，直接看僕役宮之主、副星然後查詢僕役宮之所有星性解說；所得答案即是一個人一生的交友情況。

如果您僕役宮無主星比較會有以下現象：

(一)員工部屬流動率高，有陰煞、加鈴星時會被部屬陷害。

(二)有地空、地劫，會為六親破財，有姚池，部屬走桃花。

(三)有火星、鈴星、忌，與六親容易產生摩擦。

(四)有文昌、文曲、天魁、天鉞，與六親相處佳，貴人也多。

◎紫微在僕役宮的特性

（一）紫微不喜入僕役宮，「尊星列賤位主人多勞」，所交朋友皆為有權貴者，故其要處處逢迎拍馬屁，故多勞心。在人際關係，交往層面高；好的話，可受提攜。

（二）紫微如入兄、友、父、疾四陷宮，起不了作用，一事無成、主人勞碌，雖有得助，亦不得福。所以紫微不宜入六親宮，入則主孤傷。

（三）紫微在僕役宮而命造自當老闆，其員工將來的成就會高於他。

（四）友人皆貴，只有您吃味。如果您是老闆的話，校長兼工友，屬下個個比您大，自己勞心勞力，拼死拼活的幹，部屬反而樂得輕鬆又領高薪；與人合夥事業亦然，股東們均坐享其成。

（五）加煞星，更是主「奴欺主」，養狗咬主人；也主個性逢迎拍馬屁。

◎天機在僕役宮的特性

（一）彼此往來的朋友，大都具有專業人才或精於某一學術或技術者。

（二）生活圈變換較快，朋友間比較不信任，不宜久交，最好能保持「君子之交淡如水」的作風。

（三）自己常換老闆；或公司中的員工部屬流動性大，不忠一主；股東易合易分。必須有吉星同宮或拱照，才能獲得有力的幹部。

◎太陽在僕役宮的特性

（一）旺守，朋友多而且多助力，本人樂善好施、好客。所交之友，皆是活動力強的能幹朋友，積極進取，善於交際。

（二）太陽豪爽耿直，是一個愛心普照四方的星座，施恩不望回報；因此只有付出，求人則不可得。

（三）太陽守交友宮失輝或逢煞忌，本身不宜從事政治活動，慎防轎夫臨陣倒戈，或椿腳兩頭跑，因為政治漩渦是凶險的，恩將仇報的不良後果亦最大。

（四）陷地，不管公司福利再好，屬下還是怨言一大堆，更甚者會恩將仇報。

◎武曲在僕役宮的特性

（一）寡宿之星；交友快，分手也快，難得深交，因變動之星也。

（二）財星入僕役位，與朋友有通財之義，且人際關係良好，朋友多黑白兩道、三教九流皆有。

（三）加煞星或化忌，須防被朋友出賣還幫他數鈔票；加桃花星為酒色之友，損友一大堆，大難臨頭時，各自鳥獸散。

◎天同在僕役宮的特性

（一）人際關係良好，多結交正派且有實力的人物，彼此真誠交往，以情相待，與部屬關係融洽，能得友助或部屬助力。

（二）會煞則注意朋友扯後腿，會巨門多紛爭。

（三）加煞星不善擇友，好壞都交就是不知道如何拒絕別人，會所交非人，一片真心付諸流水。對屬下動之以情，絕對沒錯。

◎廉貞在僕役宮的特性

（一）廉貞又為桃花星，在僕役宮位主獲異性相助，得異性、紅粉知己；對同性反而須防備小人巴結。

（二）亦為驛馬動星；主交友廣闊，但變動性大，有不定性，有祿星，可因朋友幫助而得財或朋友多。

（三）如逢貪狼（桃花星會照）、大耗，主多酒色好賭的朋友；逢煞忌，宜防受朋友或部屬拖累或陷害。

（四）廉貞為公關之星，坐僕役位主交遊廣闊、人緣好，卻難得知心、得力者相助。交友須謹慎，而且須遠離那些阿諛奉承之人。

（五）逢「廉貞、七殺」或「廉貞、破軍」之組合，更須注意結交黑道上的朋友。

◎天府在僕役宮的特性

（一）所交往的人際關係層次較高，大多是老闆及主管階級，他出嘴巴，我出勞力。本身亦受尊重與擁護，亦可得忠心又得力的部屬。

（二）天府星在僕役位的人，初識時總覺得他很不可一世，跩得很呢！眼睛長在頭頂上，須假以時日的相處，才能知心（但因天府慎於擇友，故真正知心的並不多）。

◎太陰在僕役宮的特性

（一）太陰星坐僕役位以「君子之交淡如水」來形容最為貼切。老朋友及知心的朋友很多，長久深交，彼此都能仁義備至。

（二）男命太陰失輝在交友或夫妻，會有女性密友，會為她無悔付出，不要求回報。

（三）女命太陰落陷個性像哥兒們，較欠缺女人味。

（四）在旺地屬下拱主；如在陷地為愛心有去無回；見煞星或忌星，則須防損友拖累。

◎貪狼在僕役宮的特性

（一）交遊廣闊，所交朋友皆是放浪形骸，吃、喝、嫖、賭，樣樣皆通的「好朋友」。

（二）桃花星入僕役位，有辦公室戀情；老闆容易與屬下談戀愛。

（三）遇化祿星，屬下公器私用或侵佔公款；見煞星、化忌星，則受朋友或屬下拖累，破財又傷心；與人合夥事業更是不宜，被出賣了都不知道！

（四）火貪、鈴貪加吉星，主朋友或部屬突然增多。流年交友宮，貪狼化忌，逢煞星，宜防受人拖累，部屬員工無助力（加白虎或貫索，主受友人牽累而導致訴訟或惹禍）。

◎巨門在僕役宮的特性

（一）朋友皆為三教九流。朋友群多具口才之能，易逞口舌之快。

（二）巨門為是非之星，亦為暗逆之星，所臨之宮位無以言善，入僕役位應將人際關係和生活圈單純化，以免招惹口舌是非。

（三）加化忌，會有朋友背叛，暗中傷害、陷害，挑撥離間，扯後腿，前面握握手，後面下毒手，朋友或部屬多牽連，少助力（與祿存同宮可減凶）。

（四）巨門星入僕役位者，命宮一定是破軍星，破軍雖然善用各種人際關係，但利益看得太重，利用人反被人利用，如老闆對待屬下無情，豈能怪屬下無義？

◎天相在僕役宮的特性

（一）天相星是一顆盡責與服務的星座，坐僕役宮，以「信」待人，可得忠誠的事業夥伴，部屬忠心又得力。

（二）天相逢祿、權、科及左輔、右弼，交友廣闊，與朋友、部屬關係良好，並能得助力。

（三）所交的朋友皆屬同年齡層較多，兄弟會、結拜、換貼的少不了。彼此相處百無禁忌。

（四）遇忌星，不宜借貸或作保，最好不要與朋友通財，以免吃虧，或代友承擔責任；加煞星，則所託非人，反受害。

◎天梁在僕役宮的特性

（一）天梁之星主孤，入僕役位，人際關係喜愛單純，朋友不多，交友觀重質不重量，有正直不阿之友。

（二）天梁亦為老人之星，會有年紀大的朋友或忘年之交，年長的朋友或長官，多助力，亦可相扶助關愛。

（三）天梁逢煞，是非多，因朋友破耗或因部屬之累而遭致損財或是非。與太陽照會，主喜歡熱鬧硬撐場面、面子好看而已；逢煞，則是「請鬼開藥單」。

◎七殺在僕役宮的特性

（一）七殺星入僕役位，任何事業都不宜與朋友合夥；老闆者（為上者）須防屬下串通而壓主。

（二）七殺入於僕役位，無以論吉，知心朋友較少，部屬不用心，亂開小差假裝認真。易遭幹部或朋友背叛。

（三）所結交朋友個性剛強、固執，或黑社會人物、見利忘義之徒；愈交愈多，愈添麻煩是非。

（四）加煞星，閒事少管，免得惹來破財或殺身之禍。

◎破軍在僕役宮的特性

（一）通常破軍守交友宮，多不吉。易因朋友損財，屬下不忠，心懷二志。

（二）破軍星入僕役宮，俗話說：「生雞蛋的沒有，拉屎的一堆。」用這句話形容非常恰當，會因友人而破財，或是因屬下的不忠而破敗，謂之「君臣無義」。

（三）所結交的朋友都是觀念特異，社會價值觀也異於常人；有些是黑社會分子，加化星更主黑社會老大。朋友愈多，煩惱愈多。

（四）如再逢煞曜，則以怨報德，多遭毀謗怨恨，或官非橫禍。逢煞星必加重其傷害程度；至於與朋友合作經營事業，那是棉花店失火——無救了，如果您膽子夠大的話，不妨試試看。

◎祿存在僕役宮的特性

（一）古云：「祿存居僕役位，縱有官也奔馳。」是說這種人喜歡（習慣）身先士卒，所以縱然當大官，也忙得要命東奔西跑的，是共利主義者。

（二）交友廣闊，為人際關係奔波，人緣佳，多方得助，也會回饋他人。

（三）因朋友的社會地位、成就都較高，生活優渥，為了能與他們平起平坐故須勞碌，也喜拍馬屁善迎逢（化祿在交友亦同）。

◎羊陀在僕役宮的特性

擎羊

（一）擎羊在交友宮最可怕，親友間互扯後腿、爭執、小人陷害招惹是非、受創傷。

（二）擎羊在交友宮，為別人沖你，如在交友宮加空劫，會遭別人惡意嫁禍，故凡事不要委託他人。

（三）加吉星，宜靠方法維繫關係；加煞，越陷越深，口舌滋生深仇大恨。

陀羅

陀羅與擎羊在交友宮同論，唯陀羅的小人是暗來的糾纏不清，是非難解決，很難查出誰是真正小人。

◎天魁在僕役宮的特性（天魁、天鉞二星合論）

天魁、天鉞主朋友多，會互相幫忙；部屬多且忠實。

◎天馬在僕役宮的特性

自己不善於領導管理，不善於授權，縱然部屬一堆，也是無用，還須自己奔波勞累。

◎華蓋在僕役宮的特性

華蓋在交友，大都屬五術界的朋友，或是教友，華蓋於流年交友，此年更頻繁接觸五術界朋友，或是教友。

◎天哭、天虛在僕役宮的特性（哭虛合論）

多招惹口舌是非、刑傷，又須防小人拖累。

◎紅鸞、天喜在僕役宮的特性（鸞喜合論）

主人緣佳、異性緣佳，可得異性呵護、扶助。

◎孤辰、寡宿在僕役宮的特性（孤寡合論）

孤寡入交友宮，嘆無知心之友相助，難與朋友交心，總覺得格格不入。

◎**左輔、右弼在僕役宮的特性（左輔、右弼合論）**

朋友及部屬對我有助力、相挺。加煞忌，愈幫愈忙。或朋友背叛、損傷名譽及家庭。

◎**天刑在僕役宮的特性**

朋友眾多，士農工商、三教九流都有，視所會遇主星為主要朋友之主要類型。

◎**天姚在僕役宮的特性**

朋友多喜喝酒、好嘻鬧、賭博者；但可得異性朋友相助。

逢煞忌，小心因酒、賭博而破財。

◎**陰煞在僕役宮的特性**

陰煞入交友、遷移，皆主小人、邪祟陰害、暗損，宜小心提防。

◎**曲、昌在僕役宮的特性（曲、昌合論）**

（一）部屬、朋友能助你（唯寅、午、戌三宮力微）。

（二）曲、昌二星加煞忌，注意文書上的麻煩，有小人來耗損精神、名聲地位。

◎**地空、地劫在僕役宮的特性（空劫合論）**

容易遭朋友或部屬出賣、嫁禍；凡事不可輕易託付他人處理。

◎火星、鈴星在僕役宮的特性（火鈴合論）

（一）火星、鈴星在寅、午、戌有利。其餘宮位皆主部屬、朋友不力。

（二）火鈴加左輔、右弼、天魁、天鉞，得積極之朋友；加擎羊、陀羅、地空、地劫，則招損友。

第九節　論各星在官祿宮的特性

把命盤放桌上，直接看官祿宮之主、副星然後查詢官祿宮之所有星性解說；所得答案即是一個人一生的事業狀況。

如果您官祿宮無主星比較會有以下現象：

（一）事業波折大，有不安定之象，且會學非所用。

（二）有天魁、天鉞或文昌、文曲，適合公職人員。

（三）有地空、地劫，宜從事農業或領薪水階級。

（四）有空、劫，表一生事業變化大（常換職業）。

（五）有左輔、右弼，宜多樣事業，無地空、地劫，仍可經商。

（六）加擎羊、陀羅，宜技術性或軍、警職，再有天魁、天鉞，是公教職。

（七）加姚池，在事業上容易接近桃花，再有天魁、天鉞、天刑時宜從事婦產科及女性相關行業。

◎紫微在官祿宮的特性

（一）紫微入官祿宮，做起事來，唯我獨尊、想要「統一」天下。

（二）紫微的行業：可從事學者教授、公教政界、工程師、公民營企業或能獨當一面的工作，事業上可居領導地位，或為掛名負責人。

（三）紫微在官，能獨當一面，或工作上有獨立性的，但不一定表示很有成就，必須配合星曜及四化的吉凶而論。

（四）一生事業平穩，可以平步青雲。但須有左輔、右弼相扶，其力乃大。

◎天機在官祿宮的特性

（一）天機在官祿，做事的智商高，對數字很敏感，一接觸事業，對事業的進退場機制策略，瞭然於胸。

（二）天機的行業，適合變動性大的，可從事外務工作，不適合坐辦公室。

（三）可從事藝術宗教、出版社、木器、裝潢（天機木之故）、印刷、服飾、設計；靠手腳、腦筋的工作都很適合。

（四）化忌，則為技術人員。落陷則技術性事業代理、批發，不宜製造業。

◎太陽在官祿宮的特性

（一）太陽官祿主，主貴不主富，重名不重利，較易追求聲譽。

（二）在官祿宮原則上比較適合公務人員，或服務性質的工作，較偏向於政治、公益事業之發展。

（三）不忠於一種事業，喜歡新鮮感、東奔西跑、複雜工作，最適合從事外交、外務性質者，因天天得應對不同之顧客。

（四）非理財高手，對自己金錢的控制能力不夠，易揮霍、浮華，如逢太陽化忌、破財，在事業宮則必加班，增加勞碌，宜上班族。

（五）太陽在官祿宮又化權，則有強烈的創業慾望。

（六）太陽旺守，有地位、權力，為主管之才，可從事企業、獨立事業、政界、貿易；遇陷則屬勞動業如駕駛、貿易加工、化學工業、一般性勞動事業、美容業。

（七）如在亥位加桃花為色情業，加陀羅為走私業；在子位照相製版業或暗房X光業。

◎武曲在官祿宮的特性

武曲主財，故屬金融、財務、會計師之職；亦可從事運輸、軍警、五金業、技術界（因有旺盛的執行力）。遇陷則適宜從事加工技術性工作。

◎天同在官祿宮的特性

（一）天同在官祿宮，宜白手起家，或由小而大，工作中有吃，有娛樂性，有協調性者是。

（二）天同福星入官祿宮，做事不積極，要固守本業或承襲祖業，會愈變愈差（如有其他格局另當別論）。

（三）福星入官祿宮失其效力（要貴星助力為大）。雖廟旺，但助蔭慢，無威力發展。可從事政教界、服務業、財經界。落陷則勞動界或門市生意、超級商店。

◎廉貞在官祿宮的特性

（一）廉貞為官祿主，以公職人員優先考量，如軍警、司法等工作，可掌權；民營企業則為電器業。

（二）旺地加吉，富貴雙全，武職顯赫可掌權，一生有發展；逢煞忌，廉貞星也是囚星，則事業難以突破瓶頸發展不起來。

（三）廉擎：「刑囚夾印」（或羊陀夾）易有官非訴訟，可轉化走法律路線或軍警武職，或工程師、外科醫師、電機、機械、五金加工、技術性工作、生產工作、刑法工作。

廉府：職位高、有創意新觀念，適合財經界、建築界，會文昌，可為公職。

廉相：公家機構、財務公司、顧問公司、餐飲業、服務業。

廉殺：可從事食品類、手工藝業。

廉貪：主宜從事外交、外務、門市、娛樂業、技術性、電器加工業，逢天刑，可從事軍警、法界或外科醫師。

廉破：逢吉星，可當公職人員；逢煞，靠技術性維生。

◎天府在官祿宮的特性

（一）天府俸祿主，做事謹慎精明，有時過於保守，喜祿、權、科來會照，允文允武，若非老闆，也當高級主管。

（二）在旺地，適合在現成的基礎下發展，行業可選擇從事政界、房地產業、農產品、畜牧業、礦業、銀樓、當鋪、餐飲業、證券。逢煞星主有波折、糾紛多。

◎太陰在官祿宮的特性

（一）太陰在官祿位最適合不動產買賣、介紹或學術研究、文化事業、文藝界、公職。

（二）太陰屬清潔用品，女性用品業、化妝品之類物品、家庭用品、廚具、服飾、水電、飯店、汽車旅館、日夜相反的服務業皆可經營。

（三）逢左輔、右弼，宜公職或政界或多重事業或兼職，也宜房地產事業。

（四）太陰逢煞多，可轉化為技術性工作，從事工程承包，工業發展為宜，但仍多時勢進退變化或變動。加權、祿，變動較大。

◎貪狼在官祿宮的特性

（一）貪狼在官祿宮可從商、運輸、理容業、公關外務、裝潢業、農產加工業、娛樂、餐飲旅遊業、外務推銷。

（二）有吉曜，有化祿、權、科，可從事政治活動；會武曲、火星、鈴星宜武職人員。戒之在貪（喜火貪或鈴貪才能開創）。

◎巨門在官祿宮的特性

（一）以口才為業，可從事以專業技能取勝如有聲書、律師、醫師、教育界、獨立性與智慧競爭之業。

（二）口才有關的行業如演說家、推銷員仲介、業務員、保險業、法官、律師、命理師、星相家、播音員。

（三）巨門主研究：以學術為業，如學者、書局、出版、印刷；以藥為業，如醫生、藥劑師。

（四）如有煞星會聚，刑訟不斷，很容易和人打官司。

◎天相在官祿宮的特性

（一）天相在官祿位，逢祿、權、科及吉星，主允文允武，既富且貴。

（二）社會賢達，能在工商界佔一席之地，但不論處於何地，均不宜佔最高地位，否則易遭受是非攻擊。

（三）天相為幕僚之星；天相個性忠厚穩重，不會經常更換工作，是理想的幕僚人才。

（四）天相，喜逢紫微、天府、左輔、右弼、文昌、文曲、諸吉曜，才能有所作為，為職清廉，能獨當一面，大展長才。

（五）天相是官祿主可從事政治、律師、外交、推銷業、醫藥、高級餐旅、經理人、攝影行業、服飾業、進出口貿易或商品代理商。

（六）天相與武曲同宮（武相），會身兼二職。

（七）天相逢煞忌，均不宜從政，否則一生多糾紛，也易牽涉於政治漩渦之中而不能自拔。天相逢煞，宜技能藝術起家，否則易遭紛爭、是非、破財訴訟。

◎天梁在官祿宮的特性

（一）天梁在官祿宮，旺地逢化祿、權、科及吉曜，工商界領袖，政界要員位高權重。不過即使從政或從商，皆不宜負責實際行政職務，宜居司法監察、審核等職務。

（二）天梁在陷地，自由業可以發揮，但以任職為宜。逢煞忌，事業多波折，是非破耗，宜特殊技術養身立命。

（三）行業可選擇從事大型企業、公教職、慈善事業、代書、文化事業、傳播事業、出版界、法官、股票買賣、賭博性事業、中藥、農產品及企業管理。

◎七殺在官祿宮的特性

（一）七殺守官祿宮，皆好投機，自己卻不宜有投機的舉動。

（二）七殺喜會祿存、紫微、左輔、右弼、文昌、文曲，有威嚴可以掌權。

（三）七殺在官祿，比在身宮好，雖成敗起伏變化大，但有克服困難之才能，會遇到災禍，但可因禍得福。

（四）可從事宗教慈善事業。農林、水產、加工業、軍警、直接與衣食住行有關之行業，或宜武職不宜文職，以技能起家。

◎破軍在官祿宮的特性

（一）破軍入官，表示變動、起伏不定、多勞心力。
（二）破軍在官祿宮，一生有一至兩次的大破財，有祿則可兼職兼業。
（三）可從事變動性質工作，批發、推銷、貿易、市場生意、海鮮餐廳、外務、化學製品、加工業、食品及流動性行業，或環保再生行業，及遠洋型的生意。
（四）逢煞宜技術營生，煞多，成敗無常，勞碌奔馳。會煞忌，小人多，破壞你的工作，使你不得不更換工作，借貸度日。
（五）殺破狼格局入官祿宮均主變動，起伏不定。

◎祿存在官祿宮的特性

（一）祿存在官祿位，文武皆宜，財官雙美，福澤蔭子孫。
（二）祿存在官祿宮，若合紫微同在官祿宮，會提拔子孫得到地位。
（三）三合吉多於凶，名位高；凶多於吉，名位低。最怕火鈴或沖忌破，也不喜和空劫在一起（祿存沖破，吉處藏凶）。

◎羊陀在官祿宮的特性

陀羅

（一）職業可為律師、軍警、針灸醫師、外科醫師、牙科、骨科、內科醫師、機械、成衣加工、裁縫師。

（二）擎羊和火星同宮在辰、戌、丑、未四墓地的人，司法界為判官，軍人則掌兵權；有掌判生殺之大權。

（三）陀羅做武市的人發財較快。

（四）陀羅居官祿宮，不要整天窩在家裡，好運不會從天而降，到外面轉一轉、走一走，才有商機。※事業中有小人暗損，難防難避。

羊陀合論

（一）擎羊、陀羅二星不宜從政。

（二）擎羊守命、官祿者，宜從事武職、外科醫師、護士及律師。

（三）若從商逢擎羊，會吉星，有大發展的機會；遇陀羅，保守為宜。

◎天魁在官祿宮的特性（天魁、天鉞二星合論）

天魁、天鉞也位高權重，可從政、文教之職。

◎天馬在官祿宮的特性

（一）天馬喜會祿存與文星，文職顯榮；會武星，創業成功，或武職顯輝。

（二）煞星沖會，凡事蹉跎或白忙一場。

◎華蓋在官祿宮的特性

華蓋入財、官宮，在工作場所宜供奉神明，可得庇祐。

◎天哭、天虛在官祿宮的特性（哭虛合論）

哭虛入財、官宮，為虛而不實、辛苦多變、勞碌、奔波、漂泊、不開朗。

◎紅鸞、天喜在官祿宮的特性（鸞喜合論）

能獲得長輩的呵護、扶持，年少得意，能有實際的成果。

◎孤辰、寡宿在官祿宮的特性（孤寡合論）

孤寡入官祿宮，做事不順心，常為瑣碎之事而鬱悶、不開朗。

工作場所中常有討厭的人出現，惹您心煩。

◎左輔、右弼在官祿宮的特性（左輔、右弼合論）

左輔、右弼會吉星，文武全才；單守，以武職為宜；加煞，名位損傷。

◎ **天刑在官祿宮的特性**

（一）天刑在官祿宮，老想換工作，工作不順。從事過的行業很多。

（二）遇太陽、廉貞、天相、巨門等而無煞沖，可為法官、律師。有煞忌沖，則特別注意官非。

◎ **天姚在官祿宮的特性**

天姚喜歡換工作環境，職業欠缺平穩性，但為人好學、笑容多，應對有一套。

◎ **陰煞在官祿宮的特性**

（一）陰煞入官祿位，常遭小人暗害、破壞工作，喜遇空劫、截空、旬空，將之沖散。

（二）宜在辦公室、營業場所供奉神佛，以防小人、邪祟侵擾，甚有助益。

◎ **曲、昌在官祿宮的特性（曲、昌合論）**

（一）文曲，主口才；文昌，主文才；可在文學、藝術上享盛名。

（二）文曲、文昌二星喜遇太陽、天梁、祿存，為文武雙全。職業上可選擇當作者、教師、攝影、廣告，或流行性的事物。

（三）昌、曲加四煞，懷志走天涯，覓無展翅處，常嘆無伯樂賞識。曲、昌化忌在官祿宮，常為金錢上往來跟股東、同事破壞感情。

◎地空、地劫在官祿宮的特性（空劫合論）

（一）官祿宮逢地空、地劫主多變動、破敗、多災難、發亦不持久。

（二）「命逢空劫，如半空折翅」；又逢煞忌，事業會突然失敗，或遇到大挫折；又主百事蹉跎，一事難成（※宜守不宜攻）。

（三）「命逢空劫，如浪裡行舟」：為事業奔波，從事船員、外勤、外務或司機等工作，易有變換工作或工作上的異動。

◎火星、鈴星在官祿宮的特性（火鈴合論）

（一）火星、鈴星事業上宜選武職、重工業、銅鐵業、焊接業等。

（二）火星、鈴星居寅、午、戌宮，青少年不順遂，中晚年方能遂志。

第十節　論各星在田宅宮的特性

把命盤放桌上，直接看田宅宮之主、副星然後查詢田宅宮之所有星性解說；所得答案即是一個人一生的田宅房產及家人相處情況。

如果您田宅宮無主星比較會有以下現象：

（一）居家環境變遷大。
（二）在家裡待不住。
（三）大限流年在無主星的宮位又有天馬時會搬家。
（四）如有空、劫時，置產不易，會租屋而住，尤其在有左輔、右弼時更明顯。
（五）有空、劫，但財宮有財星時，宜做房地產投資。
（六）有左輔、右弼時，另有多處可住。
（七）有左輔、右弼再有姚池，則會金屋藏嬌或是被別人藏的「阿嬌」，看財宮財星旺，是把別人藏起來，財宮不佳是被藏的，男女同論。

◎紫微在田宅宮的特性

（一）紫微在命、財、田宮皆主財來財去，有理財能力。
（二）紫微在田宅宮主富裕，且近富裕之家，住家附近會有高樓或土坡。
（三）紫微入田宅宮，家中任何成員都需要被尊重、被恭維的，如果彼此不主動尊重對方，家庭間成員不睦是無法避免的。

◎天機在田宅宮的特性

（一）天機在田宅宮，通常均主難守祖業。

（二）天機在田宅宮，會常搬家，最好家中常變動擺設；宜住馬路邊或圓環邊。

（三）家中成員易有爭執、爭議計較之人，化忌時尤驗。

（四）天機於田宅宮，住家附近會與樹木、森林、電線桿、木棚等為鄰。

◎太陽在田宅宮的特性

（一）太陽是動星，故田宅也有動的現象，如搬遷或產業變動。

（二）太陽於田宅，主富足豐盛，旺守，可得祖父餘蔭及疼愛，可得祖業，失輝則到手的祖業將耗損於無。

（三）太陽，住家附近有高樓及凸出物，如鐵塔之類，本人宜住高樓為上。

（四）太陽落陷在田宅，會有不習慣讓人來家中拜訪的因素。

◎武曲在田宅宮的特性

（一）武曲會吉星，可得祖業，家產不少。有煞忌沖破，得家產後，可能會在你手中敗光。

（二）武曲於田宅，主富足，會住在金融機構、派出所、軍營或眷區、廟寺等附近。

（三）武相同宮，先破再有。武殺同宮，不喜承繼祖業。武府同宮，祖業可守。

（四）居家佈置顏色，要暖一點不能太冷、單調。

◎天同在田宅宮的特性

（一）天同是福星，注重精神享受，居住環境會選擇有花園的別墅、寧靜地區或娛樂場所附近。

（二）喜與太陰同宮在子，家產甚豐（因太陰為田宅主之故）。天同怕與巨門在丑，家產甚少，加煞全無。

（三）住家附近有水溝、井泉、加油站或低窪之地水坑或飲食店為入局，以吉論之。

◎廉貞在田宅宮的特性

（一）廉貞不宜在田宅宮，主破敗祖業、糾紛困擾、變動大。

（二）逢桃花星，加空劫、四煞，易因酒色而破財；易有口舌，尤其以化忌時更明顯。

（三）貪狼同宮，稍有祖業但無法長久持有；與七殺同宮，不靠祖業，由自己奮鬥。

（四）住家附近會有樹木、小山坡、小廟、院落及堆積雜物、寺塔等。

（五）陷地逢煞則凶，家中電器用品常故障，住家宜掛山海鎮制煞。

◎天府在田宅宮的特性

（一）天府為田宅主，代表富裕，住高級住宅區或別墅區，可靠自己一手打造江山。

（二）見六煞（羊陀、火鈴、空劫），是為「露庫」。見忌，是為「破庫」。破庫、露庫，易使天府善積藏之性破掉，容易為財起爭端。

（三）天府於田宅，您家附近會有公家機構、銀行、高樓大廈，環境甚佳。

◎太陰在田宅宮的特性

（一）太陰得位在田宅宮，有較多不動產、田園、房屋。

（二）太陰在田宅，夜貓子在家常晚睡，會把家庭整理的很乾淨，化忌則會力不從心。

（三）太陰是田宅主，主管田宅宮，若星與宮頻見忌星，宜學習陽宅學。

（四）太陰、太陽在田宅，不動產多，為「日月照壁格」，天同太陰在田宅，自手起家；天機、太陰在田宅，亦可自置，但購置地點為離出生地較遠之地。

（五）太陰於田宅，附近應該會有近低窪之地，光線較陰暗、林園水坑、疏洪水道、井泉。

◎貪狼在田宅宮的特性

（一）貪狼守田宅；旺地，逢祿，主產業多；陷地化忌，則因田宅起是非，產業曾經擁有，無法守成。
（二）武貪同宮，晚年有置產跡象；與化祿、化權同宮，亦同。
（三）火貪、鈴貪同宮，有祖業可守，又能開創自己的事業。
（四）流年田宅，貪狼化祿，主置產或整修裝潢，化忌則為搬遷或大修。
（五）貪狼於田宅住家附近會有廟宇、餐廳、娛樂場所、派出所、高大樹木、公園，為合局。

◎巨門在田宅宮的特性

（一）古云：「巨門在田，則破蕩祖業。」本身就有是非，及漂蕩之特性。
（二）巨門坐田宅，交友宮丁干者，常遭小偷。行運逢之，主該十年遭竊。
（三）三合火星、鈴星、白虎，須注意「祝融」降臨。
（四）巨門於田宅宮，化忌則家宅不安、搬弄是非，與鄰居口舌難遇好鄰居。
（五）住家附近會有水溝、下水道、天橋、夾道、煙囪，及火車經過之鐵橋。※對陽宅不利。

◎天相在田宅宮的特性

（一）天相於田宅；一生優裕有祖產可得，逢煞合或煞沖，注意房地產有產權移轉、權狀瑕疵及文書上的麻煩等事情。

（二）天相與紫微同宮，自己有能力置產。天相與武曲同宮，購屋慾望多。天相與廉貞同宮，加煞星，祖業飄零。

（三）您住家附近會有小吃店、水道、水坑等；居家環境清幽雅靜，家中適合養熱帶魚。

◎天梁在田宅宮的特性

（一）天梁於田宅宮，主富裕，主有大房子或四合院。

（二）天梁與天機同宮，有購置不動產能力，但會慢慢來。

（三）住家附近會有高樓、醫院、藥房，慈善機構、墳墓及土坡。

◎七殺在田宅宮的特性

（一）古云：「七殺會刑囚在田，產業難留。」皆主無福分享受祖業，而須白手起家。

（二）七殺於田宅宮，廟旺為暴發橫富，落陷則破敗，無煞忌，先敗後成。

（三）住家附近有廟宇、商場、市場、屠宰場、軍營、警局，或公共場所、高樓。

◎**破軍在田宅宮的特性**

（一）古云：「祖基破蕩。」為先破敗而後成。

（二）破軍在田宅宮，旺地逢吉，舊業更新，產業豐厚。陷地加煞，敗祖業，財產難存。流田逢之，亦同此論。

（三）破軍於田宅宮，住家附近會有違章建築、河道、低窪地。

◎**祿存在田宅宮的特性**

（一）古云：「祿存守田宅，為爛穀堆金。」主家產多，祖業榮昌。

（二）祿存在田宅宮優於祿存在財帛宮。

（三）祿存在田宅宮的人，會存錢買不動產，買的房子會增值。

（四）祿存在田宅宮多數人一生很勤儉，先苦後甘，不愛享受，會將錢有效運用在買動產或不動產，將來會很有錢，通常是白手起家較多。

（五）祿存忌加火鈴星、地空地劫，田宅少，大運逢之同論。

◎**羊陀在田宅宮的特性**

擎羊

（一）擎羊在田宅宮為刑傷人口，家中雜亂、破財、祖業可保。

（二）住家附近有五金行、鐵工廠，或尖形物，或有不完整的房地。

陀羅

（一）陀羅在田宅宮主辛勤度日，祖業雖保，加吉星大器晚成。

（二）住宅附近有輪胎店、研磨店、破屋，或石磨等圓形物。

羊陀合論

擎羊、陀羅在田宅宮，所居住環境附近有難溝通的鄰居及小人環伺。

◎天魁在田宅宮的特性（天魁、天鉞二星合論）

（一）天魁、天鉞兩者皆主有祖業可守。天魁主富麗；天鉞主積顯。

（二）住宅附近有樹林、公園、高樓大廈。

◎天馬在田宅宮的特性

（一）家中人員進出流動多，或家中客人絡繹不絕。

（二）喜「祿馬交馳」主財運好、財多，亦喜「祿馬佩印」，即與祿存或化祿天相同宮，生長在富貴之家。「財祿夾馬」，即祿存與武曲夾天馬，錢財多。

◎**華蓋在田宅宮的特性**

（一）華蓋入田宅宮，與神佛緣分深，家中能供奉神明最好，能得到神明的庇祐。大限田宅有華蓋星亦同，主這十年內，神明之助力廣大。

（二）華蓋於田宅宮，住宅附近有廟宇、牌坊、亭台。

◎**天哭、天虛在田宅宮的特性（哭虛合論）**

（一）天哭、天虛二星皆主虛耗、破敗、不如意。

（二）天哭：附近有破爛物、回收場。天虛：附附有廢墟、空屋。

◎**紅鸞、天喜在田宅宮的特性（鸞喜合論）**

（一）住宅喜用鮮明亮麗之顏色來裝潢或陳設水缸擺設，有祖產。

（二）紅鸞為癸陰水，代表動物為鴛鴦；天喜為壬陽水，代表物為孔雀。

◎**孤辰、寡宿在田宅宮的特性（孤寡合論）**

孤辰主：附近有孤峰、孤塔、孤樹、墳丘。

寡宿主：附近有空地、空屋、廢墟、墳墓。

◎左輔、右弼在田宅宮的特性（左輔、右弼合論）

左輔、右弼有祖業可守，加煞星，祖產難守。

左輔主附近有商業大樓、山坡地。

右弼主附近有水坑、水道。

◎天刑在田宅宮的特性

家中對養狗有偏愛；附近有當鋪、五金刀剪店。

◎天姚在田宅宮的特性

（一）天姚進駐田宅宮不利，縱然有家產亦會空。

（二）住家附近有暗溝、公廁、鴿舍。

（三）男人會金屋藏嬌或有同性戀傾向，職業婦女易有外遇。

◎陰煞在田宅宮的特性

（一）陰煞入田宅宮，家中常不安寧，內神通外鬼，注意住家內外是否有煞沖。

（二）家中宜供奉神佛，以防小人、邪祟侵擾（大限亦同此論）。

◎曲、昌在田宅宮的特性（曲、昌合論）

（一）文昌、文曲在田宅宮，會自置田產及轉換投資，亦有祖業。

（二）附近有法院、報社、學校、文具店、水池、古董店、鐘錶行等。

◎地空、地劫在田宅宮的特性（空劫合論）

（一）田宅在自己名下或手中，祖產不保，皆不會太久。可從事房地產事業。

（二）地空，主附近有空地、堆積物、墳墓、豬舍。地劫，主附近有凹地、濠溝。

◎火星、鈴星在田宅宮的特性（火鈴合論）

（一）火星、鈴星在田宅宮，會把祖業全敗光。

（二）火鈴遇太陽或廉貞化忌在田宅，容易遇到火災，加保防火產物險不可少。

（三）住宅附近有廟宇、寺塔、火爐、焚化爐、尖山。

第十一節　論各星在福德宮的特性

把命盤放桌上，直接看福德宮之主、副星然後查詢福德宮之所有星性解說；所得答案即是個人一生內心想法及精神面及後天福分的情況。

如果您福德宮無主星比較會有以下現象：

（一）第四大限以前較辛勞（不論有吉星助否）。

（二）如有煞星時則更增加其辛勞而少安逸。

（三）有四大凶星時，小心官訟是非。

（四）帶天刑、官府，一生中亦多官訟是非。

（五）有空、劫、忌時，一生易有心神不寧或精神上的壓力。

（六）感情困擾亦多，又有空、劫、忌時應制化忌解其凶。

（七）有桃花，再有羊、陀時，較放縱情慾。

（八）有哭、虛，一生較為消極（無主星且哭虛夾命時同論），且會有莫名其妙的哀傷，痛不欲生，以多做運動來制化之，尤其三方有天馬的人更要運動。

◎紫微在福德宮的特性

（一）紫微在福德，年長者或高階人士為你的貴人，對幫助你相當熱心。

（二）男命理想高，若無法達成時內心會很痛苦；女命好安享（男命不喜紫微在福德宮為陷地；女命喜紫微在福德宮為廟旺）。

（三）為人，熱心社會公益，有涵養與氣質；精神壓力大，經常在後悔，內心空虛易患得患失。

（四）紫微獨守，內心難免空虛，白天相識滿天下，夜晚自嘆知心有幾人。

◎天機在福德宮的特性

（一）天機在福德宮：好奇心重，求知慾強，早年奔波勞碌，操勞易失眠，中晚年方得平穩、安定。

（二）天機化忌，心煩神躁滿腦子的想法，容易打結想不開，有神經衰弱傾向。

（三）天機守福德宮，興趣廣泛，但博學不精，可研究佛學、玄學。

（四）天機逢截空、旬空、空劫、華蓋，則愛幻想，易流於宗教色彩。天機逢昌曲科星，則對玄學術法或神秘事物及五術方面有偏好。

◎ **太陽在福德宮的特性**

（一）一生有貴人，財務好，處事積極，生活節奏快，個性急躁、好動。

（二）女命若福德宮見太陽加左輔、右弼，會嫁個好老公。

（三）太陽明暗，主福分之厚薄，貴人之多寡。陷地得失心較重，財務起伏不定，但房事方面較快樂。

◎ **武曲在福德宮的特性**

（一）一生難得清閒多操勞，以物質享受為基礎，個性急躁且頑固，心情不開朗。

（二）武曲如在辰、戌、丑、未，可安享晚年。加文昌、文曲，喜風花雪月中打滾；加煞主孤獨。

◎ **天同在福德宮的特性**

（一）天同最喜入福德，福澤深厚，生活悠哉；反應快，做事懶散，重生活情趣，精神生活豐富。

（二）天同為福德主星，懂得人情世故，善解人意，察言觀色，協調工作到家，是很好的和事佬人選。

（三）天同逢六吉星及化科星，能享福，食祿更豐。

（四）逢煞忌、化忌，較會勞心勞力，是非多煩躁不安，自尋煩惱，情緒不穩定。

◎廉貞在福德宮的特性

（一）一生勞碌，身心無法兩閒，勞心勞力，宜忙中偷閒，自得其樂。

（二）廉貞本身不善思考，但內心善變不穩，逢煞忌，常為瑣事而不安。

（三）化忌時，心中有打不開的千千結經常纏繞著。

◎天府在福德宮的特性

（一）為人知足常樂、福厚、樂觀、冷靜、謹慎有定力，享口福之慾。

（二）逢擎羊、陀羅，會變成小器鬼。

◎太陰在福德宮的特性

（一）一生快樂多，能享受精神及物質生活；思想浪漫，注重氣氛、情調。

（二）男命於旺地，有異性緣，多豔福，偏好物質享受高於精神享受；女命不解風情，欠缺精神享受。

（三）化忌，心事不敢說出口。

◎貪狼在福德宮的特性

（一）完美主義者，慾望多、好勝心強，無法安於現實，精神難得鬆懈。

（二）貪狼在福德宮，有口福，重生活享受，喜愛藏私房錢，樂於你兄我弟開講，慾望難滿足。但均主奔波勞碌。

（三）貪狼最怕化忌，化忌則貪得無厭，慾望更加理想化，但實現者更少。

（四）旺地會吉，快樂享受，再會桃花星，流連於聲色，風流自賞。逢煞星，主煩惱，難得清靜是非糾紛多；或對五術宗教、神仙之術有興趣。

◎巨門在福德宮的特性

（一）古云：「巨門在福，其禍減輕。」巨門守福德宮都具有勞心費神的特性，只是輕重的差別而已。

（二）暗星（巨門）臨福德，操心勞碌，凡事事必躬親，遇事進退猶豫不定，疑心病甚重。

（三）巨門化忌不吉，心性不穩容易往牛角裡鑽，煩些不該煩的事。

◎天相在福德宮的特性

（一）安享舒適過一生；有正義感與同情心。注重外貌，講究名牌、美食，重物質享受。

（二）會煞星，縱然無錢，也要打腫臉充胖子，華衣美食絕不能少。

◎ **天梁在福德宮的特性**

（一）重視精神層面的生活，有長輩關懷及祖上福蔭，偏文學之興趣。

（二）逢煞會自尋煩惱，好言詞巧辯。

◎ **七殺在福德宮的特性**

（一）內心急躁、多操勞，身心不兩閒。逢挫折就會意志消沉。

（二）七殺在福德宮，男女多情，有桃花運；晚上特別活躍想找娛樂及精神刺激。

（三）女命不宜：丈夫、子女有刑傷，對工作有狂熱，常心不在焉，無事也得找事做；宜晚婚遲子。

◎ **破軍在福德宮的特性**

（一）古云：「多災。」精神難得清心，自尋煩惱，凡事舉棋不定，計劃一堆，無心力執行，一生勞心勞力，缺錢時喜往當鋪走。

（二）破軍在福德宮，旺地果斷，凡事親自做，故較辛苦。陷地多疑心、成見深、無精神、空虛、勞心勞力。

（三）破軍在福德宮：在子午宮尚可，餘宮皆不吉。

◎祿存在福德宮的特性

祿存在福德宮，一生福厚，口福、衣祿皆豐，是蔭財。

◎羊陀在福德宮的特性

擎羊

會煞，勞心勞力，動靜皆不安；會吉，動中有福，鬧中取樂。

陀羅

陀羅入福德，宮干化忌入兄友或父疾，先天牙齒易壞，骨骼也易瘦；勞碌一生，心中永遠有個問題團團轉。

羊陀合論

女命擎羊、陀羅一在命宮，一在福德宮，在風塵中常有她的芳蹤。

◎天魁在福德宮的特性（天魁、天鉞二星合論）

天魁、天鉞主一生常有貴人，一生福樂。

◎天馬在福德宮的特性

動則有福，與其他星曜同宮，吉則主福，凶則操勞。

◎華蓋在福德宮的特性

面帶威嚴、喜好玄學、論命、有神佛緣、淡泊名利、文筆好、有特殊才藝。

◎天哭、天虛在福德宮的特性(哭虛合論)

天哭星坐命宮、福德宮,容易融入狀況中而被周遭的事物感動而流淚。哭、虛二星入福德宮,主一生多勞碌,精神虛靡、心神不寧、不開朗(※天哭在福,可斷祖父母之一早亡)。

◎紅鸞、天喜在福德宮的特性(鸞喜合論)

主有口福、衣祿,會桃花星,主常有桃花豔遇。

◎孤辰、寡宿在福德宮的特性(孤寡合論)

孤寡二星皆主個性固執孤僻,喜獨自往來,不喜群體活動。

◎左輔、右弼在福德宮的特性(左輔、右弼合論)

主福祿;反應好、有機智,逢煞則勞心不安。

◎天刑在福德宮的特性

業力重,身心多用,興趣與操勞皆多,有孤獨感,難得清閒。

◎**天姚在福德宮的特性**

（一）天姚入福德宮，個性外向、虛榮、好裝扮、風流好淫。

（二）異性緣佳、有感情困擾，為桃花而身心忙碌，與配偶同床異夢。

◎**陰煞在福德宮的特性**

（一）陰煞星坐守在福德宮，常犯小人，常有噩夢，容易莫名奇妙的發生意外，因為陰煞是業力煞。

（二）煞陰星坐守在命宮、福德宮的人，又有地空、地劫同宮（來還債的），一生多波折，心態慈悲、好幻想、第六感也比較敏銳，如果往修行路線走，容易有特殊的感應。

◎**曲、昌在福德宮的特性（曲、昌合論）**

（一）文曲、文昌喜愛浪漫，有才華，對命理哲學、命相占卜、神學玄學之類五術等相當有興趣。

（二）曲、昌兩星同入福德宮，嗜好文藝愛情或色情小說。

◎**地空、地劫在福德宮的特性（空劫合論）**

常胡思亂想，既窮又沒福可享，心裡很不快樂。

◎火星、鈴星在福德宮的特性（火鈴合論）

火星、鈴星在福德位，性情急躁、驚恐、不安。

第十二節　論各星在父母宮的特性

把命盤放桌上，直接看父母宮之主、副星然後查詢父母宮之所有星性解說；所得答案即是一個人與父母親的相處情況及文書功名情況。

如果您父母宮無主星比較會有以下現象：

（一）有地空、地劫或天馬時，代表與父母緣淺，又有化忌時，早年父母易有傷亡。

（二）有空、劫，兄弟宮中有孤寡、天馬時，父母不全，大限流年同論。

◎紫微在父母宮的特性

（一）父母親有權威，思想較守舊、頑固，不易溝通。

（二）紫微入父母宮，對父母至少要表面恭順尊重他們，否則有你好受。

（三）父母之工作，居高位。幼年頗得父母照料生活寬裕，但父子間互動較刻板、嚴肅。

（四）紫微在父母宮單守且沒有左輔、右弼，主父母感情不睦，或先走其一。加煞星，不為父母所疼。

◎天機在父母宮的特性

（一）父母管教子女嚴格。本身較早離開父母呵護，個性較獨立。

（二）父母親之中必有一人過繼或離祖，必須供奉雙姓祖先牌位。

◎太陽在父母宮的特性

（一）太陽在父母宮為旺地時，主雙親為人忠厚、心地善良、壽元高，有社會名望；童年受寵愛。

（二）太陽失輝加煞，或加寡宿，父早亡。

（三）太陽在父母，命宮一定坐武曲，比較不喜父母管。

（四）女命太陽在父母，入廟宮位不會傷夫；落陷則傷夫。

（五）陷地或化忌，有代溝，助力也不大，心有餘而力不足。

◎武曲在父母宮的特性

（一）雙親個性穩重、保守，行事謹慎，是標準的傳統派，說話方式較一板一眼。

（二）父母親勤儉拼命賺，兒子輕鬆花；逢殺、破必須二姓延生，以免祖產無緣。

◎天同在父母宮的特性

（一）父母福壽雙全，和藹可親，脾氣好不會計較，非常用心照顧子女。

（二）天同為福星入父母位，兩代關係良好，也顯示長輩能安享晚福，當兒女的就得更加勤快及勞碌一些。

◎廉貞在父母宮的特性

（一）廉貞為孤獨之星宿，父母性情難以捉摸，童年常對你發脾氣、挨打，故親子間感情淡薄，難得長上庇蔭。

（二）流年父母宮，有廉貞化忌，逢擎羊、陀羅、火星、鈴星、白虎，宜防父母有危症或死亡，或本身遭上司解雇，或事業上有官非。

（三）廉貞加桃花星，長輩會增加自己的負擔；加煞星，主遠離故鄉。

◎天府在父母宮的特性

（一）天府主上一代富裕優秀，父母成就高，親情融洽，但對我助力較小。

（二）會文昌、文曲、天魁、天鉞可在官場顯貴。會祿則是吝嗇過人。加煞星，主脾氣暴躁。

◎太陰在父母宮的特性

（一）太陰為母星入父母宮，母親對當事者影響較大，能享受母愛親情。

（二）化忌與母親相欠債。與父母緣分薄，也主刑傷父母，父母親多災病或母親孤苦無依。

（三）失輝逢煞，與父母緣薄。怕逢孤辰、加煞，或遇白虎，母早逝。未宮不利母親，丑宮不利父親；加煞、忌，防母寡居。

◎貪狼在父母宮的特性

（一）貪狼主雙親感情複雜，本人與父母緣分較淡，宜早離出生地或重拜義父母，如遇桃花，多為偏房所生或為私生子。

◎巨門在父母宮的特性

（一）父母兩人易吵架，與雙親緣薄，有代溝、個性難交集，對子女要求也較嚴格苛刻。

（二）巨門在父母宮，主有刑傷，必須過繼或重拜父母較好，父子之間爭執難免。

（三）父母比較注重物質享受，或父母無暇照顧子女。小時候有段時間在娘家或祖父母家生活。

（四）加煞星若不是庶出，則父母難雙全。化忌，主父母離婚。

◎天相在父母宮的特性

（一）雙親作風開朗，多熱心公益參與社會活動，凡事愛關說。

（二）天相加左輔、右弼、昌曲、天魁、天鉞，任公職人員，會照，也為民代、鄰里長、地方士紳。

（三）逢化忌，主當事者小時候是親屬帶大的；加煞星，則主兩代觀念有隔閡。

◎天梁在父母宮的特性

（一）雙親為人善良老實，感情和睦又高壽。本人能受父母之福蔭，與雙親同住。

（二）化吉，必有祖產庇蔭；加煞星，則宜重拜義父母。

◎七殺在父母宮的特性

（一）殺星獨居父母宮，長輩固執，個性暴躁又霸道，有時罵得你頭暈轉向。

（二）七殺獨守，與父母緣薄，意見難溝通對立難免，父母無靠，宜外出自己打拼。

（三）再逢煞忌，則父母不全，有疾病纏身或帶重傷。

◎破軍在父母宮的特性

（一）雙親觀念特異，意見相左，家中常冷戰、欠溫暖。

（二）破軍在父母宮，與父母緣薄有很深代溝，常受父母怨，識相者少開尊口為妙，或避免同住一屋為上策。

（三）本身多傷，宜認養父母或本人盡早外出、自己奮鬥。

（四）陷地見煞，刑傷難免，行限逢之，不利父母。

◎祿存在父母宮的特性

父母多操勞，晚年經濟較好。

祿存若逢煞忌，主孤獨，與父無緣。

◎羊陀在父母宮的特性

擎羊：與雙親緣淺，常針鋒相對；宜拜義父義母。

陀羅：雙親緣薄，與父母常冷戰。

羊陀合論：擎羊、陀羅在命宮或父母宮，與長輩無緣。

◎天魁在父母宮的特性（天魁、天鉞二星合論）

天魁、天鉞主父母榮華富貴，可得父母恩寵。

◎天馬在父母宮的特性

父母開朗、活躍，性急好動閒不住，常遠地奔波。

◎華蓋在父母宮的特性

父母中有熱衷於宗教、吃齋、唸佛、淡泊名利，或喜好五術玄學。

◎天哭、天虛在父母宮的特性（哭虛合論）

本人會破相，臉上無笑容，與父母無緣，或分地而居。

◎紅鸞、天喜在父母宮的特性（鸞喜合論）

鸞喜之一在父母，另一顆一定在疾厄。

紅鸞：主陰虛、上火下寒、傷寒、癆傷。

天喜：主膀胱、濕寒之疾，亦主肺部、頭部、腦神經衰弱。

紅鸞、天喜皆主酒色之疾，在疾厄：有血光、血疾。

◎孤辰、寡宿在父母宮的特性（孤寡合論）

孤辰主父孤獨、母早亡。寡宿主母寡、父早亡。

◎左輔、右弼在父母宮的特性（左輔、右弼合論）

與父母有緣。與文昌同宮，父母長壽。

與廉貞、擎羊或化忌同宮，父母早離異。

◎天刑在父母宮的特性

與父母無緣。小人特多宜慎防。

◎天姚在父母宮的特性

父母之一再婚機會很高。又主本人容貌不錯，笑容可掬。

◎陰煞在父母宮的特性

父母中有性情不穩定，本人會常做噩夢。

◎曲、昌在父母宮的特性（曲、昌合論）

與父母緣深；喜好文學藝術，有文學修養。

◎地空、地劫在父母宮的特性（空劫合論）

父母難兩全；也與父母較無緣分。

◎火星、鈴星在父母宮的特性（火鈴合論）

家庭較複雜，與父母在思想上難溝通；宜拜義父母或給神明做義子。

第六章
紫微生年四化論述

命例（六）

紫微斗數星盤

日期：2023/10/31

<table>
<tr>
<td>⊕▲
紫七天
微殺鉞
權
科
孤三恩台旬
辰台光輔空
【財帛】飛絕亡貫
【乙巳】廉　神索
4、16、28、40、52、64、76
85～94 小限 2</td>
<td>天龍
福池
【子女】喜胎官
【丙午】神　符
5、17、29、41、53、65、77
95～104 小限 3　祿</td>
<td>身宮
天天
喜姚
【夫妻】病養攀小
【丁未】符　鞍耗
6、18、30、42、54、66、78
105～114 小限 4</td>
<td>天鳳天
虛閣馬
【兄弟】大長歲大
【戊申】耗生驛耗
7、19、31、43、55、67、79
115～124 小限 5</td>
</tr>
<tr>
<td>△◎
天天右
機梁弼
　祿
天天
使哭
【疾厄】奏墓地喪
【甲辰】書　煞門
3、15、27、39、51、63、75
75～84 小限 1</td>
<td colspan="2" rowspan="2">姓名:　　性別:男
西元：1962年8月19日亥時　農曆：51年7月20日亥
編號 :0
五行：土五局
性屬：陽男
□□□虎
命主：文曲
身主：
子年斗君：巳</td>
<td>▲▼
廉破
貞軍
破天八天
碎壽座貴
【命宮】伏沐息龍
【己酉】兵浴神德
8、20、32、44、56、68、80
5～14 小限 6　忌</td>
</tr>
<tr>
<td>▼　⊕
天　天文
相　魁曲
截天
空刑
【遷移】將死咸晦
【癸卯】軍　池氣
2、14、26、38、50、62、74
65～74 小限 12　祿</td>
<td>◎
陀左
羅輔
天蜚地
官廉劫
【父母】官冠華白
【庚戌】府帶蓋虎
9、21、33、45、57、69、81
15～24 小限 7</td>
</tr>
<tr>
<td>⊕◎◎
太巨鈴
陽門星
天解天陰
傷神巫煞
【僕役】小病指歲
【壬寅】耗　背建
1、13、25、37、49、61、73
55～64 小限 11</td>
<td>◎◎
武貪
曲狼
忌
　忌
紅寡封
鸞宿誥
【官祿】青衰天病
【癸丑】龍　煞符
12、24、36、48、60、72、84
45～54 小限 10</td>
<td>⊕◎▼▼
天太擎火
同陰羊星
地
空
【田宅】力帝災弔
【壬子】士旺煞客
11、23、35、47、59、71、83
35～44 小限 9</td>
<td>○　△
天　祿文
府　存昌
科
　忌
天天
才月
【福德】博臨劫天
【辛亥】士官煞德
10、22、34、46、58、70、82
25～34 小限 8</td>
</tr>
</table>

七殺	日元	劫財	正財	主星
乙亥	己丑	戊申	壬寅	八字
甲壬	辛癸己	戊壬庚	戊丙甲	藏
正正 官財	食偏比 神財肩	劫正傷 財財官	劫正正 財印官	副星
胎	墓	沐浴	死	運
福德 劫煞 驛馬	紅鸞 飛刃 墓庫 華蓋 六秀日	歲破 血刃 天德合 天乙貴人 金輿 沐浴 亡神	月德貴人 月破 劫煞 孤辰	地支神煞

77	67	57	47	37	27	17	7	大運
丙辰	乙卯	甲寅	癸丑	壬子	辛亥	庚戌	己酉	

◎廟 ⊕旺 ○得地 △利益 ▲平和 ●不得地 ▼落陷

生年四化在各宮之現象

就紫微十二宮內各宮中看看是什麼星生年化祿、權、科、忌就可分析該員會有該星所敘述之現象。

第一節 生年祿在各宮的論述

只要您從命盤中看出生年祿在哪一宮，就可直接由以下的各宮解釋中找到答案。

◎生年祿在命宮的論述

此祿為付出勞心勞力，為人聰明有智慧，愛享受對食物有偏好，愛錢；對金錢之使用、追求慾大，一生食祿不缺，人緣不錯也有貴人相助。

生年祿所附著的星，因不同星性所以會有不同詮釋：

廉貞：個性明顯才華洋溢，具有領導特質，有威嚴，處世保守，宜當個上班族，做事順利，有財又有桃花。

天機：智慧超群，有豐富的想像力，自己忙的暈頭轉向，錢別人在數，廟地則動必有利；陷地華而不實，為人謹慎有心機。

武曲：有自信個性剛強，很會賺錢，亦能守財，具有企業領導才幹。

太陽：老闆命，名聲好，個性剛烈，有魄力、有威嚴；上班為主管可掌實權，陷地則一度風光。

巨門：口才好，澎風青蛙一個，做事大而化之，有口福，多學，藝不精。廟地有名利，吃喝頂級；陷地多是非爭紛。

天梁：主庇蔭福壽，解厄長壽健康，喜研究山、醫、命、卜、相，廟地地位高，但易有驚險事；陷地，則凶。

天同：有口福，不用付出就有所得，為人安逸較無作為。

太陰：聰明能幹，常有愉快的心情，對事有主見，財祿豐盈，有福享受。

貪狼：聰明，有投機性的財源，喜走酒色之場所，多豔遇。

破軍：宜經商，有開創力，愛冒險衝鋒陷陣，會適應環境而變動，有福氣，長壽，解厄。在廟吉，在陷凶。

◎生年祿在兄弟宮

與兄弟有緣彼此能互相幫助，家中可提供支援，事業成功會賺錢，亦可得到母親或配偶父母之恩惠，子女以後也會很有成就。

廉貞：兄弟感情融洽，兄弟桃花多很有女性緣。
貪狼：與朋友、兄弟及部屬的關係良好，互有助力。
武曲：兄弟感情欠佳，如和睦亦無助力。
太陽：可當老闆，或為合夥之股東，但無法掌權，人緣好。
巨門：多口舌是非，但可創業成功。
天機：兄弟中有智慧出眾者。
天同：入廟兄弟眾多，陷則少。
太陰：可與股東合夥，能賺到錢財，並無消災解厄之功能。
天梁：兄弟和睦，彼此並無合作的可能，各自獨立於事業。
破軍：兄弟、朋友關係良好，但若為長兄或長姊，易有事端。

◎生年祿在夫妻宮

早婚，配偶有助力，婚後因配偶致富，事業順利，對眷屬有情，且配偶有人緣，異性朋友多，夫妻兩人屬很有福氣一族。
太陰：配偶賢良可內外兼顧，男女婚配對象同（天同）。

貪狼：宜晚婚或婚前數遇阻礙為宜（可化解婚後夫妻關係）。

武曲：女命宜晚婚，若早婚為夫勞心勞力，男命可得妻財或妻要擔家中經濟。

太陽：有老闆名，但無實權，宜晚婚。

巨門：初戀非結婚對象，戀愛必經波折，配偶是多才能之人。

天梁：代表桃花，配偶宜長配，婚前有阻為宜。

廉貞：配偶異性緣佳，一生有豔遇，屬暗桃花。

天機：配偶有宗教信仰，婚姻美滿，處世有智慧。

天同：會有感情糾紛的問題，最好晚婚，男宜小配，女主配長。

破軍：男命主妻為女強人掌管內外，女命主丈夫能為家庭盡心盡力。

◎生年祿在子女宮

性慾強，性機能好，可得貴子，子女聰明，非常疼愛子女，子女有人緣，有祖業，住宅華麗，可作合夥事業，錢財雖不欠缺，但也無盈餘，一生多桃花，異性緣佳。

廉貞：兩代感情深厚，子女人緣好。

天同：注意有感情的糾紛，子女較軟弱怕事，無擔當。

太陰：為女多、子少，子女富裕。

貪狼：子女聰明，異性桃花多。

武曲：子女獨立，會早離家庭自立，自己提拔之人，無法留在身邊。

天機：兒子有智慧，子女人數少或結婚多年才得子。

太陽，可當老闆，但無實權，或為合夥之股東。

巨門：長子難養，以遲得為宜，子女命好。

天梁：主先得女孩，子女優秀，聰明多才智，富貴兼得。

破軍：對長子不利，宜遲得，子女個性剛強，但事業有所成就。

◎生年祿在財帛宮

此祿表示財出財入。出生即帶財，有偏財運，錢財一如井水，用過即來，不用也不會比較多。看錢重，賺錢容易，靠自己賺錢，不會欠錢花用，以後會存很多錢。

廉貞：做事賺錢順利，眼光好，有不定性之投機財，搶做最夯之生意。廟則財旺。

太陰：財庫充足，女命為老闆格，廟則旺，稱心如意；陷地不如想像中好。

貪狼：偏財，略帶投機，財運平平，過程順利，旺地暴利或貪污不義之財；陷地小財。

武曲：旺地大富，陷地小財，一生不缺錢用。
天機：靠智慧賺錢，旺地無煞，錢財源源不斷；陷地過路財神，財進財出。
天同：為人無大志及作為，旺地為先知之財，陷地小財而已。
太陽：為老闆命格，可掌實權，廟地財源多，陷地財少。
巨門：因口舌而得，靠口才賺錢，要經過競爭才能得，廟則富足，陷地有是非，財亦少得。
天梁：賭運佳。意外之財，或與股票、期貨有關，廟則因心機而得，陷地極少。
破軍：財運薄弱，靠勞力賺錢，有得必有破耗，橫發橫破，陷則借貸典當賣物，或靠朋友間資助過日。

◎生年祿在疾厄宮

為人勞心，但樂天知命，稍有惰性，深緣，桃花多，性慾強，需求多。體質差，易因飲食習慣而傷胃，有肥胖傾向，腸胃，肝臟之疾。考運佳，有好的工作機會。
太陰：沒有當老闆的命，主虧損之疾。
貪狼：注意肝膽之疾，主長壽，有解病厄之功，性慾強。
武曲：有解病厄之功，小病而已，注意肺、氣管方面。

廉貞：主心火躁急；性慾強，需求多。
天機：肝火旺，智慧，聰明，防用腦過度。
天同：主長壽，有解病厄之功，有好歌喉很會唱歌。
太陽：視力不同於常人，一生絕無當老闆之命。
巨門：口腹之慾，多胃病，肥胖，注意營養過剩的問題。
天梁：有解病厄之功，長壽，健康，容易偏食，注意腸胃疾病。
破軍：童年體弱，心理因素身體無病，偏愛看醫生。

◎生年祿在遷移宮

在外有人緣，喜助人，人亦幫助他，貴人多，財祿在遠方，出外賺錢有利。做事不夠用心，不能有始有終，配偶財運好，賺的錢宜交給配偶管理。
太陰：愛旅遊，在外很風趣，享受愉快，財盈祿豐。
貪狼：聰明，有豔福，有偏財運屬投機性之財。
武曲：有領導能力，個性剛毅，財運旺，亦能守財。
太陽：性剛烈，有魄力，掌實權，在外有好名聲。

廉貞：在異鄉人氣旺，能自力賺錢，能達到自設目標。
天機：聰明，點子多，動則有財進，有遠行遷移事。
天同：好好先生，喜享福，為人清心無大作為。
巨門：靠口才為事業謀利營生，善蓋，白手成富。
天梁：外出可受長輩照顧，理想與事實可實踐，不會堅持己見。
破軍：以專業或技藝起家，也適合經商，有開創事業之動力。

◎生年祿在僕役宮

有良好的遺傳基因。交際多，對朋友重情義，朋友多亦有助力，朋友很會賺錢、有錢。
太陰：可交益友，可合夥，朋友多助力。
貪狼：多是酒肉之交，慷慨好客，把錢財花在朋友之故。
武曲：容易為友人或部屬而傷神，日夜奔波，心神不安。
廉貞：交友廣闊，必須遠避阿諛奉承之人，因朋友之助，得財。
天機：交友雖眾多，常保持君子之交淡如水，時時有新朋友。
天同：為人隨和親切，朋友有助力。

太陽：雖可自己當老闆，但無實權，適合夥之股東。
巨門：能得益友幫助而創業，還是會有口舌之爭。
天梁：得正直之友，並得朋友之助力。
破軍：可得真心相助之朋友，且無是非口舌之心。

◎生年祿在官祿宮

生性聰明但不喜歡讀書，工作上不專一常換工作，喜歡投資創業，能賺錢，但錢都花在事業經營上，沒得享受，白手起家。夫妻感情好，但易繁忙而冷落對方。
太陰：屬大器晚成，宜有理財規劃，陷地職位多變，女命有老闆格。
廉貞：事業平穩順利，廟地吉，有權貴。
天機：有智慧，宜有宗教信仰，主調動，旺主升職，陷地降職。
天同：為人喜安逸無作為，旺地坐享其成，陷地平平。
貪狼：智商高，有財運賺錢容易，多得女性友人之助，陷地九流。
武曲：宜有理財之觀念，或從事武職，陷地，多為會計性質工作。
太陽：老闆命格，有掌實權，陷地辛勞少成。

巨門：靠口才賺錢，宜溝通、理論之職或軍、武職，落陷地無成就。
天梁：辛苦勞累有代價，廟地有地位，陷地則勞碌成就少。
破軍：靠勞力來賺錢，坐旺則升遷，陷地職業不高或有風波。

◎生年祿在田宅宮

可得好風水，生於富家，環境好，家中佈置豪華，有祖產。性慾強需求多，有桃花。子女聰明，以家庭為重心，亦能自置不動產，置產發財。
巨門：家宅平安無事，產業會不斷更換，終能有自置產業。
天梁：長壽，健康，有屬自己的田宅，有祖業遺產繼承。
破軍：與子女相處良好，田宅會先破敗之後再重新置產。
廉貞：家中平安，有錢財又帶桃花運，但無祖產可得。
天機：住家附近會有廟寺、教會，田宅多變動，最終自己能擁有。
天同：可經由買賣不動產而發財，有自己的產業。
太陰：合夥格，股東之命，財源滾滾，可分期置產。
貪狼：代表錢財及桃花，聰明，產業多。

武曲：田產會慢慢增加，一生不怕沒錢花用。

太陽：有祖產，但難守。可當老闆，但無實權，宜合夥做股東。

◎生年祿在福德宮

度量好，有食祿好享受，很會賺錢，財源輕鬆，偏財、暗財、餽贈之財，賺錢無人知，非常重視錢財，有錢對自己慷慨，只能自己花用，對別人吝嗇。

貪狼：可解厄長壽，性生活多，偏愛高水準的物質享受。

武曲：能享清福，對物質享受重於精神享受。

太陽：心性好動不愛靜，有老闆命格，但無法掌權。

巨門：主一生有口福，靠口才賺錢，屬暗財、偏財。

廉貞：日子過的忙碌，但能自得其樂，雖然富裕，心常憂慮。

天機：靠智慧賺錢，有特殊人生理念、哲學觀。

天同：主壽，可逢凶化吉，雖有福享受，但不要求高格調。

太陰：廟旺福厚能享受，落陷為人精神層面較孤寂。

天梁：主解厄，主人重視精神生活，長壽、健康。

破軍：入廟凡事事必躬親處事果斷，落陷多成見，勞心而無成。

◎生年祿在父母宮

少年身體虛弱，體質不佳，心性樂觀、聰明，長壽，口才好，宜從事或與公家機構有關之生意，與父母緣厚，有長輩緣，父母社會關係很好。

貪狼：兩代感情和睦，凡事卻都為自己先著想。

武曲：刑剋重，過繼或離居可免，但常換老闆頻換工作環境。

太陽：老闆名，由別人掌權，可從事文具、書局生意。

巨門：父母雙全，逢煞，則父母富有。

廉貞：父母人緣很好，處世得體，讓人尊敬。

天機：與父母感情雖好，但對自己助力不多。

天同：父母長壽雙全，本身與老闆、上司相處欠佳。

太陰：宜從事文化事業的工作。

天梁：能得父母長輩之蔭或有遺產可繼承。

破軍：無刑剋，主少年時就離家獨立。

第二節　生年權在各宮的論述

只要您從命盤中看出生年權在哪一宮，就可直接由以下的各宮解釋中找到答案。

◎生年權在命宮的論述

喜愛權力，外表莊嚴，自信，自負，聰明，固執，任性，主觀強，是非多爭，思想細膩長遠。事業心重，辛勞，傾向於勞力付出，有責任感，但非自己去做，而是叫別人做，一生成就總要比別人高。

生年權所附著的星，因不同星性所以會有不同詮釋：

天同：積極開創，在動亂中尋求平衡，運途不錯，辛勞有成。

太陰：自以為是，閒不住，為創業奔波、勞碌，入廟好享受，自得其樂；陷地多是非，不可言福。

貪狼：任性，固執，好揮霍，近女色，喜掌財權，口才佳，反應好。

武曲：女命性剛，晚婚或寡居，婚姻不美滿；男命個性強，雖無往不利，一生多操煩，奔波勞碌。

太陽：外表莊嚴，八面威風，對人生理念相當固執，女命脾氣硬，能幹，婚姻不美滿，陷地自卑。

破軍：常常改變，喜愛刺激，自力創業，過程辛苦，旺吉，陷凶，入四馬之地主驛馬。

天梁：做人做事喜歡標新立異，學做名士風度、擺高姿態，易犯小人，可化解，陷地不識時務，常遭人白眼。

天機：有宗教意識，聰明，才幹高人一等，為家庭事業操勞憂心。

紫微：喜掌權，升遷快，有人提拔，官越做越大，有主見，洋洋得意，須會左右，否則小局面而已。

巨門：講話有權威，能切入重點，做事條理分明，無往不利，不易與人相處，會得理不饒人，容易引麻煩上身。

◎生年權在兄弟宮

兄弟間意見多，兄弟之中有人比我強勢，由兄弟主掌權力，權歸朋友，我付出勞力造福人家，會要求獲取合理的報酬。

太陰：如有創業，當屬姊妹，成就亦比男性高。

貪狼：入廟人緣好，落陷同事、朋友之間各懷異心。

武曲：兄弟易不和，亦無助力。

太陽：廟地得富貴，陷地夜生之人兄弟間多爭執不和。
破軍：老大與老么年齡差距大，長兄或長姊容易有事端。
天梁：入廟兄弟和好有助，落陷主分離無助力，若和好也各自獨立。
天機：兄弟成員少，兄弟中有人會獨自創業。
天同：入廟兄弟多，落陷少，助力亦不大。
紫微：可得朋友之提攜，但自己必須有所認知，須處於「老二」之地位。
巨門：兄弟創業有成，但常有口舌爭鬥之事。

◎生年權在夫妻宮

此命須有貴人提拔，由配偶掌權，配偶喜歡干涉我的事業，但對我的事業有助力，夫妻意見多，會互不相讓，配偶體質差，婚姻會有障礙。
太陰：男宜娶年少妻，女宜嫁年長夫，女命較勞碌須內外兼顧。
貪狼：婚前有阻礙，可免刑剋，女命會有不正常之感情，晚婚為宜。
武曲：男命主妻性情剛烈，婚姻不美滿，易有外遇，晚婚為妙。
破軍：選擇對象宜年長，婚前會有同居現象，見煞易分離。

天梁：選配偶年長為宜，應晚婚，婚前若多阻，反而有利。
天機：配偶性情機靈巧智，唯家務事煩多。
天同：須晚婚，同居亦可，男命宜小配，女命宜長配。
太陽：男命主妻子強勢能幹，爭權，多勞碌，婚姻不美滿。
紫微：配偶有支配、統治慾，責任感，晚婚方可白頭偕老。
巨門：戀愛必經幾番波折，結婚對象非初戀情人，配偶多才多藝。

◎生年權在子女宮

子女多，兒女有權，個性強悍，不聽管教，霸道。女命易流產，容易被輕薄，或霸王硬上，性生活特殊，田宅多，房子大，有出租之象，錢財支出多，雖不透支，但也無盈餘。
破軍：主遲得；先得女為宜，子女有損傷，較不利長子。
天梁：主先得女，子女優秀有發展，聰明，富貴。
貪狼：會與子女有代溝的現象。
武曲：主人丁不旺，與自己相同理念的後輩亦少。
天機：遲得或子女不多。下屬、晚輩人際關係複雜，時常在更換。

天同：子女有才能，以先生女孩為佳。

太陰：廟可生貴子，落陷則子女較軟弱。

太陽：有貴子，子女優秀，對創業做生意有興趣。

紫微：主子女志氣高傲，能有大發展，成就超越祖輩，遲得為宜。

巨門：長子難養，遲得為宜，能有大發展，成就超越祖上。

◎生年權在財帛宮

很會賺錢，有錢就想投資創業，適合做生意，掌財權，重財，錢一大筆進來，享受無節制，女命易流產。

破軍：廟則財先去後來，陷則一去不回頭，以賺偏財為實。

太陰：廟則富有也能留得住，陷則不留。

貪狼：很想創業，愛面子，常請客及近女色。

天梁：賭運好，財須辛勞付出才有所得，陷地，財很少。

天機：主調頭寸，週轉不靈，或貸款創業，廟吉，陷凶。

天同：本錢欲破而不放手，陷則終破敗，廟能坐享其成。

武曲：可玩股票，贏多輸少，亦可從事武職或財經方面。

太陽：主富，錢財動用順心，陷地不利。

紫微：貴人提拔，升遷快，財利多，陷則來的少，去的多。

巨門：是非只因強出頭，麻煩事特多，賺開口財。

◎生年權在疾厄宮

少年調皮多災，易見外傷、跌傷，較霸道，會對長輩不禮貌，愛聽恭維的話，中年易見血光開刀，勞力身體強壯，凡事不假手他人，生性不愛開玩笑，易翻臉，男命易強佔女性身體，女命易遭強暴，先上車後補票。

貪狼：性慾惹禍，發炎，意外傷害。生病不易治好。

武曲：有痛厄多災病，肝火、肺病、脾火，女命易流產、難產。

太陽：注意心血管疾病、眼睛問題。

破軍：個性多變脾氣古怪，精神官能需多加留意。

天梁：操心，高血壓，小心中風，權入病位，無作用。

天機：謹防流行性疾病、肝病上身，容易腦神經衰弱。

天同：會對健康有不利影響，可能要減肥了。

太陰：鬱悶，有自閉傾向，該注意泌尿系統。

紫微：胃腸，心血管疾病，糖尿病。

巨門：脾、胃腸方面。

◎生年權在遷移宮

人格高尚，愛做老大，有領導能力，出外做事業，愛發號施令，愛表現其才華，易犯小人，多是非。

天同：交友廣闊，出門得貴人助，入廟有多助力。

太陰：和諧為宜，切勿與人競爭，入廟多人緣，落陷防人陰謀陷害。

貪狼：朋友眾多很得人緣，喜愛與同嗜好之友應酬交際。

破軍：一生多勞碌奔波，可憑專業或技藝起家。

天梁：為人穩重，若出外可得貴人相助，在外鄉可為富甲一方。

天機：出外反得利，事業有變動或轉行。

武曲：外國他鄉貿易順利，尤其以武貪更宜異鄉求財。

太陽：主動可得利，出門近貴能發；落陷多忙碌。
紫微：出外有人提攜受人敬重，但亦有人會搞破壞、扯後腿。
巨門：能以演說、善辯之口才名揚四方，出外大發。

◎生年權在僕役宮

不隨便交朋友，一旦交上，對朋友付出、死忠，朋友能力強，主導行事，兄弟有權；自己受兄友指揮，與朋友意見多，麻煩事也多。

天同：為人隨和，用真心與友交往，朋友對我有助。
太陰：入廟主交益友，化權有助力，落陷主交損友。
貪狼：事業在交際應酬中談成，若無煞可投身政治。
武曲：擇友較挑剔。交遊不廣。
破軍：不宜合作經營事業，會因友破財，主獨立。
天梁：交往均是正直之友，但與人合做事業仍要有所考慮。
天機：交遊廣闊，唯宜保持「君子之交淡如水」之作風。
太陽：有施恩報怨、被出賣之傾向，參與政治活動絕不可行。

紫微：誠實寬厚之友多，要得到他們助力卻少。

巨門：朋友間雖意見多、口舌多，但仍是創業謀略之友。

◎生年權在官祿宮

創業或上班均可，天生的老闆命，一生事業比別人有成就，職業容易有變動，升遷運佳，有領導能力，掌實權，配偶體弱，易因事業忽略配偶，夫妻相處關係不佳。

破軍：主動求新求變，旺吉，陷則降職或裁員，或有糾紛。

天梁：有升官之喜，成敗多反覆；廟成，陷敗，好賭。

紫微：貴人提拔掌權，稱心如意，陷地無助力，平平。

巨門：開口就有成效結果，但不宜強出頭，麻煩是非多。

天機：主動換新工作與換職務，廟吉，陷凶。

天同：財經方面有專職可掌權，本身不喜歡調動。

太陰：工作輕鬆，有影響力，陷地不利易遭嫉妒。

貪狼：為變遷運，積極想創業，廟則有飛來之機會，陷則愈換愈糟。

武曲：宜武職或經商，有升遷機會，亦可兼差，無往不利。

太陽：宜武職，必為主管階級，有權力，或可創業，陷地，多是非。

◎生年權在田宅宮

有祖產可得，居住房子大，不動產多，早年就有不動產可出租，在家霸道，子女也難溝通。

天同：自己可以置產，但有時不利購置田宅，可當仲介商。
太陰：能幹，可投資休閒農場，或一切與田宅有關的性質。
貪狼：主產業多，住宅雖美，但會時常重新裝潢或搬遷。
破軍：房子會有大整修，或田宅先破敗後再重新購置。
天梁：主得祖業遺產；落陷，祖上無庇蔭。
天機：家中佈置常變，或常買賣不動產，宜從事外務工作。
武曲：能得祖產，自己亦可購置使名下產業增加。
太陽：女命主能幹，掌權，可創業或做生意。
紫微：在家唯我獨尊、霸道，名下有財產。
巨門：住宅附近有大暗溝，可自置產業。

◎生年權在福德宮

個性主觀難溝通，自負，有專長，做事以自我為中心不願受人約束、指揮，勞碌命，重外表，為了面子，用錢海派，錢財多，日後會留給子孫，女命婚姻不美滿，易有流產或剖腹生產之事。

貪狼：喜愛吃喝玩樂，容易有意外傷害，生病不容易治好。

破軍：為人辛勞，凡事親力親為，處事有決斷力。

天梁：重視精神生活，也為社會福利事業竭盡心力。

天機：有多方面的嗜好，心緒不寧，多思慮，多學沒有一樣專精。

天同：看得開，能享福，有豐富的精神生活。

太陰：先天福分厚，能享受。

武曲：先天體質較弱，以物質享受為基礎。

太陽：個性喜動不喜靜，凡事不宜強出頭。

紫微：氣質高尚，主觀強，凡事親力親為，易孤立。

巨門：事必躬親，事業雖佳，但勞費心神。

◎生年權在父母宮

為人思想偏激，固執，聰明；父母掌權，思想保守，能力強，雙方溝通互不相讓，與父母緣分薄，幼年體弱，痲煩事多，成年容易腰痠背痛，腎臟功能差，別人會庇蔭自己。

破軍：年少即離家自立，與父母無緣，孤獨命。

太陰：入廟，父母雙全，落陷，幼年不受疼愛，或遠離父母。

貪狼：兩代感情和諧，但多會為自己謀福利，私心較重。

武曲：容易有升遷的機遇，無往不利，但常變換工作環境。

太陽：男命主配偶精明幹練，喜權力在握，婚姻不美滿。

天梁：入廟，得父母福蔭，落陷，早年遠離父母。

天機：有官祿，能幹，難協調，為公務員，或做公家機構生意。

天同：父母雙全，通常皆主與上司難相處。

紫微：父母有權威，若無輔佐，會一意孤行。

巨門：彼此有代溝。

第三節 生年科在各宮的論述

只要您從命盤中看出生年科在哪一宮，就可直接由以下的各宮解釋中找到答案。

◎生年科在命宮的論述

少年體質弱，長相清秀，為人乖巧忠厚，人緣佳，風度好，隨和，愛面子，對學藝有濃厚興趣，喜歡幫助人，亦有貴人助，能得長壽。

生年科所附著的星，因不同星性所以會有不同詮釋：

武曲：處事能力強，雖有財源，但獲利不多。

紫微：個性傲骨堅持理想不會輕易放棄，名聲好，多才多藝。

文昌：心性隨和，不與人計較，聰明，考運好，責任心重，受人賞識。

天機：聰明，但不喜歡動腦筋，雖利於考運，變動多，眼光高，不聽人言。

右弼：聰明謙虛，有貴人，但學業有重修、重考，或轉學之事。

天梁：利於考運，理性也有真才實學，貴人提拔。

太陰：城府深處事陰柔，有才名，會藏私房錢，有開刀、血光之厄。

文曲：具才華、才藝，處事不嚴謹，生活浪漫，有桃花。

左輔：有貴人提拔，學業有重修、重考，或轉學之事。
太陰：對考運有幫助，異性緣好。

◎生年科在兄弟宮

兄弟感情平順，兄弟與我彼此會互相幫忙照顧，朋友往來單純，較少傷害於我，我與長輩相處融洽，別人會傾力助我，可能有異胞兄弟。

武曲：兄弟中有人對於理財有專精者。
紫微：兄弟近貴，有富裕之兄長可以依靠。
文昌：兄弟聰明才智，有藝術方面之才華。
天機：兄弟聰明，智慧高，兄弟少。
右弼：有重修、重考，或轉學之事，可能有異胞兄弟。
天梁：兄弟感情和諧，均各自獨立，事業上無合作之可能。
太陰：兄弟多富貴，聰明，財、藝雙全。
文曲：兄弟聰明才智，有藝術方面之才華。
左輔：有重修、重考，或轉學之事，可能有異胞兄弟。

◎生年科在夫妻宮

配偶是經人介紹而成婚，家世清白，漂亮，個子小，不易老，愛面子，為我之貴人，女命嫁賢夫，男命娶富家女，但仍愛在外拈花惹草易有婚變，如戀愛不順，可藉筆友、徵婚找另一半。

天機：配偶有學識、智慧。

右弼：二度婚姻，常出現有第三者，配偶有專門之技術。

天梁：夫妻年紀相差宜大並晚婚，婚前有阻礙反可偕老。

武曲：配偶賢能，對理財相當精明。

紫微：配偶能力強，婚姻不和諧，感情容易向外發展。

文昌：配偶多才藝，擁有高學歷。

太陰：男宜配年少妻子，女宜配年長丈夫，善於交際。

文曲：配偶多才藝，擁有高學歷。

左輔：二度婚姻，常出現有第三者，配偶有專門之技術。

◎生年科在子女宮

子女不多，身材瘦，五官端正，長相清秀，乖巧聽話，會讀書，有藝術造詣，要生了小孩之後運氣更佳，男性桃花不斷亦可能在外留種，開銷雖多但錢財仍夠用而不欠缺，甚至還有盈餘。

武曲：子女對於理財特別精明，獲利多。
紫微：子女遲得為宜，子女能力強，有名望、地位。
太陰：先女後男，子女有成就，落陷子女緣薄以領養為宜。
文曲：子女聰明，成績佳，有特殊才能。
左輔：兒女多，有忠厚之子；會跟兩個異性生小孩，子女有特殊才能。
文昌：子女聰明成績佳，有特殊才能。
天機：子女反應快機靈，擁有高智慧。
右弼：兒女多，會跟兩個異性生小孩，子女有特殊才能。
天梁：先生女孩，子女優秀，聰明才智，將來亦有財富。

◎生年科在財帛宮

白領階級適合上班族，外表看起來很有錢，喜賺清白錢，金錢來源少，平穩之財，細水長流，不會貪污，經濟會量入為出。

右弼：可富，因人而得財，落陷地為借貸，流動性出入頗大。

天梁：五術之財無往不利，熱心公益出錢出力。

太陰：有閒錢富足，陷地，空殼、虛有其表。

武曲：主富裕，陷地，雖有來財但存不住。

紫微：主富足，若無輔佐，只是獎金、酬勞之類，或得投機性偏財。

文昌：交易多得支票類之款項，陷地，宜靠技術賺錢，錢不多。

天機：多為流動性資金，陷地，財只是借過，多經手之財。

文曲：主文書支票之財，陷地小財，宜靠技藝賺錢。

左輔：可富，因人而得財，落陷地為借貸，流動性出入頗大。

太陰：宜靠知名度賺錢，財運穩定順利。

◎生年科在疾厄宮

身材苗條，身體較無災厄，應防過瘦、貧血、營養不良，有病能逢良醫，個性隨和，精神情緒較穩定，不易得身心症，有人緣、桃花。

天機：注意骨骼、關節方面之問題，不嚴重。

右弼：身強體健無大病痛，有病逢良醫。

天梁：身無大病，若有病厄可逢良醫。

武曲：身體狀況大致良好，身上無大病痛臨身。

紫微：身無大疾病，有病可逢良醫。

文昌：不會有大病臨身，但略帶神經質，有病逢良醫。

太陰：女性易有婦人病。

文曲：有點神經質，身無大病，有病逢良醫。

左輔：身強體健無大病痛，有病逢良醫。

◎生年科在遷移宮

出外創業或出國深造、工作，均有貴人助，能順利發展。

武曲：財經領域有專精，個人能力受肯定，抗壓性強。

紫微：能做好人際關係，公關良好。

天梁：熱心公益活動，受他人敬重，長輩會照顧我、有助力。
太陰：喜歡存私房錢，有錢花，公關好。
文曲：可從事文化藝術相關之行業。
文昌：宜從事文藝相關之行業，有良好的人際關係。
天機：遠離家鄉較有發展，不宜屈守在出生地。
右弼：人際關係良好，出外發展能得貴人提拔。
左輔：人際關係良好，出外發展能得貴人提拔。

◎生年科在僕役宮

所往來之朋友皆是有助力，本身對朋友也能力挺與照顧，相對友人也是如此相待。
武曲：本身精於理財，朋友之中亦多為此類型者。
紫微：個性隨和、彬彬有禮，所交朋友大多是書生型。
文昌：所往來之朋友平實，與我無利害關係。
天機：機靈聰明，朋友會幫助我。
右弼：朋友、同事、部屬會互相幫助。

天梁：朋友相處良好，對公益活動相當熱心。
太陰：與女性朋友相處甚佳，助力多。
文曲：朋友大多從事文書教職相關之事業。
左輔：朋友、同事、部屬會互相幫助。

◎生年科在官祿宮

為薪水階級，事業工作平穩，可考試入公職，會有貴人助，有利升遷，或從事文教工作，有潛力，夫妻是由介紹成婚，相處和諧。
天機：商號經營名聲響亮，陷地反覆不實，常變動。
右弼：有兩種以上的工作，因他人幫助成就事業，陷則輔助他人成事。
天梁：偏重五術會得名利，或在公司受人敬重，但無實權。
武曲：財經及武職均可，能有名聲發展，陷地虛名，無權。
紫微：職位高，權力大，有名聲及影響力，陷地虛名。
文昌：考試機運好，陷地辛苦勞碌，外表好看而已。
文曲：商號名聲遠播，陷地，空殼，虛設行號。

左輔：有兩種以上的工作，因他人幫助成就事業，陷則輔助他人成事。

太陰：從事與女性相關之行業，能靠名聲賺錢，陷華而不實，配偶愛藏私房錢。

◎生年科在田宅宮

有產業可得，金錢花費量入為出，自己亦能置產，居住房子漂亮，家中佈置高雅樸素，喜擺詩書，家教好，子女聰明、乖巧。

武曲：宜從事不動產相關之行業，本身財產豐厚。

紫微：住豪華高級住宅，經營不動產買賣能獲大利。

文昌：購置田宅不會出現糾紛。

天機：個人居住地常變遷，田宅亦多變。

右弼：本身在買賣田宅方面運勢平平。

天梁：可經營不動產之行業，運勢看漲。

太陰：宜從事不動產相關之行業。

文曲：祖產不會敗光，宜從事房地產買賣。

左輔：本身在買賣田宅方面運勢平平。

◎生年科在福德宮

先天福澤佳，享受多，需要用錢時有人幫，有賺錢的腦筋，開銷有規劃，量入為出，喜歡看書，修養好，老運時清閒會廣結善緣，修道對己有利。

文昌：聰明，有特殊技藝、才能。

天機：幽默、智慧，重視生活情趣。

武曲：不缺錢花用，精於投資理財，獲利驚人。

紫微：本身獨立性強，處事以自我為中心。

右弼：平常多貴人，重視生活品質格調。

天梁：熱心公益，對宗教推廣不遺餘力，修道有利。

太陰：氣質文雅，對生活品味有所堅持。

文曲：聰明，有特殊才藝、技能。

左輔：平常多貴人，重視生活品質格調。

◎生年科在父母宮

父母忠厚，待人和氣，長壽，得父母遺傳基因好，體質好，身材不錯，為人聰明，隨和，會讀書考運也好，有桃花，長輩、父親、上司均為自己的貴人。

天機：雙親名望高，處世得體。

右弼：個人有重修、重考，或轉學之舉，父母人緣佳。

天梁：父母親為人德高望重，本身有貴人提拔，利於考試。

武曲：父母親精於理財投資，獲利可觀。

紫微：父母權威，行事以自我為中心，本人較辛勞。

文昌：父母學經歷佳，有專業之技術。

太陰：母親能力比父親好。能得女性長輩幫助。

文曲：雙親擁有專業才藝，人際關係佳。

左輔：父母人緣好，本身有重修、重考、轉學之舉。

第四節　生年忌在各宮的論述

只要您從命盤中看出生年忌在哪一宮，就可直接由以下的各宮解釋中找到答案。

◎生年忌在命宮的論述

童年多災，個性古怪，不講理、急躁，心情不開朗，有隱疾，自卑感，有獨特人生觀，不喜欠人情，宜上班，一生多奔波不順，雖有特殊才能，易遭人嫉妒，易犯小人，六親緣薄，口舌是非常臨身，成敗起伏不定，若從事武職、偏門事業反吉，旺地錢財稍夠用，但不能貴，且晚年多病痛，陷地加煞，六親不和，多是非，生活難過。

生年忌所附著的星，因不同星性所以會有不同詮釋：

天機：讀書不求甚解，個性不開朗喜鑽牛角尖，家務事反覆不順，糾紛不斷。五術行業會有發展。

文曲：濫情，表裡不一，做事常不按牌理出牌，有機會不會把握，沒偏財不可賭博，口舌是非多。

天同：不懂得把握機會，好吃懶做，不愛工作，娛樂休閒少品味。

文昌：不宜作保，對文書契約不利，易有交通事故，沒偏財不可賭博，口舌是非多。

太陽：不滿現實，常發脾氣，待人處事心胸不開朗，然辛勞奮鬥稍有成就，陷地，多口舌紛爭；不利男性。

太陰：不利女性。凡事拖拖拉拉，易有皮膚病，有隱憂，心情鬱悶，離鄉不易有發展，易透支，常在追錢，無福享受，小時難養。

廉貞：心性不定，不負責任，有官司、桃花煩惱，成就不高，陷地，大凶，叛逆，自以為是，容易作繭自縛，口舌是非，身體有疑難雜症，注意腫瘤或癌症。

巨門：人生不順遂，講話容易得罪人，一生是非多，心情不舒暢，先敗後成，陷地，有詐欺傾向，破敗。

武曲：個性彆扭，鬱鬱寡歡，剛愎自用，不被欣賞與提拔，孤軍無援，因財招惹是非，陷地，破大財，最好過繼或庶出，有長伴青燈念頭。

貪狼：心性不定，情緒低落時尋死尋活；高興時，手舞足蹈；有感情困擾，桃花情事糾紛，有再婚之可能，身體不好，有病無力，有遁世之念頭，愛研究五術，但易有破財、官非，屬冷偏門生意反較有利。

◎生年忌在兄弟宮

兄弟感情不佳；運勢不順，朋友多三教九流，要賺錢需先付出，家庭經濟常不夠用，前生欠兄弟債，兄弟中有夭折者，兄弟是我一生最大負擔。

太陽：不利男性多有損傷，同性朋友亦然。

天同：兄弟身體不好，無福，不會享受，彼此關係不佳。

文昌：事業不順，要注意文書契約內容。

武曲：欠兄弟債，金錢與兄弟牽扯不清，兄弟潦倒。

貪狼：無手足之情，兄弟事分的清楚與我無關。

太陰：女性諸多不順，兄弟中有思想與眾不同、怪異者。

廉貞：兄弟易遭意外，事業不如意、潦倒者。

巨門：兄弟關係淡薄無交集，多口舌是非，無情無義。

天機：主精神異常或行動不便，兄弟感情冷漠淡薄。

文曲：文書契約惹禍，事業不順利。

◎生年忌在夫妻宮

前世夫妻相互欠債，初戀不能結合，配偶體質弱，妻易流產，寡言，多猜忌，吃醋，為家庭主婦居多，社會背景不佳，對我事業無幫助，宜上班，或技術人員，出外創業會有災害，事業不順或常變動，夫妻感情不好，有桃花。晚婚為宜，亦表示一定會結婚，婚後必須出去賺錢回來養家，配偶勞碌。

太陽：夫妻之間相處有問題，配偶度量小，對丈夫不利，有損傷，或視力不良。

天機：婚後破財，家務事煩雜不順，感情起變化。

文曲：文書契約惹禍，影響到事業，感情有出軌跡象。

天同：男人有宿疾，配偶無福，不會享受。

太陰：配偶思想稀奇怪異，能力不佳，對婚姻不抱任何希望。

廉貞：為情所困，感情有糾紛，事業是非多。

巨門：夫妻多是非，感情淡薄冷漠，口舌紛爭多。

文昌：文書契約惹禍，防意外之災害，事業不順。

武曲：夫妻不合，財運不佳，破財，加煞，丈夫無法依靠。

貪狼：深受感情困擾，陷宮尤是，男女會有多次婚姻。

◎生年忌在子女宮

非常疼愛子女，欠子女債，對子女採嚴格管教，得子晚，子女必有問題（流產或其他事故），妻易流產、墮胎，子女少，女命則自己會有此事，頭胎易夭折，無祖產，置產困難，未購屋前頻頻搬遷，家中凌亂，易有災厄，晚婚，適合出外。

太陽：不利長子；子女病痛多，提攜晚輩反招背叛抱怨。

太陰：與子女有刑剋，子女軟弱，以先領養為宜，祖業難留。

巨門：子女多病痛災厄，花耗金錢後，問題還是一大堆。

天機：得子較晚，女命易流產，子女不多。

文昌：文書契約問題，注意交通事故。

文曲：有不正常感情發生，或文書契約方面出問題。

天同：子女軟弱，子女有自閉症或弱智的現象。

廉貞：女命易流產、婦女病，子女少，有病厄或破相之災。

武曲：子女出生即有災病，天生帶疾。

貪狼：子女災病多，最好過繼可化解。

◎ 生年忌在財帛宮

為錢奔波，來財不順反覆不定，喜歡賺錢、花錢，錢財較緊，不管有錢無錢，時常喊口袋空空，第一次做生意會虧錢，錢財被倒，不利經商，宜上班，需勞碌賺錢，想節儉但錢還是留不住，福分差，難得享受，配偶身體不好，婚姻不順，兩人相處關係不好，夫妻聚少離多。

太陽：旺地須先競爭而後可得；陷地，防一生為別人所牽累破財，切忌替人作保。

太陰：財庫有破，錢財存不住，陷地須防受引誘而破財。

廉貞：壓力重，因財煩惱或生災，心常鬱悶不開心。

天同：收入不豐，所得不足以糊口，要白手起家，須比人辛苦幾倍。

文昌：不宜作保，注意契約、支票、財務有大漏洞。

武曲：因經濟發生困難，辛勞賺錢不易，所以一毛不拔，有紛爭。

巨門：勞神費力，多是非競爭；或心高氣傲，招惹出凶險事。

天機：財來的少去的多，財庫有損，可用智慧來賺額外收入。

文曲：金錢被凍結不易到手，注意支票、契約、證件等問題。

貪狼：桃花糾紛因色破財，操心費神，陷地，因賭博、喝花酒而釀成失敗，莫名其妙地被坑破財。

◎生年忌在疾厄宮

老實人，個子矮小，心地好，心腸軟，體弱多災，有隱疾，有意外之病災，性急易吃暗虧，自卑，愛吃醋，愛計較，放不開，人氣弱桃花少，常向親友借錢度日，還不清，宜做現金冷門生意，此生與父母緣薄。

太陽：常頭痛、頭暈、眼疾、心臟無力、高血壓、中風。

天同：心病，情緒反覆無常，尿毒痛風，加煞注意中風。

天梁：肥胖，糖尿病，尿毒，開刀有生命危險。

文昌：心悶，肺部諸疾病，咳血。

武曲：口腔疾病，呼吸系統，血癌，手腳帶傷殘。

貪狼：與陽宅有關，身體有難醫之症，肝膽、內分泌也須留意。

太陰：女命婦科暗疾、血液循環不好、皮膚過敏等病症。

廉貞：為疾病所苦，易生怪病、失眠、性病、意外災厄等。

巨門：與陰宅有關，口瘡、痼疾疑難雜症，女命愛道長說短。

天機：腦神經衰弱，肝病，官能症，六親無靠，手足無情。

◎生年忌在遷移宮

心在外，少小離家，性急不愛靜，在外難得貴人相助，不順利，困難重重阻礙多，多做少成，宜注意重大災禍，有化吉時，可出外遠遊或定居。

太陽：外出不利，勞碌奔波無成或有病災。

天同：出外多是非災禍，閒言閒語煩惱多。

文昌：車關多常遇交通事故，及因契約、支票引起之糾紛。

武曲：常有是非糾紛困擾，會羊陀注意成他鄉無命客。

貪狼：應酬多花費而無收穫，因色遭災，或受女人設計陷害。

太陰：凡事多疑慮，忙碌成就少，口角是非。

廉貞：在外因酒色生禍，金錢惹災殃，在外有生命危險。

巨門：多口舌之爭，且內心猶豫，進退失準則。

天機：出門易有虛驚、車禍、迷路、意外之災，工廠不順等。

文曲：勾心鬥角，口舌紛爭，交通事故。

◎生年忌在僕役宮

勿與人有金錢上往來，易犯小人之災，不宜合夥事業，朋友少更無助力，欠人債務，兄弟緣薄，六親、家運、事業、財運欠佳，配偶健康不佳，更須注意自己健康狀況。

天機：受朋友之累或小人陷害，多是非，亦防誤交作奸犯科之人。

文曲：朋友扯後腿，受其拖累。

天同：遭手下人之不義陷害，或遭朋友連累。

太陽：被人出賣恩將仇報，更不宜從事政治。

太陰：結交損友，會被拖累及招怨尤。

廉貞：受朋友之拖累，有破財甚至牢獄之災。

巨門：朋友無情義，口角爭執，友少助。

文昌：朋友扯後腿，受其拖累。

武曲：遭部屬侵佔，或為下屬的錯誤而招致莫名損失。

貪狼：因朋友桃色糾紛或錢財爭執，引起是非而遭受拖累。

◎生年忌在官祿宮

為人大而化之，一生運途差，雖有敬業精神對事業執著，無奈事業不平順，常換老闆，易因事業引起夫妻感情摩擦，做一行怨一行，無官運，宜上班，但上班之公司，在經營上也困難。可做現金生意、專門技術，一生作為不大。

太陽：有事業上的壓力，不宜從政，可選擇靠嘴巴說服顧客之行業。

太陰：倘若事業有成亦難攀上上流社會，陷地多變，一事無成。

天機：心性不定不專一，漂浮無根，進退皆凶。

文曲：辛苦多勞而獲蠅頭小利，陷地無成就。

天同：無貴人助，業務工作多變動、多糾紛。

廉貞：懷才不遇，有志難伸，盡從事不起眼的工作。

巨門：事業起伏不定，多敗少成，有是非口舌多糾紛，有同居傾向。

文昌：可做現金交易性的生意。

武曲：事業上上下下，進退難以決定，結婚難，易離婚。

貪狼：職業等級不高，亦常變動，有官司及感情的困擾。

◎生年忌在田宅宮

守財奴，重財利，祖產不多，為購屋省吃儉用分期付款，第一次置產卻不宜居住，家宅不順，家運多變遷，家中凌亂雜事一大堆，頭胎易流產，得子難或子女有損，有桃花煞，宜晚婚。

太陽：無祖產可得，有亦難守，多變動，置產困難。
文曲：購置不動產運勢很差，常虧本。
天同：產業有多有少，易因置產招惹損失。
文昌：購屋時契約易出問題，買賣不動產不順利。
武曲：因投資置產錯誤，引起糾紛破財。
貪狼：時時搬遷或裝潢修改；或因田產、房屋問題起糾紛。
太陰：祖業難留，不動產時有時無，家中爭執口角多。
廉貞：因產業引起災禍，命中注定不可購置不動產。
巨門：多口舌爭論，流言蜚語，引發家宅不安。
天機：因田產興訟，導致祖業難守，常遷移搬家。

◎生年忌在福德宮

老實人，勞碌命，辛苦賺錢，會亂花錢，因控制不住強烈購物慾，自我觀念強，對興趣執著，愛鑽牛角尖，庸人自擾至心神不寧；自己常擺第一但無害人之意，老運差，身體狀況不佳，婚姻不美滿，性慾易衝動，與祖父母較無緣。

太陽：壓力大或因誤會而生是非。

太陰：會掩飾內心不安、精神上的空虛落寞。

天機：操勞失眠心煩，患得患失，顧忌多，難以下決定。

文曲：無法達到自己的目的，更有麻煩糾紛。

天同：遇事無法解決困難煩躁不安，多紛擾是非，無福可享。

文昌：無法達到自己的目的，更有麻煩糾紛。

廉貞：操心勞神，整天憂慮不安，要隨時保持警覺有意外災劫。

巨門：心神不寧，舉棋不定，雖勞心勞力，做事卻無法圓滿。

武曲：勞碌奔波，費精費神，終究不成。

貪狼：煩惱多，雖事事用心奔波仍缺臨門一腳。

◎生年忌在父母宮

與父母親緣薄，欠父母債，對父母孝順，父母身體虛弱多災，喜歡管教子女碎碎唸，囉嗦不停。為人不拘小節，急性，不修口德，喜歡到處揭人瘡疤，有官司，易出口傷人，會有破相，不可為人作保。

太陽：父有災，與上司關係初善終惡。

天同：父母親憂心操勞，沒時間享福。

文昌：不宜跟會及作保，父母的事業不如意。

武曲：刑剋嚴重，宜過繼及早年離家不與父母同住。

太陰：母多災多病，或早年剋父，與上司關係緊張。

廉貞：行政上有官非，不利父母，最好過繼或重拜父母。

巨門：不利雙親，身有痼疾，祖產漸漸敗退或為他人強力所奪。

天機：主刑剋，幼年過房，或重拜父母。

文曲：不宜跟會及作保，父母的事業不如意。

貪狼：刑剋重，父母不全，年少離家，或過繼。

第七章
生年十二宮自化論述

命例（七）

紫微斗數星盤

日期：2023/10/31

<table>
<tr>
<td>▲
天　天
機　鉞

祿
破天天地地
碎刑巫劫空
【父母】飛臨劫小
【乙巳】廉官煞耗
6、18、30、42、54、66、78
16～25 小限 8　忌</td>
<td>◎
紫
微
權

天天天
福哭虛
【福德】喜帝災大
【丙午】神旺煞耗
7、19、31、43、55、67、79
26～35 小限 9</td>
<td>【田宅】病衰天龍
【丁未】符　煞德
8、20、32、44、56、68、80
36～45 小限 10　權忌</td>
<td>○　▼
破　火
軍　星

蜚封
廉誥
【官祿】大病指白
【戊申】耗　背虎
9、21、33、45、57、69、81
46～55 小限 11　科</td>
</tr>
<tr>
<td>◎　○▼
七　文鈴
殺　昌星
身宮

龍天天解恩
池才壽神光
【命宮】奏冠華官
【甲辰】書帶蓋符
5、17、29、41、53、65、77
6～15 小限 7　祿科</td>
<td colspan="2" rowspan="2">姓名:　　性別:男
西元：1972年10月8日午時　農曆：61年9月2日午時
<table>
<tr><td>偏財</td><td>日元</td><td>正官</td><td>比肩</td><td>主星</td></tr>
<tr><td>丙午</td><td>壬申</td><td>己酉</td><td>壬子</td><td>八字</td></tr>
<tr><td>己丁</td><td>戊壬庚</td><td>辛</td><td>癸</td><td>藏</td></tr>
<tr><td>正正官財</td><td>七比偏殺肩印</td><td>正印</td><td>劫財</td><td>副星</td></tr>
<tr><td>胎</td><td>長生</td><td>沐浴</td><td>帝旺</td><td>運</td></tr>
<tr><td>歲破
災煞
飛刃</td><td>白虎
天醫
學堂</td><td>天喜
福德
桃花
沐浴
桃花</td><td>紅豔
羊刃
將星</td><td>地支神煞</td></tr>
<tr><td>71 丁巳 ｜ 61 丙辰</td><td>51 乙卯 ｜ 41 甲寅</td><td>31 癸丑 ｜ 21 壬子</td><td>11 辛亥 ｜ 1 庚戌</td><td>大運</td></tr>
</table>
編號 :0
五行：火六局
性屬：陽男
□□□鼠
命主：廉貞
身主：火星
子年斗君：戌</td>
<td>天天天
傷喜姚
【僕役】伏死咸天
【己酉】兵　池德
10、22、34、46、58、70、82
56～65 小限 12　科</td>
</tr>
<tr>
<td>◎◎
太天天
陽梁魁
祿

紅截旬
鸞空空
【兄弟】將沐息貫
【癸卯】軍浴神索
4、16、28、40、52、64、76
116～125 小限 6</td>
<td>△◎◎▼
廉天陀文
貞府羅曲
科

天鳳寡陰天
官閣宿煞貴
【遷移】官墓地弔
【庚戌】府　煞客
11、23、35、47、59、71、83
66～75 小限 1</td>
</tr>
<tr>
<td>○◎
武天右
曲相弼
忌
忌
孤天天
辰馬月
【夫妻】小長歲喪
【壬寅】耗生驛門
3、15、27、39、51、63、75
106～115 小限 5</td>
<td>●●
天巨
同門
權
三八
台座
【子女】青養攀晦
【癸丑】龍　鞍氣
2、14、26、38、50、62、74
96～105 小限 4</td>
<td>⊕　▼
貪　擎左
狼　羊輔

台
輔
【財帛】力胎歲
【壬子】士　建
1、13、25、37、49、61、73
86～95 小限 3　權</td>
<td>◎
太　祿
陰　存

天
使
【疾厄】博絕亡病
【辛亥】士　神符
12、24、36、48、60、72、84
76～85 小限 2</td>
</tr>
</table>

◎廟 ⊕旺 ○得地 △利益 ▲平和 ●不得地 ▼落陷

第一節　就生年自化在各宮之現象

就紫微十二宮內看哪一宮有自化，就可分析該員會有以下所敘述之現象。**只要您從命盤中看出哪一宮有自化，就可直接由以下的各宮解釋中找到答案。**

◎命宮自化：

命宮自化的人，善於原諒自己，做事剛開始熱烘烘，最後不了了之，通常只有三分鐘熱度，遇到挫折會為自己找藉口、找台階下，多半禁不起考驗，一生成就較低。

◎兄弟宮自化：

兄弟宮有自化星，凡事都與命造本人有關係，好壞除了四化外，仍要看所化為何星，就其星性配合解釋。

◎夫妻宮自化：

婚姻有波折，大都會晚婚，除了配偶與我息息相關外，因為對宮是本身的官祿宮，因此對我的事業相對也有影響。

◎子女宮自化：

當然與子女在互動及是否有助外，對桃花及金錢也有關連，本宮若有自化，性慾強，頭胎易流產，婚前異性朋友一堆，就是找不到理想對象，不是桃花扯不清或交往不久即散，一生都在煩惱男女問題。

◎財帛宮自化：

財帛宮自化，代表本人財難守，婚姻亦不理想，要特別注意夫妻之相處關係。

◎疾厄宮自化：

疾厄自化非好現象。疾厄與命為一六同道，疾厄主身體，主修養心性與脾氣。

◎遷移宮自化：

遷移與命宮為相輔關係，從遷移可看內在心性，命宮可看出一個人的外在個性。

◎僕役宮自化：

僕役自化與兄弟宮自化的情形類似，僕役若見自化時，不論自化祿、權、科、忌都不是好現象。

◎官祿宮自化：

官祿自化的情形和命宮的自化有其相似之處，官祿為個人的形象。

◎田宅宮自化：

田宅自化與子女宮有連帶關係，在錢財如何規劃與桃花之關係。

◎福德宮自化：

福德宮自化主與財有關，本身的福分與享受多寡，亦為夫妻宮的氣數位，當然和婚姻有關，大都不佳。

◎父母宮自化：

父母宮自化，對心性脾氣的修養，及身上疾厄有關。

第二節　十二宮內有自化祿之現象

就紫微十二宮內各宮的「自化祿」就可分析該員會有以下所敘述之現象。**只要您從命盤中看出哪一宮有自化祿，就可直接由以下的各宮解釋中找到答案。**

◎命宮自化祿：

做人斯文有禮，講話懂分寸、有技巧，能言之有理而不得罪他人，是個中間派分子，有人緣但沒信用，有藝術天分，聰明伶俐，能獨立思考。衣食不缺，有濫情、愛哭、自私的傾向，對佈施沒興趣，做事易分心，只有五分鐘熱度，六親無靠。

◎ **兄弟宮自化祿：**

聰明，能幹，好勝爭強，霸道專權，內外分得很清楚，不信任他人，任何事都想親力親為，唯恐大權落入他人之手，會為自己或是自己人辯護，也易生糾紛。反應敏捷，但思想頑固任性，自以為是，做事難守其位，易有外傷，喜歡領導他人，有權而不實，對部下無法發號施令。

◎ **夫妻宮自化祿：**

夫妻有很深的緣分，是自由戀愛而結合，配偶個性隨和，人緣好，有藝術天分，長相貌美，夫妻非常恩愛，互相扶持，若要創業配偶會錢財、人力相挺。又因照官祿，主事業順利賺錢多，此祿在未結婚前很難見其功效，須有多年感情的異性朋友才會有較明顯的功力。

◎ **子女宮自化祿：**

早婚，與子女有緣，子女人數多，子女聰明。若不小心懷孕，會想墮胎。桃花多，而且是不須花錢的肉慾桃花，性慾強，女命性觀念較開放，男女關係上較隨便，若化忌入兄，夫妻因男女關係複雜而吵架，易有流產、不孕，會有收養子女的舉動。

◎ **財帛宮自化祿：**

很會賺錢且精於控制成本，但從另一角度觀看，因財來得輕鬆，不會缺錢花用。愛面子，懂得花錢找享受，亦主看錢不重，自賺自花不知節儉，錢留不住，錢財最好由他人掌管。

◎ **疾厄宮自化祿：**

心性樂觀有度量，不與人斤斤計較，能贏得尊敬；女命大多為長頭髮，抵抗力差，少年運多災厄，會有不正常發胖的跡象，大多與胃腸吸引有關，雖有外在美，但淺緣，宜多修養內在氣質。

◎ **遷移宮自化祿：**

獨立；出外可獨當一面，到他鄉遠地較有發展的空間，人緣好，賺錢容易，自賺自花。在外時間長，但出外便會掛念家中一切，跑不遠。

◎ **僕役宮自化祿：**

兄弟、朋友多，對朋友很夠意思，沒有理由地對人好，即使借錢不還也不在意，朋友有地位、有錢，與朋友合作，是由朋友操盤，也較容易賺錢。

◎ **官祿宮自化祿：**

為人穩重，社會關係良好，做事面面俱到不會得罪人，到處受人歡迎，工作順利，所服務的公司營運不錯生意興旺，若創業，有貴人相助，配偶也全力相助。年輕時期貪玩、讀書不專心、多學而不精，若化忌入僕役宮，事業早晚會倒閉。

◎**田宅宮自化祿：**

有祖蔭得祖產，生活富裕，不在乎對金錢的花用，異性緣佳，重性慾，屬肉慾桃花。有人緣，家教好，會幫助他人，可從事與現金有關的生意，自己會購置不動產，異性朋友多，婚後有外遇。

◎**福德宮自化祿：**

祖上有產業，很捨得花錢找享受，無心機，有肚量。男命，妻子在事業上是得力助手，會助我賺錢。

◎**父母宮自化祿：**

為人心胸寬大，面相好，聰明，是當主管的最佳人選，在服務機關內備受寵愛、尊崇，有祖產，但被自己花光。

第三節　十二宮內有自化權之現象

就紫微十二宮內各宮的「自化權」就可分析該員會有以下所敘述之現象。**只要您從命盤中看出哪一宮有自化權，就可直接由以下的各宮解釋中找到答案。**

◎ **命宮自化權：**

好勝爭強，能幹，霸道專權，內外分得很清楚，不信任他人任何事都想親力親為，唯恐大權落入他人之手，會為自己或是自己人辯護，也易生糾紛，反應敏捷，但思想頑固任性，自以為是，做事難守其位，易有外傷，喜歡領導他人，有權而不實，對部下無法發號施令。

◎ **兄弟宮自化權：**

疾厄之氣數在兄弟宮，而疾厄宮主我之身體，自化權乃主對身體不好，如本身要掌權，會與兄弟、朋友起爭執，又僕役之遷移位在兄弟，因此出外最好讓朋友主導出風頭；若在自己家中，理所當然是老大。

◎ **夫妻宮自化權：**

一見鍾情閃電結婚或被迫奉兒女之命結婚；配偶任性個性強，能幹有才華，夫妻間有爭執會互不相讓，都想主導對方，配偶管事，如讓他就相安無事，我管配偶，配偶不甩，但會有助創業。

◎ **子女宮自化權：**

小孩出生時有難產或開刀現象，子女個性剛強，好動不易管教，不想生太多小孩，但懷孕想拿掉時會有危險，與異性分手時，容易有糾紛。

◎財帛宮自化權：

宜獨資創業，賺錢不易，要經歷一番奮鬥與競爭才會成功，對金錢的慾望高，敢賺也敢花，錢自己管理，用錢不知節制，享受海派，終將財產散盡。

◎疾厄宮自化權：

思想早熟，個性古怪，脾氣暴躁，心性愛計較，不願吃虧，被人詐欺會耿耿於懷，身體健康少疾病，耐操勞，但有病則不易治好，意外傷害多。

◎遷移宮自化權：

為人精明幹練，任性難溝通，在外受人重視尊敬，不拘小節，喜愛掌權欲表現其能力，但不可與人爭鬥，否則易得罪小人，多是非。

◎僕役宮自化權：

擇友須謹慎，對朋友死忠，但朋友會與我爭權奪利，且有時候更會扯後腿，所往來的朋友較有權有勢，部屬能力強，不易管理。

◎官祿宮自化權：

適合從政或從商。為人喜歡獨攬權力，事業心重，有創業頭腦又會做生意，可以獨當一面。缺點是做生意力求效果，只顧拼命往前衝，容易與人發生糾紛，因為配偶會關心干涉事業，致使工作先熱後冷，有頭無尾。若為上班族其公司營運必定不錯，得人提拔，升遷容易。

◎田宅宮自化權：

家中每人意見多，家庭氣氛不是很融洽；重視錢財，有房子出租，在外人緣不錯，能幹，喜歡權力在握，可從事技術性的生意，可增加不動產。

◎福德宮自化權：

為人自私自利，自我主義重，只圖自己的安逸舒適，不主動關心他人，也無害人之意，不相信命運，一意孤行，喜愛掌權。

◎父母宮自化權：

父母有權勢，祖蔭少，為人做事有擔當、有魄力、能力強，易升遷，是商場上的名人，外貌容易留下疤痕。

第四節 十二宮內有自化科之現象

就紫微十二宮內各宮的「自化科」就可分析該員會有以下所敘述之現象。**只要您從命盤中看出哪一宮有自化科，就可直接由以下的各宮解釋中找到答案。**

◎命宮有自化科：

文質彬彬，談吐得宜，舉止文雅有風度，有智慧，處世不計較，隨和，本身若有少許成就，別人對他的觀感評語卻是十分了得。

◎兄弟宮自化科：

兄弟乃疾厄之氣數位，亦為我身體好壞之指數；外表溫文儒雅，朋友也多為有學識、有修養之人，往來之朋友較無利害關係或衝突。

◎夫妻宮自化科：

配偶家世清白，長相清秀，有文藝才華之修養，多為書香門第，風度好，人緣好，注重面子，配偶有近水樓台之緣分為同鄉或同事或他人介紹，易有第三者介入，上班公司平順少波折，事業再怎麼衝刺只是安穩。

◎子女宮自化科：

子女清秀聰明，婚前的交往能保有風度，自我約束，不會越軌，精神上的外遇不會影響家庭。

◎財帛宮自化科：

財源平順，對金錢不會刻意去追求，但也不會隨便浪費。

◎疾厄宮自化科：

身強體健對疾病的抵抗力強、恢復快，有病逢良醫，談吐有風度，心性忠厚，能自我修身，不同流合污。

◎遷移宮自化科：

出外吉；有人介紹、提拔，多貴人助，適合外地求學或離家，可從事文職類工作。

◎僕役宮自化科：

朋友修養好，不會事事與我計較，也無利害關係，所交之朋友，均能和睦相處，朋友有才能，亦有胸襟幫助他人、感化別人。

◎官祿宮自化科：

工作由別人介紹而得，事業上得貴人助，工作順利，為人處事有風度，其就職之公司較穩定，生意的對象較不會有呆帳、倒閉，喜愛閱讀，涉獵廣泛。

◎田宅宮自化科：

長相清秀、聰慧，生於書香之家，住宅樸素，安靜舒適，有不動產，理財能力佳，對金錢之控管，當省、該花自有準則。

◎福德宮自化科：

心腸好常救濟他人，有風度及修養，凡事順天理而行，不偏激，財運平穩。

◎父母宮自化科：

在校成績好，有祖蔭，面貌清秀親切，為人安分守己，上班族是理想的選擇。

第五節　十二宮內有自化忌之現象

就紫微十二宮內各宮的「自化忌」就可分析該員會有以下所敘述之現象。**只要您從命盤中看出哪一宮有自化忌，就可直接由以下的各宮解釋中找到答案。**

◎命宮有自化忌：

性情中人，肯佈施，不佔人便宜，也不愛欠人情，個性直，情緒脾氣易受外來因素影響或刺激產生不安定感，潛意識裡不信任他人，有猜忌過重之傾向，凡事游移不定，欠缺獨立性，自卑，做事虎頭蛇尾，運途坎坷，人緣較差，擇善固執，自認對的事，自己辛勞、照顧別人也無所謂，夫妻緣薄，出外易逢車禍、意外之災，少年多災或有暗疾。

◎兄弟宮有自化忌：

兄弟為我財庫位，基本上就有欠債的傾向，是指本身賺的錢留不住，而且多半與朋友有關；與朋友之間最好避免金錢上的往來，更不宜投資。自己顧自己，賺多少花多少，自私。

◎ **夫妻宮有自化忌：**

夫妻相欠債，難覓良緣，夫妻緣薄，配偶個性直，人緣差，思想悲觀，自卑，夫妻常因小事爭議不休，婚姻不美滿，同床異夢，無法助我事業，切忌勿用配偶名字來登記創業，會招惹麻煩，常犯小人之災。

◎ **子女宮有自化忌：**

異性交往不順，會晚婚，女命有生產不順、流產或剖腹之情形。性生活多，子女少，子女宜拜義父母，不惑之年以前不要合夥，有劫數，謹防觸法，會有牢獄之災，更有破財之兆。

◎ **財帛宮有自化忌：**

夫妻之間相處關係不佳。重視金錢，一生為財在奔波，賺錢辛苦，但卻又很會花錢，有多少花多少，沒有儲蓄概念，須防金錢被倒，錢不要自己管理。財帛為僕役之田宅，表示要賺他人財也不容易。

◎ **疾厄宮有自化忌：**

身體有慢性疾病或暗疾之症。不相信命運之說，心性猜忌，自大、自以為是，不相信他人，自私自利，會為了本身利益不惜傷害他人，勿向他人舉債，還不清，可從事現金冷門生意。

◎遷移宮有自化忌：

一心掛念家庭，外出心不踏實，個性古怪，不愛靜，操勞，貴人少，人緣差，易犯小人之災，直性子，易吃虧，有自卑感，夫妻多爭執、吵架，配偶經常往外跑、花錢，有出國機會。

◎僕役宮有自化忌：

朋友與我有相欠債之情形，糾纏不清，朋友自私自利無情義，容易被利用、背叛，我欠別人錢要還，別人欠我錢討不回來，還會賠掉友情。部屬少，難管理，不要與人合夥，桃花短暫，易犯單相思。

◎官祿宮有自化忌：

適合上班族領固定薪水。經常換職業，任職不穩，其所就職的公司隨時可能倒閉。若創業更不易，沒有背景及投資眼光，無法成就大事業，生意對象較會倒閉，事業不穩，賺錢不易，守成更難，易犯小人之災。配偶常為我的事業往外跑，因事業上不順會影響到夫妻生活，適宜短期回收之投資。求學時不喜歡讀書，易有休學、轉學之事。

◎田宅宮有自化忌：

35歲以前不宜置產，小時候生在忙碌之家，父母無暇管教，家族緣薄，對結婚的慾望不高，有也好，無亦可，對金錢花用不知節制，到最後花光光，對住所要求不高、常變遷，購屋不易，家裡住不慣，婚後外遇之對象為未婚的，因意外事件而花錢，自己置產，所購置第一間房子易出問題。

◎福德宮有自化忌：

多愁善感；天生憂鬱、勞碌型的人，心胸不開朗，度量小，愛計較，閒不住，愛亂花錢，花完再說，身負業障，運途坎坷，應廣積福分陰德，男命主妻不蔭夫，妻為家庭主婦，健康不好，不愛上班，較無賺錢運。

◎父母宮有自化忌：

不宜跟會，不可做股票，易被人倒帳。祖蔭少之又少，父母運途不順，不適合跟父母同住，不適合當主管，心胸狹小，常因小事起疑心，會記恨，易出口傷人，有報復心，口德不佳，與公司上司、同事之間難相處，容貌有傷。在校成績不好，不喜歡讀書，有重修、留級之事。

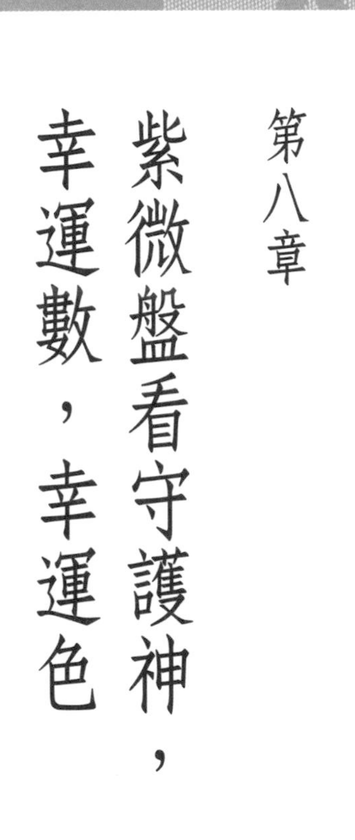

第八章 紫微盤看守護神，幸運數，幸運色

命例（八）

紫微斗數星盤

日期：2023/10/31

<table>
<tr>
<td>▼ ▼
太 陀
陰 羅
祿
忌
鳳天
閣巫
【命宮】力絕指歲
【乙巳】士　背建
1、13、25、37、49、61、73
6～15 小限 11　祿</td>
<td>⊕
貪 祿
狼 存
【父母】博墓咸晦
【丙午】士　池氣
2、14、26、38、50、62、74
116～125 小限 12</td>
<td>●●◎△
天巨擎鈴
同門羊星
權忌
權忌
蜚
廉
【福德】官死地喪
【丁未】府　煞門
3、15、27、39、51、63、75
106～115 小限 1</td>
<td>○◎
武天
曲相
孤解恩天地
辰神光貴劫
【田宅】伏病亡貫
【戊申】兵　神索
4、16、28、40、52、64、76
96～105 小限 2</td>
</tr>
<tr>
<td>△◎
廉天左
貞府輔
祿
天寡天
喜宿壽
【兄弟】青胎天病
【甲辰】龍　煞符
12、24、36、48、60、72、84
16～25 小限 10</td>
<td colspan="2" rowspan="2">
姓名:　　性別:男
西元：1977年2月26日酉時　農曆：66年1月9日酉時
<table>
<tr><td>正印</td><td>日元</td><td>偏印</td><td>傷官</td><td>主星</td></tr>
<tr><td>癸酉</td><td>甲寅</td><td>壬寅</td><td>丁巳</td><td>八字</td></tr>
<tr><td>辛</td><td>戊丙甲</td><td>戊丙甲</td><td>庚戊丙</td><td>藏</td></tr>
<tr><td>正官</td><td>偏食比
財神肩</td><td>偏食比
財神肩</td><td>七偏食
殺財神</td><td>副星</td></tr>
<tr><td>胎</td><td>臨官</td><td>臨官</td><td>病</td><td>運</td></tr>
<tr><td>金匱
五鬼
飛刃
流霞</td><td>福德
劫煞
祿神
福星貴
孤鸞</td><td>福德
劫煞
天德合
祿神</td><td>天德貴人
文昌
亡神
孤辰</td><td>地支神煞</td></tr>
<tr><td>78 68
甲午 乙未</td><td>58 48
丙申 丁酉</td><td>38 28
戊戌 己亥</td><td>18 8
庚子 辛丑</td><td>大運</td></tr>
</table>
編號 :0
五行：火六局
性屬：陰男
□□□蛇
命主：武曲
身主：天機
子年斗君：酉
</td>
<td>▲○
太天天
陽梁鉞
科
龍破天
池碎刑
【官祿】大衰官
【己酉】耗　符
5、17、29、41、53、65、77
86～95 小限 3</td>
</tr>
<tr>
<td>台
輔
【夫妻】小養災弔
【癸卯】耗　煞客
11、23、35、47、59、71、83
26～35 小限 9</td>
<td>◎
七 右
殺 弼
天紅天天
傷鸞才月
【僕役】病帝攀小
【庚戌】符旺鞍耗
6、18、30、42、54、66、78
76～85 小限 4</td>
</tr>
<tr>
<td>○
破
軍
天截八陰地
官空座煞空
【子女】將長劫天
【壬寅】軍生煞德
10、22、34、46、58、70、82
36～45 小限 8　忌</td>
<td>◎◎
文文
昌曲
天天
哭姚
【財帛】奏沐華白
【癸丑】書浴蓋虎
9、21、33、45、57、69、81
46～55 小限 7　權</td>
<td>▲ ▼
紫 火
微 星
權
天三旬
使台空
【疾厄】飛冠息龍
【壬子】廉帶神德
8、20、32、44、56、68、80
56～65 小限 6</td>
<td>▲
天 天
機 魁
科
身宮
天天天封
福虛馬誥
【遷移】喜臨歲大
【辛亥】神官驛耗
7、19、31、43、55、67、79
66～75 小限 5</td>
</tr>
</table>

◎廟 ⊕旺 ○得地 △利益 ▲平和 ●不得地 ▼落陷

以命盤中之主星看一生守護神，幸運數，幸運色

以命宮主星看一生守護神，幸運數，幸運色，命宮無主星請看對宮之星為代表。

因您命宮有紫微星

【守護神為阿彌陀佛】

◎當您很無助時或想完成某種願望時，您可以多參拜您的守護神，或口中經常默唸守護神的佛號，對人生有很大的加分效果。

【吉祥物數字為1】

◎所謂吉祥數字就是一生中對我們最有幫助的數字，建議您日後如要選車牌、電話、手機、密碼、申請任何帳號時，選有1的號碼對您最有幫助。

【幸運顏色為金色】

◎所謂幸運顏色就是您這一輩子最欠缺的顏色，如果能在這輩子的裝扮上或設備中多一些幸運顏色，將會為您帶來好運喔。

◎所謂吉祥花卉就是能對八字產生加分效果的花卉，如果能在家中或辦公室擺放自己的吉祥花卉，對您的人生將充滿無窮的希望。

【吉祥花卉為喜歡天堂鳥的王者風範】

因您命宮有天機星

◎當您很無助時或想完成某種願望時，您可以多參拜您的守護神，或口中經常默唸守護神的聖號，即有很大的加分效果。

【守護神為哪吒三太子】

◎所謂吉祥數字就是一生中對我們最有幫助的數字，建議您日後如要選車牌、電話、手機、密碼、任何帳號時，選有2的號碼對您最有幫助。

【吉祥數字為2】

◎所謂幸運顏色就是您這一輩子最欠缺的顏色，如果能在這輩子的裝扮上或設備中多一些幸運顏色，將會為您帶來好運喔。

【幸運顏色為綠色】

◎所謂吉祥花卉就是能對八字產生加分效果的花卉，如果能在家中或辦公室擺放自己的吉祥花卉，對您的人生將充滿無窮的希望。

【吉祥花卉為百合花，可突顯高貴的情調】

因您命宮有太陽星

◎當您很無助時或想完成某種願望時，您可以多參拜您的守護神，或口中經常默唸守護神的聖號，即有很大的加分效果。

【守護神為天上聖母】

◎所謂吉祥數字就是一生中對我們最有幫助的數字，建議您日後如要選車牌、電話、手機、密碼、任何帳號時，選有3的號碼對您最有幫助。

【吉祥數字為3】

◎所謂幸運顏色就是您這一輩子最欠缺的顏色，如果能在這輩子的裝扮上或設備中多一些幸運顏色，將會為您帶來好運喔。

【吉祥顏色為紅色】

◎所謂吉祥花卉就是能對八字產生加分效果的花卉，如果能在家中或辦公室擺放自己的吉祥花卉，對您的人生將充滿無窮的希望。

【吉祥花卉火鶴與向日葵最速配】

因您命宮有武曲星

◎當您很無助時或想完成某種願望時，您可以多參拜您的守護神，或口中經常默唸守護神的聖號，即有很大的加分效果。

【守護神為關聖帝君】

◎所謂吉祥數字就是一生中對我們最有幫助的數字，建議您日後如要選車牌、電話、手機、密碼、任何帳號時，選有6的號碼對您最有幫助。

【吉祥數字為6】

◎所謂幸運顏色就是您這一輩子最欠缺的顏色，如果能在這輩子的裝扮上或設備中多一些幸運顏色，將會為您帶來好運喔。

【幸運顏色為藍色】

◎所謂吉祥花卉就是能對八字產生加分效果的花卉，如果能在家中或辦公室擺放自己的吉祥花卉，對您的人生將充滿無窮的希望。

【吉祥花卉喜歡劍蘭的持久與豔麗】

因您命宮有天同星

◎當您很無助時或想完成某種願望時，您可以多參拜您的守護神，或口中經常默唸守護神的佛號，即有很大的加分效果。

【守護神為濟公活佛】

◎所謂吉祥數字就是一生中對我們最有幫助的數字，建議您日後如遭要選車牌、電話、手機、密碼、任何帳號時，選有7的號碼對您最有幫助。

【吉祥數字為7】

◎所謂幸運顏色就是您這一輩子最欠缺的顏色，如果能在這輩子的裝扮上或設備中多一些幸運顏色，將會為您帶來好運喔。

【幸運顏色為水青色】

◎所謂吉祥花卉就是能對八字產生加分效果的花卉，如果能在家中或辦公室擺放自己的吉祥花卉，對您的人生將充滿無窮的希望。

【吉祥花卉最喜歡玫瑰的浪漫】

因您命宮有廉貞星

◎當您很無助時或想完成某種願望時，您可以多參拜您的守護神，或口中經常默唸守護神的佛號，即有很大的加分效果。

【守護神為釋迦佛祖】

◎所謂吉祥數字就是一生中對我們最有幫助的數字，建議您日後如要選車牌、電話、手機、密碼、任何帳號時，選有4的號碼對您最有幫助。

【吉祥數字為4】

◎所謂幸運顏色就是您這一輩子最欠缺的顏色，如果能在這輩子的裝扮上或設備中多一些幸運顏色，將會為您帶來好運喔。

【幸運顏色為深紅色】

◎所謂吉祥花卉就是能對八字產生加分效果的花卉，如果能在家中或辦公室擺放自己的吉祥花卉，對您的人生將充滿無窮的希望。

【吉祥花卉欣賞紫羅蘭的脫俗亮麗】

因您命宮有天府星

◎當您很無助時或想完成某種願望時，您可以多參拜您的守護神，或口中經常默唸守護神的佛號，即有很大的加分效果。

【守護神為觀世音菩薩】

◎所謂吉祥數字就是一生中對我們最有幫助的數字，建議您日後如要選車牌、電話、手機、密碼、任何帳號時，選有8的號碼對您最有幫助。

【吉祥數字為8】

◎所謂幸運顏色就是您這一輩子最欠缺的顏色，如果能在這輩子的裝扮上或設備中多一些幸運顏色，將會為您帶來好運喔。

【幸運顏色為灰色】

◎所謂吉祥花卉就是能對八字產生加分效果的花卉，如果能在家中或辦公室擺放自己的吉祥花卉，對您的人生將充滿無窮的希望。

【吉祥花卉欣賞野薑花的自然色香】

因您命宮有太陰星

◎當您很無助時或想完成某種願望時，您可以多參拜您的守護神，或口中經常默唸守護神的聖號，即有很大的加分效果。

【守護神為九天玄女娘娘】

◎所謂吉祥數字就是一生中對我們最有幫助的數字，建議您日後如要選車牌、電話、手機、密碼、任何帳號時，選有5的號碼對您最有幫助。

【吉祥數字為5】

◎所謂幸運顏色就是您這一輩子最欠缺的顏色，如果能在這輩子的裝扮上或設備中多一些幸運顏色，將會為您帶來好運喔。

【幸運顏色為象牙白】

◎所謂吉祥花卉就是能對八字產生加分效果的花卉朵，如果能在家中或辦公室擺放自己的吉祥花卉，對您的人生將充滿無窮的希望。

【吉祥花卉為適合戀家的康乃馨】

因您命宮有貪狼星

◎當您很無助時或想完成某種願望時，您可以多參拜您的守護神，或口中經常默唸守護神的聖號，即有很大的加分效果。

【守護神為瑤池金母】

◎所謂吉祥數字就是一生中對我們最有幫助的數字，建議您日後如要選車牌、電話、手機、密碼、任何帳號時，選有10的號碼對您最有幫助。

【吉祥數字為10】

◎所謂幸運顏色就是您這一輩子最欠缺的顏色，如果能在這輩子的裝扮上或設備中多一些幸運顏色，將會為您帶來好運喔。

【幸運顏色為咖啡色】

◎所謂吉祥花卉就是能對八字產生加分效果的花卉，如果能在家中或辦公室擺放自己的吉祥花卉，對您的人生將充滿無窮的希望。

【吉祥花卉蘭花，對蝴蝶蘭或文心蘭愛不釋手】

因您命宮有巨門星

【守護神為千歲王爺】

◎當您很無助時或想完成某種願望時，您可以多參拜您的守護神，或口中經常默唸守護神的聖號，即有很大的加分效果。

【吉祥數字為12】

◎所謂吉祥數字就是一生中對我們最有幫助的數字，建議您日後如要選車牌、電話、手機、密碼、任何帳號時，選有12的號碼對您最有幫助。

【幸運顏色為粉紅色】

◎所謂幸運顏色就是您這一輩子最欠缺的顏色，如果能在這輩子的裝扮上或設備中多一些幸運顏色，將會為您帶來好運喔。

【吉祥花卉喜歡八月桂花撲鼻香味的永恆】

◎所謂吉祥花卉就是能對八字產生加分效果的花卉，如果能在家中或辦公室擺放自己的吉祥花卉，對您的人生將充滿無窮的希望。

因您命宮有天相星

◎當您很無助時或想完成某種願望時，您可以多參拜您的守護神，或口中經常默唸守護神的佛號，即有很大的加分效果。

【守護神為達摩祖師】

◎所謂吉祥數字就是一生中對我們最有幫助的數字，建議您日後如要選車牌、電話、手機、密碼、任何帳號時，選有9的號碼對您最有幫助。

【吉祥數字為9】

◎所謂幸運顏色就是您這一輩子最欠缺的顏色，如果能在這輩子的裝扮上或設備中多一些幸運顏色，將會為您帶來好運喔。

【幸運顏色為米黃色】

◎所謂吉祥花卉就是能對八字產生加分效果的花卉，如果能在家中或辦公室擺放自己的吉祥花卉，對您的人生將充滿無窮的希望。

【吉祥花卉一束牡丹更能襯托高雅的氣質】

因您命宮有天梁星

◎當您很無助時或想完成某種願望時，您可以多參拜您的守護神，或口中經常默唸守護神的佛號，即有很大的加分效果。

【守護神為彌勒佛】

◎所謂吉祥數字就是一生中對我們最有幫助的數字，建議您日後如要選車牌、電話、手機、密碼、任何帳號時，選有15的號碼對您最有幫助。

【吉祥數字為15】

◎所謂幸運顏色就是您這一輩子最欠缺的顏色，如果能在這輩子的裝扮上或設備中多一些幸運顏色，將會為您帶來好運喔。

【幸運顏色為棕色】

◎所謂吉祥花卉就是能對八字產生加分效果的花卉，如果能在家中或辦公室擺放自己的吉祥花卉，對您的人生將充滿無窮的希望。

【吉祥花卉茶花的穩重最能代表】

因您命宮有七殺星

◎當您很無助時或想完成某種願望時，您可以多參拜您的守護神，或口中經常默唸守護神的佛號，即有很大的加分效果。

【守護神為地藏王菩薩】

◎所謂吉祥數字就是一生中對我們最有幫助的數字，建議您日後如要選車牌、電話、手機、密碼、任何帳號時，選有11的號碼對您最有幫助。

【吉祥數字為11】

◎所謂幸運顏色就是您這一輩子最欠缺的顏色，如果能在這輩子的裝扮上或設備中多一些幸運顏色，將會為您帶來好運喔。

【幸運顏色為黑色】

◎所謂吉祥花卉就是能對八字產生加分效果的花卉，如果能在家中或辦公室擺放自己的吉祥花卉，對您的人生將充滿無窮的希望，

【吉祥花卉為喜歡清香百合花】

因您命宮有破軍星

◎當您很無助時或想完成某種願望時，您可以多參拜您的守護神，或口中經常默唸守護神的聖號，即有很大的加分效果。

【守護神為太上老君】

◎所謂吉祥數字就是一生中對我們最有幫助的數字，建議您日後如要選車牌、電話、手機、密碼、任何帳號時，選有16的號碼對您最有幫助。

【幸運數字為16】

◎所謂幸運顏色就是您這一輩子最欠缺的顏色，如果能在這輩子的裝扮上或設備中多一些幸運顏色，將會為您帶來好運喔。

【幸運顏色為鐵灰色】

◎所謂吉祥花卉就是能對八字產生加分效果的花卉，如果能在家中或辦公室擺放自己的吉祥花卉，對您的人生將充滿無窮的希望。

【吉祥花卉鍾愛小而美的滿天星】

因您命宮有文昌星

◎當您很無助時或想完成某種願望時，您可以多參拜您的守護神，或口中經常默唸守護神的聖號，即有很大的加分效果。

【守護神為文昌星君】

◎所謂吉祥數字就是一生中對我們最有幫助的數字，建議您日後如要選車牌、電話、手機、密碼、任何帳號時，選有22的號碼對您最有幫助。

【吉祥數字為22】

◎所謂幸運顏色就是您這一輩子最欠缺的顏色，如果能在這輩子的裝扮上或設備中多一些幸運顏色，將會為您帶來好運喔。

【幸運顏色為黃色】

◎所謂吉祥花卉就是能對八字產生加分效果的花卉，如果能在家中或辦公室擺放自己的吉祥花卉，對您的人生將充滿無窮的希望。

【吉祥花卉對各種菊花有偏愛】

因您命宮有文曲星

◎當您很無助時或想完成某種願望時，您可以多參拜您的守護神，或口中經常默唸守護神的佛號，即有很大的加分效果。

【守護神為文殊菩薩】

◎所謂吉祥數字就是一生中對我們最有幫助的數字，建議您日後如要選車牌、電話、手機、密碼、任何帳號時，選有33的號碼對您最有幫助。

【吉祥數字為33】

◎所謂幸運顏色就是您這一輩子最欠缺的顏色，如果能在這輩子的裝扮上或設備中多一些幸運顏色，將會為您帶來好運喔。

【幸運顏色為白色】

◎所謂吉祥花卉就是能對八字產生加分效果的花卉，如果能在家中或辦公室擺放自己的吉祥花卉，對您的人生將充滿無窮的希望。

【吉祥花卉對玉蘭花情有獨鍾】

第九章

紫微論一生貴人與小人

命例（九）

紫微斗數星盤

日期：2023/10/31

<table>
<tr>
<td>▼▼
廉貪
貞狼
忌
天天龍截
福哭池空
【官祿】將臨指官
【癸巳】軍官背符
5、17、29、41、53、65、77
85～94 小限 11</td>
<td>⊕
巨　天
門　魁
祿
天解台
傷神輔
【僕役】小冠咸小
【甲午】耗帶池耗
6、18、30、42、54、66、78
75～84 小限 12</td>
<td>○
天
相
天
虛
【遷移】青沐地大
【乙未】龍浴煞耗
7、19、31、43、55、67、79
65～74 小限 1　科</td>
<td>⊕▼▼
天天陀
同梁羅
祿
天天天恩
使喜刑光
【疾厄】力長亡龍
【丙申】士生神德
8、20、32、44、56、68、80
55～64 小限 2</td>
</tr>
<tr>
<td>▼　○
太　文
陰　曲
陰旬
煞空
【田宅】奏帝天貫
【壬辰】書旺煞索
4、16、28、40、52、64、76
95～104 小限 10</td>
<td colspan="2" rowspan="2">姓名:　　性別:男
西元：1962年1月17日子時　農曆：50年12月12日子
<table>
<tr><td>傷官</td><td>日元</td><td>七殺</td><td>七殺</td><td>主星</td></tr>
<tr><td>丙子</td><td>乙卯</td><td>辛丑</td><td>辛丑</td><td>八字</td></tr>
<tr><td>癸</td><td>乙</td><td>辛癸己</td><td>辛癸己</td><td>藏</td></tr>
<tr><td>偏印</td><td>比肩</td><td>七偏偏
殺印財</td><td>七偏偏
殺印財</td><td>副星</td></tr>
<tr><td>病</td><td>臨官</td><td>衰</td><td>衰</td><td>運</td></tr>
<tr><td>六厄
血刃
天乙貴人
桃花
外桃花</td><td>喪門
災煞
天德合
月德合
祿神
將星</td><td>伏吟
寡宿</td><td>寡宿</td><td>地支神煞</td></tr>
<tr><td>75 癸巳　65 甲午</td><td>55 乙未　45 丙申</td><td>35 丁酉　25 戊戌</td><td>15 己亥　5 庚子</td><td>大運</td></tr>
</table>
編號 :0
五行：土五局
性屬：陰男
□□□牛
命主：巨門
身主：
子年斗君：丑</td>
<td>△⊕
武七祿
曲殺存
科
天鳳蜚
官閣廉
【財帛】博養白
【丁酉】士　虎
9、21、33、45、57、69、81
45～54 小限 3</td>
</tr>
<tr>
<td>○　△
天　左火
府　輔星
【福德】飛衰災喪
【辛卯】廉　煞門
3、15、27、39、51、63、75
105～114 小限 9　科</td>
<td>●　◎▼◎
太　擎文鈴
陽　羊昌星
權　忌
寡
宿
【子女】官胎攀天
【戊戌】府　鞍德
10、22、34、46、58、70、82
35～44 小限 4　權</td>
</tr>
<tr>
<td>天
鉞
紅孤天天三天天封
鸞辰才壽台月貴誥
【父母】喜病劫晦
【庚寅】神　煞氣
2、14、26、38、50、62、74
115～124 小限 8　科</td>
<td>◎⊕
紫破　身宮
微軍
破
碎
【命宮】病死華歲
【辛丑】符　蓋建
1、13、25、37、49、61、73
5～14 小限 7</td>
<td>◎
天
機
八天
座姚
【兄弟】大墓息病
【庚子】耗　神符
12、24、36、48、60、72、84
15～24 小限 6</td>
<td>右
弼
天天地地
馬巫劫空
【夫妻】伏絕歲弔
【己亥】兵　驛客
11、23、35、47、59、71、83
25～34 小限 5　權</td>
</tr>
</table>

◎廟 ⊕旺 ○得地 △利益 ▲平和 ●不得地 ▼落陷

由命例（九）大約可看出流年貴人與小人

流年貴人

西元：2008年（農曆：97年）48歲：

因本命十二宮化祿來我流年的命宮，所以會有貴人，其貴人生肖為羊。

西元：2009年（農曆：98年）49歲：

因本命十二宮化祿來我流年的命宮，所以會有貴人，其貴人生肖為蛇。

西元：2012年（農曆：101年）52歲：

因本命十二宮化祿來我流年的命宮，所以會有貴人，其貴人生肖為雞。

西元：2013年（農曆：102年）53歲：

因本命十二宮化祿來我流年的命宮，所以會有貴人，其貴人生肖為馬、狗。

流年小人

西元：2008年（農曆：97年）48歲：

因流年走兄弟奴僕線，比較容易犯小人，其小人生肖為虎。

PS：人與人相處的磁場隨時會因為運勢的關係而改變，例如去年某生肖為當事者的貴人位，今年卻成了小人位，此種情形於實際生活中的例子亦相當多，就像去年還和某人打得火熱，相談甚歡，頗有相見恨晚之感，於是無話不談，而今年卻因為某種原因而被擺了一道，頓覺人生黑暗所遇非人而悔不當初，人生不就是隨時間在變化嗎？

此答案就是由以下各項條件所找出來的，只是我用電腦抓比較快而已。

由紫微命盤論一生貴人與小人

通常我們要尋找貴人，有幾種星宿可以考慮，化科星、天魁、天鉞。在效力方面以流年的化科星、天魁、天鉞最管用，但期限最短，主當年度有效，大限的效力其次可主十年有效，本命的效力最小但期限最長。而本命天魁、天鉞在四十歲之前行此二星主多逢貴人，但四十歲之後逢本命魁鉞則是自己要扮演別人的貴人，因而四十歲之後以找尋流年天魁、天鉞較為有利，以下是尋找流年貴人的方法，大限亦可比照辦理。

第一節 論流年貴人

（一）流年的化科位所屬生肖，但三合須廟旺無破，無煞忌沖才算。

ANS：西元＿＿年，民國＿＿年比較容易遇貴人，其貴人生肖為＿＿

（二）流年天魁或天鉞之落宮所屬生肖，但三合廟旺無煞忌對沖才算。

ANS：西元＿＿年，民國＿＿年比較容易遇貴人，其貴人生肖為＿＿

（三）看本命十二宮，何宮位化祿來我流年的命宮，此宮位之生肖就是我今年的貴人生肖。

ANS：西元＿＿年，民國＿＿年會有貴人，其貴人生肖為＿＿

第二節 論流年小人

化忌星又代表小人星，但我們並非年年都犯小人，而不需要每年都戰戰兢兢的提防，只有當流年走兄弟奴僕線，且兄弟奴僕線不佳時須加以注意，其尋找方法為先找流年化忌位，但是以化忌位所沖的對宮所屬生肖為小人，依照命盤來斷比較容易犯小人的年分為

ANS：西元＿＿年，民國＿＿年比較容易犯小人，其小人生肖為＿＿

PS：人與人相處的磁場隨時會因為運勢的關係而改變，例如去年某生肖為當事者的貴人位，今年卻成了小人位，此種情形於實際生活中的例子亦相當多，就像去年還和某人打得火熱，相談甚歡，頗有相見恨晚之感，無話不談，而今年卻因為某種利害關係而被擺了一道，頓覺人性黑暗所遇非人而悔不當初，人生不就是隨時間在變化嗎？

例如：當年命宮干化忌星入戌位，則辰位屬龍的人須加以防範，其他的依此類推。

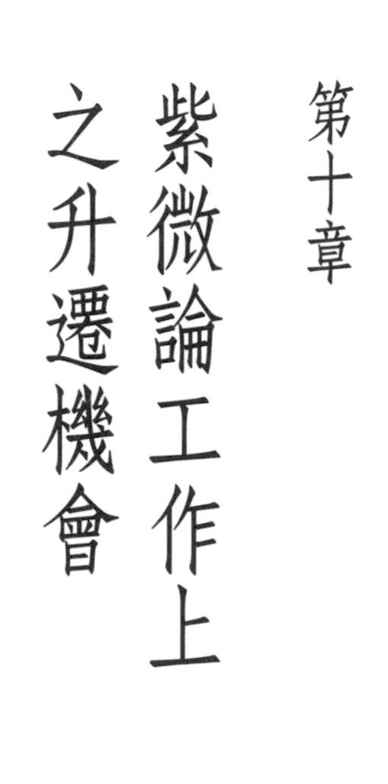

第十章 紫微論工作上之升遷機會

命例（十）

紫 微 斗 數 星 盤

日期：2023/10/31

<table>
<tr>
<td>▲天 ▼陀 身宮
機 羅
科
祿
天地地
馬劫空
【命宮】官臨歲弔
【乙巳】府官驛客
11、23、35、47、59、71、83
6～15 小限 9 忌</td>
<td>◎紫 祿
微 存
天天
刑月
【父母】博帝息病
【丙午】士旺神符
12、24、36、48、60、72、84
16～25 小限 8</td>
<td>◎擎
羊
【福德】力衰華歲
【丁未】士 蓋建
1、13、25、37、49、61、73
26～35 小限 7 權忌</td>
<td>○破
軍
紅孤天陰封
鸞辰巫煞誥
【田宅】青病劫晦
【戊申】龍 煞氣
2、14、26、38、50、62、74
36～45 小限 6</td>
</tr>
<tr>
<td>◎七 ○文▼鈴
殺 昌星
寡解恩
宿神光
【兄弟】伏冠攀天
【甲辰】兵帶鞍德
10、22、34、46、58、70、82
116～125 小限 10 祿科</td>
<td colspan="2" rowspan="2">姓名: 性別:女
西元：1967年11月3日午時 農曆：56年10月2日午
（八字表見下）
編號 :0
五行：火六局
性屬：陰女
□□□羊
命主：武曲
身主：天相
子年斗君：酉</td>
<td>天
鉞
【官祿】小死災喪
【己酉】耗 煞門
3、15、27、39、51、63、75
46～55 小限 5 科</td>
</tr>
<tr>
<td>◎太◎天△火
陽梁星
鳳蜚
閣廉
【夫妻】大沐白
【癸卯】耗浴虎
9、21、33、45、57、69、81
106～115 小限 11</td>
<td>△廉◎天▼文
貞府曲
天天天
傷姚貴
【僕役】將墓天貫
【庚戌】軍 煞索
4、16、28、40、52、64、76
56～65 小限 4</td>
</tr>
<tr>
<td>○武◎天
曲相
忌
天天截三旬
官喜空台空
【子女】病長亡龍
【壬寅】符生神德
8、20、32、44、56、68、80
96～105 小限 12</td>
<td>●天●巨左右
同門輔弼
權忌
權
天破
虛碎
【財帛】喜養地大
【癸丑】神 煞耗
7、19、31、43、55、67、79
86～95 小限 1</td>
<td>⊕貪
狼
天天天八台
使才壽座輔
【疾厄】飛胎咸小
【壬子】廉 池耗
6、18、30、42、54、66、78
76～85 小限 2 權</td>
<td>◎太 天
陰 魁
祿
天天龍
福哭池
【遷移】奏絕指官
【辛亥】書 背符
5、17、29、41、53、65、77
66～75 小限 3</td>
</tr>
</table>

正財	日元	劫財	七殺	主星
甲午	辛未	庚戌	丁未	八字
己丁	乙丁己	丁辛戊	乙丁己	藏
偏印 七殺	偏財 七殺 偏印	七殺 比肩 正印	偏財 七殺 偏印	副星
病	衰	冠帶	衰	運
六厄 天乙貴人	伏吟 天德合 月德合 華蓋	勾絞 羊刃 魁罡	華蓋	地支神煞

73	63	53	43	33	23	13	3	大運
戊午	丁巳	丙辰	乙卯	甲寅	癸丑	壬子	辛亥	

◎廟 ⊕旺 ○得地 △利益 ▲平和 ●不得地 ▼落陷

由命例（十）大約可看出工作上之升遷機運

在命格上以紫微、天府、武曲、天相、破軍化權以及官祿宮有權祿者，其升遷速度要比別人快，並且具有主管之格（太陽化權）。

頭家命或上班命

因您生年（祿、權、科）在命財官三方則有領導能力可當頭家。

因您生年（忌）在命財官三方則以上班族為佳。

36～45歲：

因本官祿宮干權入大限之命財官，則此大運事業推展順遂可創業。

西元：2008年（農曆：97年） 42歲：

因您大命宮干化出之祿入流年命宮，所以會有機會升遷。

西元：2011年（農曆：100年） 45歲：

因您大官化出之祿入流年命宮，所以會有機會升遷。

46～55歲：

西元：2012年（農曆：101年） 46歲：

因您大官化出之祿入流年官祿宮，所以會有機會升遷。

西元：2013年（農曆：102年）47歲：
因您本生年科祿權，而並流年祿相會，所以會有機會升遷。
西元：2016年（農曆：105年）50歲：
因您大官化出之祿入流年命宮，所以會有機會升遷。
西元：2018年（農曆：107年）52歲：
因您大命宮干化出之祿入流年官祿宮，所以會有機會升遷。
此答案就是由以下各項條件所找出來的，只是筆者用電腦抓比較快而已。

第一節　論工作上之升遷

在命格上以紫微、天府、武曲、天相、破軍化權以及官祿宮有權祿者，其升遷速度要比別人快，並且具有主管之格，論升遷在看過了當事者的命格後，先確定此人最高能升到什麼階級，再依次看大限以及流年的好壞，以確定有無升遷之希望，以下就升遷的幾種要領分別敘述於後：

●首先其大限走紫微、天府、武曲、天相、破軍化權以及官祿宮有權祿者，在此限內有突破，也有升職之幹勁與希望，但不宜走天同或空亡星（將符合的年限做記錄）。

Ans：西元＿＿＿年，農曆＿＿＿年有機會升遷。

●再看當年流年之科祿權入何宮位，且必須要入小限之三方四正才有效，但不可犯兩個空亡星，否則是瞎子點燈——白搭。

Ans：西元＿＿＿年，農曆＿＿＿年有機會升遷。

●看本生年祿存天馬，以及流年天馬、天魁、天鉞和本生年天魁、天鉞有否會合，若流年及小限宮也相合者必定升遷。

Ans：西元＿＿＿年，農曆＿＿＿年有機會升遷。

●小限走官祿宮而逢科祿權，或流年斗君宮位有天巫，和流年科祿權相會者。

Ans：西元＿＿＿年，農曆＿＿＿年有機會升遷。

●如有本生年科祿權，而並流年祿相會，或小限走遷移宮時官祿宮未逢權祿，則表示只是調動單位而不是升官。

Ans：西元＿＿＿年，農曆＿＿＿年有機會升遷。

●升官之要件除了官祿宮有生年科祿權之外，另有流祿、流魁、流鉞、流馬等吉星必須相會合才行，如有大限化祿會合更好，但這些吉星皆不可值兩個空亡星才有力量。

Ans：西元＿＿＿年，農曆＿＿＿年有機會升遷。

第二節　官運是否亨通

●本命官祿化出之祿權，入官祿宮當大限走到則此大限官運亨通。

Ans：西元＿＿年到＿＿年，農曆＿＿年有機會升遷。

●本命宮干化出之祿權，當流年命宮或流年官祿宮走到主該年有升官職象。

Ans：西元＿＿年，農曆＿＿年有機會升遷。

●大官化出之祿權入流命或流官到則該年升官機會大。

Ans：西元＿＿年，農曆＿＿年有機會升遷。

●大命忌沖本官祿則此大限事業不順。

Ans：西元＿＿年，農曆＿＿年事業可能不順要提早預防。

●大官忌沖本疾厄則此大限事業經營易不善（父母宮疾厄宮、功名）。

Ans：西元＿＿年到＿＿年事業可能不順要提早預防。

●大官祿權入本命則此大限事業推展順遂。

Ans：西元＿＿年到＿＿年事業推展順遂。

●大財忌沖本疾厄則事業錢財敗光。

Ans：西元＿＿年到＿＿年事業可能不順要提早預防。

●大財祿權入本父疾此大限會賺錢。

Ans：西元＿＿年到＿＿年事業推展順遂。

第三節　您是頭家命或上班族命

●生年三吉（祿、權、科）在命宮、財帛、官祿三方則有領導能力可當頭家。

●生忌在命、財、官三方位宜上班族較平順。

●命宮干化祿、權、科入本官、本財有頭家命。

●官祿宮干祿、權、科入命、財、官亦是可為頭家命。

第四節　一生之創業時機

●本宮官祿宮干祿、權、科入大限之命宮、財帛、官祿此大限創業佳。

Ans：因您官祿宮化（祿、權、科）走到大限之命財官則有領導能力可當頭家，西元＿＿年到＿＿年此大運事業推展順遂可創業。

PS：與他人有升遷競爭之時，申請執照，和公家有關的事……，可用「一顆天然水晶或開運印章」壓在封誥星的位置上（於辦公桌的範圍內佈置之）最速效，很快就能得到所祈求的結果，水晶或印章上刻負責人的名字、名號、公司名字等皆可。

第十一章

紫微論田宅家運及置產機會

紫微斗數星盤

日期：2023/10/31

<table>
<tr>
<td>祿
存
紅封旬
鸞誥空
【子女】博病亡龍
【丁巳】士　神德
8、20、32、44、56、68、80
93～102 小限 2</td>
<td>◎　▼◎
天　擎鈴
機　羊星
忌忌
天三天天
才台刑月
【夫妻】力死白
【戊午】士　虎
9、21、33、45、57、69、81
103～112 小限 3</td>
<td>◎⊕　△⊕
紫破天文文
微軍鉞昌曲
忌
寡
宿
【兄弟】青墓攀天
【己未】龍　鞍德
10、22、34、46、58、70、82
113～122 小限 4</td>
<td>天天八天陰地
哭馬座巫煞空
【命宮】小絕歲弔
【庚申】耗　驛客
11、23、35、47、59、71、83
3～12 小限 5　科</td>
</tr>
<tr>
<td>⊕　◎▼
太　陀火
陽　羅星
天解
虛神
【財帛】官衰地大
【丙辰】府　煞耗
7、19、31、43、55、67、79
83～92 小限 1</td>
<td colspan="2" rowspan="2">姓名:　　　性別:男
西元：1958年11月28日卯時　農曆：47年10月18日卯
<table>
<tr><td>偏印</td><td>日元</td><td>偏財</td><td>劫財</td><td>主星</td></tr>
<tr><td>丁卯</td><td>己酉</td><td>癸亥</td><td>戊戌</td><td>八字</td></tr>
<tr><td>乙</td><td>辛</td><td>甲壬</td><td>丁辛戊</td><td>藏</td></tr>
<tr><td>七殺</td><td>食神</td><td>正正
官財</td><td>偏食劫
印神財</td><td>副星</td></tr>
<tr><td>病</td><td>長生</td><td>胎</td><td>養</td><td>運</td></tr>
<tr><td>桃花
日破</td><td>六厄
月德合
文昌
學堂
將星
進神</td><td>天喜
劫煞
血刃
驛馬
隔角
孤辰</td><td>魁罡</td><td>地支神煞</td></tr>
<tr><td>74 辛未　64 庚午</td><td>54 己巳　44 戊辰</td><td>34 丁卯　24 丙寅</td><td>14 乙丑　4 甲子</td><td>大運</td></tr>
</table>
編號 :0
五行：木三局
性屬：陽男
□□□狗
命主：廉貞
身主：
子年斗君：午</td>
<td>⊕
天
府
台
輔
【父母】將胎息病
【辛酉】軍　神符
12、24、36、48、60、72、84
13～22 小限 6　科</td>
</tr>
<tr>
<td>△⊕
武七
曲殺
天天天
使官福
【疾厄】伏帝咸小
【乙卯】兵旺池耗
6、18、30、42、54、66、78
73～82 小限 12</td>
<td>⊕
太
陰
權
截天
空姚
【福德】奏養華歲
【壬戌】書　蓋建
1、13、25、37、49、61、73
23～32 小限 7</td>
</tr>
<tr>
<td>△◎
天天　身宮
同梁
龍地
池劫
【遷移】大臨指官
【甲寅】耗官背符
5、17、29、41、53、65、77
63～72 小限 11</td>
<td>◎
天　天左右
相　魁輔弼
科
天破
傷碎
【僕役】病冠天貫
【乙丑】符帶煞索
4、16、28、40、52、64、76
53～62 小限 10　科</td>
<td>⊕
巨
門
鳳蜚天
閣廉壽
【官祿】喜沐災喪
【甲子】神浴煞門
3、15、27、39、51、63、75
43～52 小限 9</td>
<td>▼▼
廉貪
貞狼
祿
忌
天孤恩天
喜辰光貴
【田宅】飛長劫晦
【癸亥】廉生煞氣
2、14、26、38、50、62、74
33～42 小限 8</td>
</tr>
</table>

◎廟 ⊕旺 ○得地 △利益 ▲平和 ●不得地 ▼落陷

由命例（十一）論田宅及置產時機及家運可得以下現象

本命之田宅運

因本田有生年化祿，所以代表這一生會有不動產。祿→屋美。權→屋大。科→屋小。皆會有大限之置產機會。

43～52歲：

因本田化權入大命，所以會有買不動產的機會，但須本財或大財有化祿、化權、化科，才有錢購買房子，否則只是很想買房子但沒錢買。

因大限之祿入本命田，所以代表此大運會有購置不動產、搬家或裝修房子的機會。

53～62歲：

因大限之忌入大限子，所以代表此大運會有購置不動產、搬家或裝修房子的機會。

63～72歲：

因大限之祿入大限子，大限之祿入本命田，所以代表此大運會有購置不動產、搬家或裝修房子的機會。

流年之置產機會

西元：2008年（農曆：97年）　51歲：因您大田化祿照流命，所以代表此年會有購置不動產、搬家或裝修房子的機會。

西元：2009年（農曆：98年）52歲：因您大田化科照流命，所以代表此年會有購置不動產、搬家或裝修房子的機會。

西元：2010年（農曆：99年）53歲：因您大田化祿入流命，所以代表此年會有購置不動產、搬家或裝修房子的機會。

西元：2012年（農曆：101年）55歲：因您大財化權入流命，所以代表此年會有購置不動產、搬家或裝修房子的機會。

西元：2013年（農曆：102年）56歲：因您大田化忌照流命，代表此年會有購置不動產、搬家或裝修房子的機會，但會不順利或買在高價位，有點不順。

流年家運

西元：2008年（農曆：97年）51歲：因天機化忌在遷移，除了主在外與人爭執計較外，可能並主交通事故要小心。

西元：2012年（農曆：101年）55歲：因有化忌或自化忌，所以今年會有異動或有是非之事發生。

西元：2013年（農曆：102年）56歲：田宅若逢煞星沖破須特別留意子女的安全，不是疾病就是有意外。

此答案就是由以下各項條件所找出來的，只是筆者用電腦抓比較快而已。

第一節　論田宅及家運及置產機會

置產是多數人一生當中的一件大事，因而必須由大運的情況來看，什麼時機適合購屋置產，從命盤看來應該在下列時機點很有機會：

本田宅宮有生年四化：化祿、化權、化科、化忌代表一生會有不動產。

本田宅宮化祿、化權、化科，入大命，代表此十年會有買不動產的機會。

大田有生年四化：化祿、化權、化科、化忌或自化代表此大運會有購置不動產的機會。

大田或大財有化祿、化權、化科，入或照流命，代表此年會有購置不動產的機會。

大田或大財有化忌，入或照流命，代表此年會有購置不動產的慾望，但會不太順利或買在高價位。

凡是大限之祿忌入大限子田線或入本命子田線，亦或是大限子田化祿忌入本命時，皆主當事者在該限之內有置產之兆。

第二節　有巢變無殼的機運

人生不如意事十之八九，因手頭緊或因為要投資事業，而將所置之田產變賣之兆。

● 大限若田宅有忌而財帛宮有祿，或田宅有忌而官祿宮有化祿，待流年行至子田線或將其引動。

第三節　論田宅與家運及意外

田宅宮的好壞可以看出家運如何，且必須以大限的子田線為主，假使某大限之田宅不佳，例如：逢地空、地劫夾、拱或遇巨門坐守或有煞忌沖照之時，主該限之家運不好、庫位逢破、住所不穩定等事，但並非那十年之內年年如此，而是在小限或太歲再走到該大限之田宅宮，也就是前述逢空劫、煞忌、夾拱的宮位即應驗所主之事，主該限之家運不好、庫位逢破、住所不穩定等。流年走到或照到之年如有四化或自化則依以下四化現象解釋：

有化祿或自化祿，所以今年會有田宅增加現象。

有化權或自化權，所以今年主宅內有人爭執、同居、雙住所或長期住院（須參閱疾厄宮）。

有化科或自化科，所以今年的房子會有美化、裝修或添購屋內之重要家具之事。

有化忌或自化忌，所以今年會有異動或有是非之事發生。

意外現象是看流年田宅及子女宮的現象：

●田宅宮的對宮為子女宮，田宅若逢煞星沖破須特別留意子女的安全，不是有疾病就是出意外。

●天機化忌在田宅主，被房東趕走，或為本身自宅因故被迫離開。

●天機化忌若在遷移，除了主在外會與人爭執計較，並有交通事故。

●若為天機、巨門之組合，則為因交通事故而與人發生口角，希望火氣不要那麼大才可保平安。

●太陰化忌主旅遊意外，因太陰代表休閒娛樂之故，旅遊可能會有意外要特別小心喔。

●廉貞或太陰化忌亦主在外遇見靈異事件。

●破軍、文曲化忌主會有水厄，應避免溪邊戲水、游泳等事。

●擎羊主可能會有刀傷或血光，應特別加以防範。

●武曲化忌主可能會與別人打架或鬧事。

●子田宮走地空、地劫應防高處跌下，當年尤不宜坐飛機。

Ans：西元＿＿年，農曆＿＿年因子田宮走地空、地劫應防高處跌下，當年尤不宜坐飛機，今年要特別小心喔。

家運不好的原因有：

是不是家中的磁場突然有了某種改變，有些磁場的改變其徵兆會較為明顯而產生某些異象，例如：家中的花木莫名其妙的全部枯萎、家犬夜夜呼嚎……等，這些多半為不祥之事的先兆，之所以會如此是因為家中磁場突然改變，有不適合這家人再繼續居住下去的理由，另一種原因則與住家附近有人動土的情形有關，因為若有上述情況則會改變住家環境的風水，進而產生變數，特別是住宅的前方或五黃方位若有動土其影響力尤其大，這些在陽宅學內也有對於此種情形的理論可引證，只要在每年的五黃位若有動土時，須掛羅盤制煞否則怕會有意外血光之事發生。

五黃表

年	五黃位	年	五黃位	年	五黃位	年	五黃位
96	東北	104	西	112	西北	120	中宮
97	南	105	東北	113	西	121	西北
98	北	106	南	114	東北	122	西
99	西南	107	北	115	南	123	東北
100	東	108	西南	116	北	124	南
101	東南	109	東	117	西南	125	北
102	中宮	110	東南	118	東	126	西南
103	西北	111	中宮	119	東南	127	東

第十二章
紫微論一生行業

命例（十二）

紫 微 斗 數 星 盤

日期：2023/10/31

⊕　○ 巨　天火 門　鉞星 權 忌 天天龍三 福哭池台 【遷移】奏絕指官 【丁巳】書　背符 5、17、29、41、53、65、77 62～71 小限 3	▲◎▼ 廉天文 貞相曲 天天解 使官神 【疾厄】飛胎咸小 【戊午】廉　池耗 6、18、30、42、54、66、78 72～81 小限 2	⊕ 天 梁 科 天天 虛貴 【財帛】喜養地大 【己未】神　煞耗 7、19、31、43、55、67、79 82～91 小限 1	◎　○ 七　文 殺　昌 天天台 喜刑輔 【子女】病長亡龍 【庚申】符生神德 8、20、32、44、56、68、80 92～101 小限 12
◎ 貪 狼 忌 天天陰封 傷壽煞誥 【僕役】將墓天貫 【丙辰】軍　煞索 4、16、28、40、52、64、76 52～61 小限 4	姓名:	性別:女	▲ 天 同 鳳蜚八恩地 閣廉座光空 【夫妻】大沐白 【辛酉】耗浴虎 9、21、33、45、57、69、81 102～111 小限 11
▼ 太　天左　身宮 陰　魁輔 科 忌 【官祿】小死災喪 【乙卯】耗　煞門 3、15、27、39、51、63、75 42～51 小限 5			◎ 武 曲 忌 寡 宿 【兄弟】伏冠攀天 【壬戌】兵帶鞍德 10、22、34、46、58、70、82 112～121 小限 10
⊕◎ 紫天 微府 紅孤天旬 鸞辰月空 【田宅】青病劫晦 【甲寅】龍　煞氣 2、14、26、38、50、62、74 32～41 小限 6	▼　◎ 天　擎 機　羊 祿 破地 碎劫 【福德】力衰華歲 【乙丑】士　蓋建 1、13、25、37、49、61、73 22～31 小限 7　權	◎　▼ 破　祿鈴 軍　存星 祿 權 天天 才姚 【父母】博帝息病 【甲子】士旺神符 12、24、36、48、60、72、84 12～21 小限 8　祿科	▼　▼ 太　陀右 陽　羅弼 天截天 馬空巫 【命宮】官臨歲弔 【癸亥】府官驛客 11、23、35、47、59、71、83 2～11 小限 9　權

姓名:　　性別:女

西元：1973年12月26日寅時　　農曆：62年12月3日寅

偏財	日元	偏印	正官	主星
庚寅	丙申	甲子	癸丑	八字
戊丙甲	戊壬庚	癸	辛癸己	藏
食神 比肩 偏印	食神 七殺 偏財	正官	正財 正官 傷官	副星
長生	病	胎	養	運
紅鸞 劫煞 學堂 紅豔 驛馬 血刃 日破	天喜 龍德 天德合 文昌	六厄 飛刃 將星		地支神煞

75	65	55	45	35	25	15	5	大運
壬申	辛未	庚午	己巳	戊辰	丁卯	丙寅	乙丑	

編號 :0

五行：水二局

性屬：陰女

□□□牛

命主：巨門

身主：天相

子年斗君：卯

◎廟 ⊕旺 ○得地 △利益 ▲平和 ●不得地 ▼落陷

紫微論一生較適合的行業

以生年化祿星或各宮自化祿是何星為標地論一生最合適的行業，以下為各星所代表的行業論及工作事業上的優缺點。

◎紫微星

紫微星代表稀有尊貴的帝王之星。

若為上班族皆為主管階級的工作，不然就是自己創業當老闆。

在工作事業上的優點：

由於所屬紫微星系之首，眾星拱月，是一顆帝王之星，性格上比較獨立自主，做事積極有幹勁，頭腦聰明，能擔當重任且有領導能力，觀念新潮前衛、獨特具邏輯性，並能充實自我，學習求知慾強烈，待人處事方面，為人心地善良、忠厚老實、孝順父母，也比較能去顧慮到別人的感受，給人的感覺是有一種「帝王、大將、領袖」的氣勢，讓人有一種想親近但又不容易親近的感覺。

在工作事業上的缺點：

行事風格較獨斷獨行，主觀意識強，不服輸，很多事寧願自己承擔下來也不願求助他人，給人的感覺是非常「愛面子、固執」；不易聽勸或採納別人的好意見，卻容易聽信一些讒言。

帝王身邊無文武，將無法施展身手，會有一種懷才不遇，無法發揮長才，壯志在我胸、英雄卻無路去，時不我與。事情的想法會有些天馬行空、異想天開，不切實際，有眼高手低的現象。

◎天機星

天機星是屬於一種善良與智慧結合的星。

職場上多屬於參謀、軍師、計劃性工作，如：高科技人才、研發人員、命理老師、心理諮詢師、企業顧問、作家、設計師、哲學家……等動腦筋的工作。

在工作事業上的優點：

親切善良，腦筋反應敏銳，超乎一般人的聰明，博學多聞，多才多藝，對任何新鮮事物都有興趣去學習與嘗試，它是動腦及靠嘴吃飯的，對於勞力粗重的工作並不適合；天機星的人易有孤獨感，孤獨感驅使也最容易投入宗教、玄學、信仰的工作，喜歡用虔誠和信仰去渡化幫助更多的人。

在工作事業上的缺點：

生活上因為會想的比較多，常會鑽牛角尖導致神經質，讓別人不想親近您，因學很多東西，但往往學太多而每樣不專；少年時會比較奔波辛苦，必須特別注意腦神經衰弱、精神層面的問題，會講一些歪理、做事易無厘頭或得妄想症。

◎太陽星

太陽星有動能的傳送及散發光芒之意。

太陽星的人外表通常會比一般人亮麗出眾，一生事業運旺盛，宜從事貿易、企業家、大眾社會志工服務工作、服飾、旅遊及餐飲服務業等。※與紫微星都有領導特質，紫微星表現內在；太陽星則表現在具體的鋒芒。

在工作事業上的優點：

犧牲自己照亮別人，凡事為別人著想，喜歡濟弱扶傾，有大將之風，外表雖然看似溫和，行事上帶給人豪爽的感覺，個性正直剛強，自尊心也強，不拘小節；太陽星的人是屬於協助他人成就事業的人。

在工作事業上的缺點：

主觀意識強烈，喜歡支配指揮他人，不喜歡受到制式規定所約束，更不喜歡聽別人的大道理及管教，寧願擔任主管或自己當老闆凡事都自己擔當，故會比別人勞心勞力，難得會有清閒的時間，算是比較勞碌命的人；有時候幫助別人反而會犯小人。

◎武曲星

武曲星是以動為主的財星；強調的就是武。

在職場上而言：如會計、出納、金融人員、財務、推銷業務員、軍警、土木水電專業技術人員。

在工作事業上的優點：

一生事業運良好，宜從事穩定的上班工作或經商貿易，對於理財會有獨特管理與處置，若能在金融業，武曲星的人更能展現優異的理財能力；能吃苦耐勞、克勤克儉，為人寬宏大量、講義氣，也喜歡跟人稱兄道弟、義結金蘭；主觀意識強，不被別人意見所牽動，做事不拖泥帶水速戰速決。

在工作事業上的缺點：

有勇無謀，處事態度強硬，心性急躁容易得罪人，說一就是一，不懂得圓融，缺乏交際手腕及感性的一面，易有孤僻且固執牛脾氣，容易因小事激怒，做事易衝動，凡事建議三思而後行，否則酒肉朋友多，知心朋友會有誰呢？宜修身養性，理性去處理事情，不可操之過急，方可成就大事業。

◎天同星

天同星統籌調配策略之星；為享樂的福星。

適合從事溝通協調工作、後勤支援、社會服務、超商、事務機關、福利機構、蓄積物品的地方、文書寫作家、人事規劃師等。

在工作事業上的優點：

性情感性、溫和謙虛且彬彬有禮，心地善良喜歡照顧及幫助別人，處事具有同理心常會為人著想，很有人緣親和力強，與人很容易打成一片，不愛與人計較、不偏激，是個名副其實的大好人；此星最大特點善於協調人際關係，喜歡文學相關學理，精通文墨，腦筋靈活。

在工作事業上的缺點：

喜愛享樂型，喜歡過舒適的生活，懶散、軟弱、處事不積極，比較沒有雄心壯志，理想高、幻想多而不務實，即使是有計劃也是不著邊際，執行力差，需要人在旁督促才有好表現；感情處理優柔寡斷，易產生很多糾紛、難以抉擇，也常因為感情問題影響到工作，一切只能說天同星的特性是感性大於理性的人。

◎廉貞星

廉貞星是一顆多變化的星曜。

適合農林畜牧養殖業、皮革工業、電子高科技業、軍警保全人員、當鋪、地下錢莊、賭場、公務人員或政治人物。

在工作事業上的優點：

廉貞坐命的人很適合從政，偏好權威與名利；公關業務人才，能言善道，有勇有謀，「黏、纏功」堪稱一流，廉貞的人是一個工作狂，表現積極有上進心，多才多藝，自我要求很高，追求完美型，做事謹慎，機智精明，擅長察言觀色，喜歡投機冒險的工作。

在工作事業上的缺點：

重感情欠理性、不合群、好勝心與報復心都很強，為達到目的大多不擇手段，無法忍受別人的指責，會有著雙重性格表現，讓人難以捉摸，好酒色很有異性緣，容易有豔遇桃花，也易為桃色糾紛所擾而無法專心工作。

◎天府星

天府星是一顆「權貴」之星。

公職稅務機關、改革、政策、後勤、支援部門處理各項事物之工作、商業發展機構等。

※天府星與紫微星一樣也是領袖群倫的星曜，只是不像紫微那麼積極。

※天府星也是主財庫，屬保守型，武曲星則為衝勁型。

在工作事業上的優點：

為人厚道、有慈悲心、穩重保守型、外柔內剛，一切喜歡從穩定中求發展、平穩中求成長，盡忠職守、負擔任勞任怨，是非常優秀的輔佐人才，適應力強有學習天分、多才多藝、聰明機靈、理財能力強，喜歡置產或投資、自給自足、不依賴他人，很懂得吃的哲學、講究生活品味，著重外表儀態及個人形象。

在工作事業上的缺點：

缺乏主動性、企圖心及上進心，作風過於保守導致墨守成規，不利開發、開創，為人略為孤僻，不善交際，優柔寡斷，做事喜歡貪小便宜，私慾、佔有慾較強，重名利，高傲自大心態，愛擺場面，唯我獨尊。

◎太陰星

太陰星象徵著女性、陰柔、一顆愛美的星！

職業部分：藝術家、文教工作、建設公司、設計師、稅務和財務規劃、花藝園藝業、餐飲業、影藝界、命理業、美容業等與美有關之行業。

在工作事業上的優點：

宜從事和藝術有關的事業，能發揮太陰星多才多藝的特性，為人誠懇坦白有耐性、記憶力強、精打細算、聰明清秀、個性溫和，待人和氣有禮、愛乾淨，在社會上享有名聲，多思慮善用心機，有耐性及持續性，記憶力強，冰雪聰明，喜文學，詩情畫意，談吐溫雅有內涵，命坐太陰文曲，古書云：「九流術士。」是指第六感感應很強，對於宗教、玄學方面領悟力強；「天機、太陰守命如加天馬更貴，離鄉遠出漂蕩在外。」常往外跑、遷動力強，雖得安閒，大多是屬於外務性質者居多。

在工作事業上的缺點：

個性過於柔弱、缺乏主見、易受他人所左右、膽小怕事、畏首畏尾會鑽牛角尖，行事上比較沉不住氣、小孩子氣、吹毛求疵、愛享受、懶散、缺乏行動魄力、有潔癖，與人相處善嫉多疑、陰沉、城府深、有小人作風，重感情缺乏理智，一生中宜注意感情問題，男女都一樣。

◎貪狼星

貪狼星，為慾望桃花之星。

主要以人際關係、文采、技術、宗教方面、文化事業、大眾傳播事業、娛樂業、演藝圈、出版業、服裝美容業與美或休閒有關的行業、技術人員、介紹潤滑的油品類等。

在工作事業上的優點：

人際EQ很高、有慈悲心、做人處事比較圓融、易得他人的歡心、具幽默感、外表豪爽、不拘小節、喜歡關心別人、關心到別人覺得你非常的嘮叨、八面玲瓏、手段圓滑、對於技藝學習的能力很強，多才多藝之星，適合往演藝路線發展，相當愛好自由，不喜歡受拘束，性格大多數是內心剛烈。

在工作事業上的缺點：

一生事業運不穩定，適合從事經商貿易和獨自創業，也適合在富有投機性和冒險性高的環境下工作，譬如證券業等。物質慾望、佔有慾很強烈，易受他人的影響，在感情上敢愛敢恨、好勝心強、情緒變化大，嫉妒心強，算計心重。慾望、放蕩、政星、大桃花、貪吃、貪財、好色、愛賭、愛菸酒等。具有多重人格，逢場作戲機率高，性格方面比較現實。在性格方面有著愛惡分明的特性，所謂愛之欲其生，惡之欲其死，只不過當有著利益關係時，他們往往能夠以現實利益為前提，隱藏著他們內心的感受。

◎巨門星

辯論星、語言星、律法法學星。

巨門星適合廣播、主持人、發明家、演說家、律師、政治人物、企業顧問、教師、祕書、企劃人員等。

在工作事業上的優點：

宜從事穩定的上班族工作，如果能從事發揮口才的工作，則能功成名就，事業發展順遂，給人的感覺是幽默風趣、心地善良、做事細心、善於思考分析、說話條理分明、引經據典、具有說服力、臨場反應佳、有群眾魅力，屬於要人督促或刺激他才能奮發向上，突破難關，愈挫愈勇。

在工作事業上的缺點：

為人很直，工作上會有狀況外的情況發生，常會在節骨眼上臨陣脫逃，做事會有不安全感，擔心、猶豫然後退卻，在行事風格或思路上易與眾不同，真偽、好壞人不會分辨，身心苦惱容易孤獨，職場上難有真正的知己，口舌是非多，說話欠考慮不留情面，一針見血，說的很實在，講的頭頭是道，連罵人都會罵到癢處，非常毒舌。

◎天相星

天相星，官祿主，有掌印的作用，相當忠貞善良。最吉祥的星。

天相星是一個很好的輔佐、經理、管理人才，適合在管理部門做協調的工作。宜從事經商貿易、服務業、服飾店、內科醫師、觀光旅行業、護士、藥劑師、輔導老師、公司祕書和公務人員等事業。

在工作事業上的優點：

個性溫柔體貼，長相體面，氣質斯文高雅，重視品味，待人親切熱忱、聰明、講義氣、負責、忠厚老實、誠信，有正義感、有同情心、性情溫和、樂於助人、服務熱心、路見不平拔刀相助、喜調解紛爭與平衡心態，能解廉貞、擎羊（擎羊星）之惡，謹言慎行，故給人穩定的感覺，所以人際關係良好，親和性高，能發揮打圓場之折衝功能，事業運旺盛，不論從事經商貿易或是穩定的上班族工作，即使事業上遭遇挫折，也有貴人相助，逢凶化吉，功成名就，事業有成。

在工作事業上的缺點：

性格多主猶疑，欠缺主見，衝勁不足，好管閒事又怕事，天相便有這種不分善惡的性質。易受到環境影響，容易隨遇而安，亦容易隨波逐流，容易跟錯老闆。很會做表面功夫，愛打扮，但是只是著重在衣服上的打扮，其他的缺點不多。

◎天梁星

天梁星，父母、老大之星、宗教星、福祿壽三星的壽星。

宜從事穩定的上班族工作，尤其是公家機關，以教育、外科醫生和學術醫療事業研究者、公司主管、旅行社、作家、上班族、公務人員、機要祕書、規劃性質的行業等。

在工作事業上的優點：

任勞任怨，喜歡把別人的責任攬在自己的肩上，然後把自己累死，遇挫折失敗無得失心、有捨有得的心態，易為團體當中的老大，分析及觀察能力強、大膽假設小心求證、成熟而有魅力、形貌穩重、做事都會為別人設身處地著想、有正義感，會路見不平、喜歡照顧別人。

在工作事業上的缺點：

一生事業運良好。因天梁星是清高之星，不適合擔任理財工作，在思維上很細膩，給人的感覺是很權謀的、會算計的、做事有目的，個性上比較孤僻，多憂慮，所以行事上心善、霸道、固執，比較專橫、霸氣或不講理，好爭辯不服輸，孤高自負，有威嚴，有老大作風。

◎七殺星

七殺星為一顆衝鋒陷陣的將星。

七殺星在行業上是屬於比較偏向重機械、重工業、有破壞重建的現象，最適合衝鋒陷陣去打仗的職業，如軍警、特務、外科醫生、生意人、創業家等。

在工作事業上的優點：

作風明快、乾脆俐落，不拖泥帶水、聰明有才幹。適應力極強、有吃苦耐勞的本質，對事物拿得起放得下，為大局著想、不計較個人得失。相當具有正義感、有威嚴，做事有決心、有魄力，七殺坐命的你很重義氣，非常的忠心而且是死忠型，你會很坦誠對人，所以非常適合經商貿易，可在層層變化中成就事業，獲得大量的財富。

在工作事業上的缺點：

性情兇狠、積極，尤其是眼神中帶著殺氣，看起來比較兇，是孤剋之星，個性剛烈、急躁、不穩定、倔強，故精神空虛，易感情用事，喜怒易表現於外，容易因做事而得罪他人，所以七殺星外在看來非常的強壯、剛毅，而內心卻是很脆弱。具有毀滅性，非常痛恨別人出賣他，如果遭到背叛之後反擊會很強烈。七殺所堅持的卻是偏重於自己的權威，只要別人順著他的意思時，或以恩義相結，便不再堅持己見。具野心，事業心極為強烈，不甘受制人下，所以如果發展自身的事業時，會十分注重事業的局面，往往外表看來聲勢甚大，但容易導致流動資金不足，多有波折不利從事投機獲利的工作。

◎破軍星

破軍星為事業的開路先鋒，先破壞再建設的動星。

破軍的變化是要先破壞，然後再重新創建的行業：建築工程業、廢五金資源回收業、軍警業、觀光、倉儲業、高獲利的事業等。

在工作事業上的優點：

外表沉穩、做事積極有衝勁、好動、喜歡劇烈的運動或消耗體力的工作、外剛內柔、為人慷慨、豪爽乾脆並且好客、膽子大、有魄力、點子新、有創意、喜歡新的事物、求新求變、有設計才華、觀念新潮跟的上時代、做事求真切實、講快速有效率、不拖泥帶水、貫徹力強、說服力強、對於未知的事物勇於嘗試或冒險，可以說是一個風險偏好者。

在工作事業上的缺點：

情緒起伏大、個性急躁、心情不穩定，容易情緒化，易翻臉。性格多變，令人難以臆測，做事沒有準則，決定事情要依你當時心情而定。有些虛榮心、個性倔強比較霸道、不認輸、會強人所難，有時候得理不饒人，容易意氣用事，常有虎頭蛇尾、不顧後果、具有破壞性的做法，偏好投機性或是風險性高的事物，喜歡以小搏大，內心比較脆弱或內心有許多事情在交戰，有報復心態，私心較重，容易更換工作，事業發展不穩定。

◎文昌星

文昌星為南斗星，主科甲功名，乃文魁之首。

在事物或物質上的應用，則延伸科甲文貴方面，如手工藝品店、藝術方面、文章、支票、證券、文件、小轎車等。

文昌星的特性：儀表端正，有文藝細胞，口齒伶俐，眉目分明，相貌俊秀，「考試」、「功名」、「學習」、「顯現於外的」、「實質上的」。

文昌星最喜與太陽、天梁、祿存同宮，稱為「陽梁昌祿格」，主有才華，無論在商場或官場，都會一帆風順，福壽雙全。如能三合到太陽、天梁、祿存，亦可有所作為，只是力量會降低一點而已。大、小限或流年逢到入廟的文昌星，會增加吉星的吉祥度，如是凶星，入廟的文昌亦可降低或化解其所可能造成的災難。

◎文曲星

文曲星是北斗星，主科甲功名，文曲與文昌同屬為吉星。

是隱藏於內，以精神上為主，注重精神層面，所謂的第六感比較強、對於藝術、哲學、玄學、命理有特殊的領悟力。文曲星不同於文昌星的是，此星帶有桃花，若女命再逢巨門同宮，自甘墮落，水性楊花。文曲星喜與文昌星同宮，可對照充分發揮其才藝，若再遇武曲星同宮，主博學多能。不過要兼顧到父母宮的好壞。

文曲星的特性：「技藝」、「名氣」、「創作」、「隱藏於內」、「精神上」、「無形的」。

◎左輔星

是紫微星身旁的輔佐之星，也是個幕僚人員，能提出好計劃或建言，以供決策，但右弼星的直覺力比左輔星來的強，左輔星、右弼星的點子（idea）很多，想法靈活、創新，反應敏銳、機智，自我的要求比較高，一生之中多有貴人幫助或提拔，左輔、右弼星都是輔佐之星，特性相同。

為人厚道，仁慈耿直，隨和大方，心懷寬恕，有容人之量，個性耿直，凡事小心謹慎有謀略。做事頗有條理，穩健謹慎，精通文墨，計劃性強。性好助人，樂善好施，信義卓著，敦厚之中帶點風流倜儻、慷慨，是個允文允武的好漢。一生亦多貴人扶持，並得異性之助力尤多。

◎右弼星

是紫微星身旁的輔佐之星，也是個幕僚人員，能提出好計劃或建言，以供決策，但右弼星的直覺力比左輔星來的強，左輔星、右弼星的點子（idea）很多，想法靈活、創新，反應敏銳、機智，自我的要求比較高，一生之中多有貴人幫助或提拔，左輔、右弼星都是輔佐之星，特性相同。

為人厚道，仁慈耿直，隨和大方，心懷寬恕，有容人之量，個性耿直、好施濟，做事小心謹慎有謀略。做事頗有條理，穩健謹慎，精通文墨，計劃性強。性好助人，樂善好施，信義卓著，敦厚之中帶點風流倜儻、慷慨，是個允文允武的好漢。一生亦多貴人扶持，並得異性之助力尤多。

第十三章
紫微論一生學歷與考試運

紫微斗數星盤

日期：2023/10/31

<table>
<tr>
<td>▼▼
廉貪
貞狼

紅天
鸞壽
【福德】小臨亡龍
【辛巳】耗官神德
8、20、32、44、56、68、80
105～114 小限 12</td>
<td>⊕
巨
門

天天天
福刑月
【田宅】青冠白
【壬午】龍帶虎
9、21、33、45、57、69、81
95～104 小限 11</td>
<td>○　◎
天　陀天　身
相　羅鉞　宮
忌

寡截地
宿空劫
【官祿】力沐擎天
【癸未】士浴鞍德
10、22、34、46、58、70、82
85～94 小限 10　祿</td>
<td>⊕ ▼
天天祿
同梁存
科

天天天天陰
傷哭馬巫煞
【僕役】博長歲弔
【甲申】士生驛客
11、23、35、47、59、71、83
75～84 小限 9</td>
</tr>
<tr>
<td>▼
太
陰

天解
虛神
【父母】將帝地大
【庚辰】軍旺煞耗
7、19、31、43、55、67、79
115～124 小限 1　祿</td>
<td colspan="2" rowspan="2">姓名:　　性別:女
西元：1970年11月10日申時　農曆：59年10月12日申
編號 :0
五行：土五局
性屬：陽女
□□□狗
命主：文曲
身主：
子年斗君：亥</td>
<td>△⊕▼○
武七擎火
曲殺羊星
權

【遷移】官養息病
【乙酉】府　神符
12、24、36、48、60、72、84
65～74 小限 8</td>
</tr>
<tr>
<td>○
天
府

地旬
空空
【命宮】奏衰咸小
【己卯】書　池耗
6、18、30、42、54、66、78
5～14 小限 2　祿</td>
<td>●
太
陽
祿

天天天封
使姚貴誥
【疾厄】伏胎華歲
【丙戌】兵　蓋建
1、13、25、37、49、61、73
55～64 小限 7</td>
</tr>
<tr>
<td>▼
文
昌

龍八台
池座輔
【兄弟】飛病指官
【戊寅】廉　背符
5、17、29、41、53、65、77
15～24 小限 3</td>
<td>◎ ⊕
紫破天左右
微軍魁輔弼

破天
碎才
【夫妻】喜死天貫
【己丑】神　煞索
4、16、28、40、52、64、76
25～34 小限 4</td>
<td>◎　○
天　文
機　曲
忌
鳳蜚三恩
閣廉台光
【子女】病墓災喪
【戊子】符　煞門
3、15、27、39、51、63、75
35～44 小限 5</td>
<td>△
鈴
星

天天孤
官喜辰
【財帛】大絕劫晦
【丁亥】耗　煞氣
2、14、26、38、50、62、74
45～54 小限 6</td>
</tr>
</table>

偏印	日元	傷官	七殺	主星
壬申	甲午	丁亥	庚戌	八字
戊壬庚	己丁	甲壬	丁辛戊	藏
偏偏七 財印殺	正傷 財官	比偏 肩印	傷正偏 官官財	副星
絕	死	長生	養	運
天狗 驛馬 隔角 孤辰	金匱 白虎 月德貴人 紅豔 將星 進神	天喜 劫煞 血刃 學堂 劫煞	天德合 華蓋 魁罡	地支神煞

72	62	52	42	32	22	12	2	大運
己卯	庚辰	辛巳	壬午	癸未	甲申	乙酉	丙戌	

◎廟 ⊕旺 ○得地 △利益 ▲平和 ●不得地 ▼落陷

由命例（十三）可論斷以下現象

先天讀書運

求學期間被逼才會讀書，也很想玩，功課也不太好。

因命宮有空亡星，所以讀書時「會造成記憶力較不佳」。

因官祿有空亡星，所以讀書時「會造成記憶力較不佳」。

第一大運（5～14歲）

因命宮有空亡星，所以讀書時「會造成記憶力較不佳」。

因官祿有空亡星，所以讀書時「會造成記憶力較不佳」。

第二大運（15～24歲）

因財帛有華蓋星，所以「不利科考」，結果會令人跌破眼鏡，在三方四正宮中照會愈多愈不利，但並不表示此人智力不高，只是在數學和理化方面會陰溝裡翻船而已，其他方面也並不遜色於人，求學期間被逼才會讀書，也很想玩，功課也不太好。

西元：2008年（農曆：97年）39歲　流年讀書運

求學期間讀書還算不錯，功課看來也不錯。

西元：2008年（農曆：97年）39歲 考試運

會主動想讀書，不想玩樂，功課很好，所以考運相當好。

因大限官化科入本官年，考運不錯。

西元：2012年（農曆：101年）43歲 流年讀書運

因遷移有華蓋星，所以「不利科考」，結果會令人跌破眼鏡，在三方四正宮中照會愈多愈不利，但並不表示此人智力不高，只是在數學和理化方面會陰溝裡翻船而已，其他方面也並不遜色於人。

適合讀什麼科系？

以先天命格來看有關其未來的職業和專長：

紫微、天府、武曲以商科、企管、公共行政為主。

天相、七殺屬銀保科……。

身宮有文曲、右弼、天鉞等屬於「異途功名」的格局，則選讀什麼科系已經不重要了，反正所修的科系將來也用不到，只是混張文憑而已。

在就學期間應以學習或進修該科系為主，對日後幫助最大也最輕鬆。

PS：如果該星是化忌或自化忌則會讀得很辛苦！

此答案就是由以下各項條件所找出來的，只是筆者用電腦抓比較快而已。

第一節 紫微論一生學歷與考試運

有關於讀書方面，要看命格中是否具備讀書的命？

方法：看化科、文昌、文曲、天魁、天鉞在其命盤中分佈的狀況，若三方四正宮之中所會到的這些文星愈多愈佳。

◎化科星坐命

化科星坐命者好表現，愛面子，禁不起漏氣，因此會硬著頭皮苦心把書讀好。

◎文昌星坐命

文昌星坐命對讀書有幫助，天賦聰明，領悟力強，讀書比別人輕鬆。

◎文曲星坐命

文曲星坐命則是主異途功名，口才和表達能力佳，說的比唱的好聽。

◎天魁，天鉞星坐命

天魁、天鉞二星亦是以天魁星較為管用，考運比人家好，因此每逢考試較容易過關。

◎與化科星相反的幾個不利讀書的星有

・空亡——（旬空、截空）

因命宮或三方四正宮有空亡星，所以讀書時「會造成記憶力較不好」。

・華蓋

因命宮或三方四正宮有華蓋星，所以「不利科考」，結果會爆冷門，在三方四正宮中照會愈多愈不利，但並不表示此人智力不高，只是在數學和理化方面會陰溝裡翻船而已，其他方面也並不遜色於人。

◎先天讀書運是看命宮與其三方四正宮位的星

先天命宮與其三合宮位的星，如有化科、文昌、文曲、天魁、天鉞愈多表示愈會讀書，由命盤算看看有幾顆星就可得知讀書運，如果沒有半顆星，求學期間會不太想讀書，只想玩，功課不會太好。

有一顆星　求學期間被逼才會讀書，也很想玩，功課也不太好。

有二顆星　求學期間會聽老師的話而念書，但也不忘玩樂，功課中等。

有三顆星　求學期間讀書還算不錯，功課看來也不錯。

有四顆星　求學期間會很想讀書，功課也很好，天生有讀書命。

有五顆星　求學期間會主動想讀書，不想玩樂，功課很好，有讀書命。

◎第一大運讀書運是看大運命宮與其三合宮位的星

用第一大運命宮與其三方四正宮的星，如有化科、文昌、文曲、天魁、天鉞愈多表示愈會讀書，由命盤得知您第一大運＿＿歲至＿＿歲間，如果沒有半顆星，求學期間不太想讀書，只想玩，功課不會太好。

有一顆星　求學期間被逼才會讀書，也很想玩，功課也不太好。

有二顆星　求學期間會聽老師的話而念書，但也不忘玩樂，功課中等。

有三顆星　求學期間讀書還算不錯，功課看來也不錯。

有四顆星　求學期間會很想讀書，功課也很好，天生有讀書命。

有五顆星　求學期間會主動想讀書，不想玩樂，功課很好，有讀書命。

◎第一大運的宮干為如果為辛

如果大限宮干為辛真是頭大了，其成績可能會一路下滑，若能「混」得過畢業，就已算萬幸了（因為辛干生年是文昌化忌之故）。

◎第二大運讀書運是看大運命宮與其三合宮位的星

用第二大運命宮與其三方四正宮的星，如有化科、文昌、文曲、天魁、天鉞愈多表示愈會讀書，由命盤得知您第二大運＿＿歲至＿＿歲間，如果沒有半顆星，求學期間不太想讀書，只想玩，功課不會太好。

有一顆星　求學期間被逼才會讀書，也很想玩，功課也不太好。

有二顆星　求學期間會聽老師的話而念書，但也不忘玩樂，功課中等。

有三顆星　求學期間讀書還算不錯，功課看來也不錯。

有四顆星　求學期間會很想讀書，功課也很好，天生有讀書命。

有五顆星　求學期間會主動想讀書，不想玩樂，功課很好，有讀書命。

◎第二大運的宮干如果為辛

本大限宮干為辛真是頭大了，其成績可能會一路下滑，若能「混」得過畢業，就已算萬幸了（因為辛干生年是文昌化忌之故）。

◎第三大運讀書運是看大運命宮與其三合宮位的星

用第三大運命宮與其三方四正宮位的星，如有化科、文昌、文曲、天魁、天鉞愈多表示愈會讀書，由命盤得知您第三大運＿＿歲至＿＿歲間，如果沒有半顆星，求學期間不太想讀書，只想玩，功課不會太好。

有一顆星　求學期間被逼才會讀書，也很想玩，功課也不太好。

有二顆星　求學期間會聽老師的話而念書，但也不忘玩樂，功課中等。

有三顆星　求學期間讀書還算不錯，功課看來也不錯。

有四顆星　求學期間會很想讀書，功課也很好，天生有讀書命。

有五顆星　求學期間會主動想讀書，不想玩樂，功課很好，有讀書命。

◎第三大運的宮干為如果為辛

本大限宮干為辛真是頭大了，其成績可能會一路下滑，若能「混」得過畢業，就已算萬幸了（因為辛干生年是文昌化忌之故）。

◎流年讀書運是看每一年命宮與其三合宮位的星

以流年命宮與其三方四正宮位的星，如有化科、文昌、文曲、天魁、天鉞，愈多表示愈會讀書，愈少則愈不想讀書，由命盤得知您西元＿＿年至＿＿年間，如果沒有半顆星，求學期間不太想讀書，只想玩，功課不會太好。

有一顆星　求學期間被逼才會讀書，也很想玩，功課也不太好。

有二顆星　求學期間會聽老師的話而念書，但也不忘玩樂，功課中等。

有三顆星　求學期間讀書還算不錯，功課看來也不錯。

有四顆星　求學期間會很想讀書，功課也很好，天生有讀書命。

有五顆星　求學期間會主動想讀書，不想玩樂，功課很好，有讀書命。

第二節　考運好不好怎麼看

會讀書的未必考運都很好，考試當年的考運若不好的話，偏偏就會抓錯重點，背熟的沒考，沒背的考題全出了，能奈他何？至於看各種考試的考運如何？是以應考當年之情形為主，其參考要領如下：

- 用流年命宮及父母宮與其三方四正宮位的星，如有化科、化權、文昌、文曲、天魁、天鉞，封誥愈多表示考運愈好，如果沒有半顆星，就不太想讀書，只想玩，考運不好。

有一顆星　被逼才會讀書，也很想玩，考運不好。

有二顆星　會聽老師、家長的話而念書，但不是很用心，考運尚可。

有三顆星　看來讀書還算不錯，功課也不錯，所以考運不錯。

有四顆星　這期間會很想讀書，功課也很好，所以考運很不錯。

有五顆星　會主動想讀書，不想玩樂，功課很好，所以考運相當好。

- 本官化祿、權、科入本命或照本命之年考運不錯。
- 大限官化祿、權、科入本命或照本命或本官或照本官之年考運不錯。

第三節　用紫微判斷最適合的科系

我適合讀什麼科系？此點必須以其「命格為主，官祿宮為輔」來判斷，以先天命格來看有關其未來的職業和專長在就學期間應以學習或進修——科系為主，對日後幫助最大也最輕鬆。

（一）「紫微」、「天府」、「武曲」以商科、企管、公共行政為主。
（二）「太陽」、「天機」以國貿、化工、與電有關為主。
（三）「廉貞」以宗教服務。
（四）「破軍」以電機、電子、電腦為主。
（五）「天機」、「太陰」、「天同」、「天梁」以公職為目標首選。
（六）「太陰」以土木、不動產、金融為主。
（七）「天同」、「文昌」、「文曲」以文科或美工為優先。
（八）「天機」以娛樂、休閒為主。
（九）「天梁」、「太陰」加煞或會昌曲以電腦軟體、高科技為訴求。
（十）「巨門」、「太陽」、「天梁」以文、法學科為主。
（十一）「天相」、「七殺」屬銀保科。

（十二）如果，身宮有「文曲」、「右弼」、「天鉞」等屬於「異途功名」的格局，則選讀什麼科系已經不重要了，反正所修的科系將來也用不到，只是混張文憑而已。

第四節 求讀書考試運之方法

一、用接吉氣（好氣）的方式，找化科星所在的方位上（在書房），點一盞燈，連點六天，若化科的方位上有困難則點在客廳中，這叫點光明燈。

二、若欲使小孩科考成功，則在小孩的化科方位上行之。

三、另外，商人、演藝人員亦可以此為之，且演藝人員於打知名度時除點燈外，尚可多掛一串風鈴以加強之。

第十四章

紫微論一生官非與訴訟

命例（十四）

紫　微　斗　數　星　盤

日期：2023/10/31

<table>
<tr>
<td>▼ ▼ ○
天　陀火
梁　羅星
科
科
破天天天
碎才刑巫
【子女】 官長指白
【己巳】 府生背虎
9、21、33、45、57、69、81
94～103 小限 3</td>
<td>⊕ ▼
七　祿文
殺　存曲
忌
紅八
鸞座
【夫妻】 博沐咸天
【庚午】 士浴池德
10、22、34、46、58、70、82
104～113 小限 2 權</td>
<td>◎
擎
羊
寡
宿
【兄弟】 力冠地弔
【辛未】 士帶煞客
11、23、35、47、59、71、83
114～123 小限 1 權</td>
<td>◎ ○
廉　天文
貞　鉞昌
三台
台輔
【命宮】 青臨亡病
【壬申】 龍官神符
12、24、36、48、60、72、84
4～13 小限 12</td>
</tr>
<tr>
<td>○○
紫天
微相
解封
神誥
【財帛】 伏養天龍
【戊辰】 兵　煞德
8、20、32、44、56、68、80
84～93 小限 4</td>
<td colspan="2" rowspan="2">姓名:　性別:女
西元：1969年10月31日寅時　農曆：58年9月21日寅
<table>
<tr><td colspan="2">正印</td><td colspan="2">日元</td><td colspan="2">正官</td><td colspan="2">比肩</td><td>主星</td></tr>
<tr><td colspan="2">丙寅</td><td colspan="2">己卯</td><td colspan="2">甲戌</td><td colspan="2">己酉</td><td>八字</td></tr>
<tr><td colspan="2">戊丙甲</td><td colspan="2">乙</td><td colspan="2">丁辛戊</td><td colspan="2">辛</td><td>藏</td></tr>
<tr><td colspan="2">劫正正
財印官</td><td colspan="2">七殺</td><td colspan="2">偏食劫
印神財</td><td colspan="2">食神</td><td>副星</td></tr>
<tr><td colspan="2">死</td><td colspan="2">病</td><td colspan="2">養</td><td colspan="2">長生</td><td>運</td></tr>
<tr><td colspan="2">劫煞
天德貴人
月德貴人
亡神</td><td colspan="2">歲破
災煞
將星
進神</td><td colspan="2"></td><td colspan="2">文昌
學堂
日破</td><td>地支神煞</td></tr>
<tr><td>74</td><td>64</td><td>54</td><td>44</td><td>34</td><td>24</td><td>14</td><td>4</td><td rowspan="2">大運</td></tr>
<tr><td>壬午</td><td>辛巳</td><td>庚辰</td><td>己卯</td><td>戊寅</td><td>丁丑</td><td>丙子</td><td>乙亥</td></tr>
</table>
編號 :0
五行：金四局
性屬：陰女
□□□雞
命主：廉貞
身主：天同
子年斗君：午</td>
<td>天天天截天地
官哭壽空姚空
【父母】 小帝歲
【癸酉】 耗旺建
1、13、25、37、49、61、73
14～23 小限 11 權</td>
</tr>
<tr>
<td>⊕◎
天巨
機門
科忌
天天恩
使虛光
【疾厄】 大胎災大
【丁卯】 耗　煞耗
7、19、31、43、55、67、79
74～83 小限 5</td>
<td>⊕
破
軍
權
陰
煞
【福德】 將衰攀晦
【甲戌】 軍　鞍氣
2、14、26、38、50、62、74
24～33 小限 10</td>
</tr>
<tr>
<td>▲
貪　右
狼　弼
權
天天旬
福月空
【遷移】 病絕劫小
【丙寅】 符　煞耗
6、18、30、42、54、66、78
64～73 小限 6 忌科</td>
<td>● ◎
太太
陽陰
祿
天龍鳳天地
傷池閣貴劫
【僕役】 喜墓華官
【丁丑】 神　蓋符
5、17、29、41、53、65、77
54～63 小限 7</td>
<td>⊕ ◎ ▼
武天天左鈴　身宮
曲府魁輔星
祿
天
喜
【官祿】 飛死息貫
【丙子】 廉　神索
4、16、28、40、52、64、76
44～53 小限 8</td>
<td>◎
天
同
孤蜚天
辰廉馬
【田宅】 奏病歲喪
【乙亥】 書　驛門
3、15、27、39、51、63、75
34～43 小限 9 權</td>
</tr>
</table>

◎廟 ⊕旺 ○得地 △利益 ▲平和 ●不得地 ▼落陷

由命例（十四）可論斷以下現象

以命格而言

從命盤看出您本官化忌或化科入命或沖命，一生中惹上官司的機率比較高。

從命盤看出您本命父母宮化忌或化科入命或沖命，一生中惹上官司的機率比較高。

從命盤看出您廉貞或天府坐命者，一生中惹上官司的機率比較高。

流年官非與訴訟

西元：2008年（農曆：97年） 40歲：

因遇天府星加六煞主官訟，雖不會化忌，但化忌的三合方會到即驗，要特別注意有官非訴訟之事會發生，請小心預防。

西元：2009年（農曆：98年） 41歲：

因命宮加三方四正有擎羊加天刑加官符，遇天姚、咸池，會因桃色引起官非訴訟之事發生，請小心預防。

西元：2010年（農曆：99年） 42歲：

遇廉貞，因其為囚星一旦化忌再走到或會於三合之地即引發，要特別注意有官非訴訟之事，請小心預防。

西元：2011年（農曆：100年） 43歲：

因大運官祿宮宮干化忌入之宮位或對宮之年，所以要特別注意有官非訴訟之事發生，請小心預防。

因遇父母疾厄線逢雙忌，官府橫豎得走幾趟了，所以要特別注意有官非訴訟之事發生，請小心預防。

西元：2012年（農曆：101年） 44歲：

並沒有符合會惹上是非或官司的條件，所以今年比較不會有官非訴訟之事情發生。

此答案就是由以下各項條件所找出來的，只是筆者用電腦抓比較快而已。

論一生官非與訴訟

本單元僅依紫微斗數理論推演得知下列哪幾年會有官訟或是非之情事發生，事先告知希望你能提早預防，目前社會普遍發生，因無心之失而身入囹圄破財消災之情事，時有所聞，但這些事有的都能事先預防，希望有了以下所列會有官非之年限，請特別留意，千萬小心應對。

在紫微斗數中會導致官司的星宿及組合有以下數種：

以命格而言

●本官自化忌或自化科或本官化忌或化科入命或沖命，一生中惹上官司的機率要比其他星宿坐命高。

●本命父母宮自化忌或自化科或本命父母宮化忌或化科入命或沖命，一生中惹上官司的機率要比其他星宿坐命高。

●廉貞或天府坐命者，一生中惹上官司的機率要比其他星宿坐命者高。

●大運官祿宮自化忌之宮位及對宮或宮干化忌入之宮位或對宮之年較會有官司，請小心預防。

●廉貞因其為囚星一旦化忌，再走到或會於三合之地即引發，要特別注意有官非訴訟之事發生，請小心預防。

●天府：此星加六煞星主官訟，雖不會化忌，但入四化再走到或三合會到即驗。

西元——年農曆——年因遇天府星加六煞，主官訟，雖不會化忌，但化忌的三合方會到即驗，要特別注意有官非訴訟之事發生，請小心預防。

●父疾：父母疾厄線如果逢雙忌，官府橫豎得走幾趟了。

西元＿＿＿＿年農曆＿＿＿＿年因遇父母疾厄線逢雙忌，官府橫豎得走幾趟了，特別注意有官非訴訟之事發生，請小心預防。

●每逢丙年或行運宮干為丙，廉貞化忌即觸動。

西元＿＿＿＿年農曆＿＿＿＿年逢丙年或行運宮干為丙，廉貞化忌即觸動，要特別注意有官非訴訟之事發生，請小心預防。

●若小限或太歲再走到，或三合會到廉貞化忌即有犯官司的可能。

西元＿＿＿＿年農曆＿＿＿＿年小限或太歲再走到，或三合會到廉貞化忌即有犯官司的可能，要特別注意有官非訴訟之事發生。

●單忌尚無大礙，若流命或三合方逢雙忌則有「苦窯」可蹲了。

西元＿＿＿＿年農曆＿＿＿＿年逢雙忌則有「苦窯」可蹲了，可能要特別注意有官非訴訟之事發生，請小心預防。

●廉貞坐命者大限走武破加六煞或有忌，小限（太歲）再走到，或入財宮，遷移宮則有因財持刀之財務糾紛等官司。

西元＿＿＿＿年農曆＿＿＿＿年要特別注意有因財持刀之財務糾紛等官司之事發生，請小心預防。

●廉貞坐命者大限走武殺加六煞或有忌，小限（太歲）再走到，或入財宮，遷移宮則有因財持刀之財務糾紛等官司。

西元＿＿＿年農曆＿＿＿年要特別注意有因財持刀之財務糾紛等官司之事發生，請小心預防。

●武曲、破軍或武曲、七殺坐命，或入財而大限走廉貞，逢大小限重疊為財而引發的官司，請小心預防。

西元＿＿＿年農曆＿＿＿年逢大限走廉貞，逢大小限重疊為財而引發的官司，請小心預防。

●小限，太歲走武曲、破軍或武曲、七殺，又逢煞忌等星，則同屬為財而引發的官司，再以重疊宮位，或四化引動的宮位。

西元＿＿＿年農曆＿＿＿年同屬為財而引發的官司，要特別注意有官非訴訟之事發生，請小心預防。

●小限命宮逢巨門化忌煞沖，三合會哭虛、官符者，必犯官訟、詐欺罪。

西元＿＿＿年農曆＿＿＿年要特別注意有官非、詐欺罪、訴訟之事發生，請小心預防。

●田宅宮文昌或文曲化忌，會官符則為不動產官司。

西元＿＿年農曆＿＿年會官符則為不動產官司要特別注意有官非訴訟之事發生，請小心預防。

●小限太歲逢廉貞或貪狼化忌加擎羊或陀羅，照或會流年官符者必犯桃色糾紛。

西元＿＿年農曆＿＿年必犯桃色糾紛，要特別注意有官非訴訟之事發生，請小心預防。

●流命會官符引動夫妻宮，而夫妻宮逢破軍或化忌，則屬離婚官司。

西元＿＿年農曆＿＿年要特別注意有離婚官司訴訟之事發生，請小心預防。

●天同、巨門，天機、巨門加陀羅入命宮，大限入命遷，或父母疾厄所引發的官司多半與毒品有關。

西元＿＿年農曆＿＿年多半與毒品有關的官非訴訟之事發生，請小心預防。

●本命與大運與官符會合，行小限逢煞星或三方四正照會必有官司。

西元＿＿年農曆＿＿年要特別注意有官非訴訟之事發生，請小心預防。

●若文昌、文曲化忌在大限遷移宮或財帛、官祿、僕役等宮，流年神煞又犯官符，該年必定見官符，天相又化忌者，一定有官司纏身。

西元＿＿年農曆＿＿年要特別注意有官非訴訟之事發生，請小心預防。

●命宮加三方四正有擎羊加天刑加官符，這是官訟是非的組合，若其中有武曲時會因財而引起官非訴訟。

西元＿＿年農曆＿＿年會因財而引起官非訴訟之事發生，請小心預防。

●命宮加三方四正有擎羊加天刑加官符，這是官訟是非的組合，有廉貞時，會因妨礙公務引起。

西元＿＿年農曆＿＿年會因妨礙公務引起官非訴訟之事發生，請小心預防。

●命宮加三方四正有擎羊加天刑加官符，這是官訟是非的組合，有貪狼是因桃色引起官非訴訟。

西元＿＿年農曆＿＿年因桃色引起官非訴訟之事發生，請小心預防。

●命宮加三方四正有擎羊加天刑加官符，這是官訟是非的組合，遇天姚、咸池也是因桃色引來的。

西元＿＿年農曆＿＿年也是因桃色引來的官非訴訟之事發生，請小心預防。

PS：紫微斗數在這方面，可藉由幾個宮位即可知道是否會被判入獄，當遇有前段所述犯官訟之情形時，只要沒有引動田宅宮以及遷移宮，表示只是單純的打官司，財運不好，不是賠錢了事就是易科罰金，一旦田宅、遷移都引動或逢廉貞雙忌，可就要遷移到「另一個地方」修身養性去了。

第十五章

紫微論一生
意外與車禍

命例（十五）

紫微斗數星盤

日期：2023/10/31

<table>
<tr>
<td>⊕▲
紫七
微殺

天天天截地地
福虛馬空劫空
【福德】將病歲大
【癸巳】軍　驛耗
7、19、31、43、55、67、79
103～112 小限 5</td>
<td>天
魁

恩
光
【田宅】小衰息龍
【甲午】耗　神德
8、20、32、44、56、68、80
93～102 小限 6</td>
<td>天天
哭月
【官祿】青帝華白
【乙未】龍旺蓋虎
9、21、33、45、57、69、81
83～92 小限 7</td>
<td>▼
陀
羅

天天封
傷姚誥
【僕役】力臨劫天
【丙申】士官煞德
10、22、34、46、58、70、82
73～82 小限 8</td>
</tr>
<tr>
<td>△◎○▼
天天文鈴
機梁昌星
忌
祿
紅天
鸞刑
【父母】奏死攀小
【壬辰】書　鞍耗
6、18、30、42、54、66、78
113～122 小限 4</td>
<td colspan="2" rowspan="2">姓名:　性別:男
西元：1971年9月22日午時　農曆：60年8月4日午時
編號 :0
五行：木三局
性屬：陰男
□□□豬
命主：文曲
身主：
子年斗君：亥</td>
<td>▲▼
廉破祿
貞軍存

天破
官碎
【遷移】博冠災弔
【丁酉】士帶煞客
11、23、35、47、59、71、83
63～72 小限 9</td>
</tr>
<tr>
<td>▼△
天　右火　身宮
相　弼星

龍
池
【命宮】飛墓官
【辛卯】廉　符
5、17、29、41、53、65、77
3～12 小限 3</td>
<td>◎▼
擎文
羊曲

天天寡
使喜宿
【疾厄】官沐天病
【戊戌】府浴煞符
12、24、36、48、60、72、84
53～62 小限 10　忌</td>
</tr>
<tr>
<td>⊕◎
太巨天
陽門鉞
權祿
祿
孤天天三解旬
辰才壽台神空
【兄弟】喜絕亡貫
【庚寅】神　神索
4、16、28、40、52、64、76
13～22 小限 2</td>
<td>◎◎
武貪
曲狼
科
科
蜚
廉
【夫妻】病胎地喪
【辛丑】符　煞門
3、15、27、39、51、63、75
23～32 小限 1</td>
<td>⊕◎
天太
同陰

科
八陰天台
座煞貴輔
【子女】大養咸晦
【庚子】耗　池氣
2、14、26、38、50、62、74
33～42 小限 12</td>
<td>○
天　左
府　輔

鳳天
閣巫
【財帛】伏長指歲
【己亥】兵生背建
1、13、25、37、49、61、73
43～52 小限 11</td>
</tr>
</table>

食神	日元	正官	劫財	主星
壬午	庚戌	丁酉	辛亥	八字
己丁	丁辛戊	辛	甲壬	藏
正正印官	正劫偏官財印	劫財	偏食財神	副星
沐浴	衰	帝旺	病	運
龍德 六厄 沐浴 將星	天喜 月德貴人 血刃 金輿 紅豔 華蓋 魁罡	天狗 災煞 羊刃	天德合 文昌 劫煞 孤辰	地支神煞

75	65	55	45	35	25	15	5	
己丑	庚寅	辛卯	壬辰	癸巳	甲午	乙未	丙申	大運

◎廟 ⊕旺 ○得地 △利益 ▲平和 ●不得地 ▼落陷

由命例（十五）可診斷哪些年分有意外與血光

流年意外與車禍

西元：2008年（農曆：97年）38歲：
因流年命宮宮干自化忌，所以要注意交通事故。
因子女宮化忌，所以要注意交通事故。

西元：2009年（農曆：98年）39歲：
並沒有符合會出意外的條件，所以比較不會有意外事故發生。

西元：2010年（農曆：99年）40歲：
並沒有符合會出意外的條件，所以比較不會有意外事故發生。

西元：2011年（農曆：100年）41歲：
因命遷之宮干為丁辛，所以要注意交通事故。

西元：2012年（農曆：101年）42歲：
因流命遷移宮自化科或自化忌，所以要注意交通事故。
因父母宮化忌，所以要注意交通事故。

此答案就是由以下各項條件所找出來的，只是筆者用電腦抓比較快而已。

論一生意外與車禍

本單元僅依紫微推算得知下列幾年之中較易有血光及交通意外發生，以下顯示有狀況之年限發生之機率較大，請事先提早預防，依照目前交通意外案件中，不一定都是自己肇禍惹事，有一些是因別人所引起，這叫做防不勝防，所以我們更需要提早預防。

檢查命盤後，請將可能會發生意外事故的時間點好好做記錄，隨時提醒。

流年命宮宮干自化忌之年

西元＿＿＿年農曆＿＿＿年要注意交通事故

本命遷移宮自化科或自化忌之年應多注意交通意外

西元＿＿＿年農曆＿＿＿年要注意交通事故

大命遷移宮自化科或自化忌之年應多注意交通意外

西元＿＿＿年農曆＿＿＿年要注意交通事故

流命遷移宮自化科或自化忌之年應多注意交通意外

西元＿＿＿年農曆＿＿＿年要注意交通事故

本命宮化忌入遷移宮之年應多注意交通意外

西元＿＿年農曆＿＿年要注意交通事故

大命宮干化忌入大遷移或本遷或流遷宮之年應多注意交通意外

西元＿＿年農曆＿＿年要注意交通事故

子女宮化忌入遷移宮沖命宮

如天機（機車）、破軍為別人撞我

巨門：卡車、沙石車

破軍化忌為聯結車

文昌、文曲為轎車、計程車或被開紅單

西元＿＿年農曆＿＿年要注意交通事故，可能會跟＿＿車發生車禍

命宮與遷移宮之宮干組合，疾厄宮有一化祿，一化忌，同一星交會，會有車禍

西元＿＿年農曆＿＿年要注意交通事故

父母宮化忌或命遷線化忌或子女宮化忌必會有交通事故

西元＿＿年農曆＿＿年要注意交通事故

如命遷之宮干為甲庚：太陽（化忌又化祿）

西元＿＿年農曆＿＿年要注意交通事故

如命遷之宮干為丙庚：天同（化忌又化祿）

西元＿＿＿年農曆＿＿＿年要注意交通事故

如命遷之宮干為丁辛：巨門（化忌又化祿）

西元＿＿＿年農曆＿＿＿年要注意交通事故

在文昌化忌之年

西元＿＿＿年農曆＿＿＿年要注意交通事故

巨門星化祿，疾厄宮有忌與祿

西元＿＿＿年農曆＿＿＿年要注意交通事故

遷移宮化忌沖子女（沖疾之福），看子女宮那一年

西元＿＿＿年農曆＿＿＿年要注意交通事故（我撞別人）

疾厄化忌入遷沖命（被撞）

西元＿＿＿年農曆＿＿＿年要注意交通事故（別人撞我）

遷移宮化忌沖命宮，主意外災厄

西元＿＿＿年農曆＿＿＿年要注意意外事故

第十六章

紫微論工作事業上的變化

紫 微 斗 數 星 盤

日期：2023/10/31

【兄弟】【癸巳】
巨 火
門 星
祿
權
天天天天截天
福虛才馬空巫
將長歲大
軍生驛耗
7、19、31、43、55、67、79
14～23 小限 5

【命宮】【甲午】
廉天天鈴
貞相魁星
祿
小養息龍
耗 神德
8、20、32、44、56、68、80
4～13 小限 6 權科

【父母】【乙未】
天
梁
權
天地
哭劫
青胎華白
龍 蓋虎
9、21、33、45、57、69、81
114～123 小限 7 祿

【福德】【丙申】
七 陀
殺 羅
解
神
力絕劫天
士 煞德
10、22、34、46、58、70、82
104～113 小限 8 科

【夫妻】【壬辰】
貪 左
狼 輔
紅三
鸞台
奏沐攀小
書浴鞍耗
6、18、30、42、54、66、78
24～33 小限 4 忌

姓名: 性別:男

西元：1971年2月8日申時 農曆：60年1月13日申

偏印	日元	七殺	正官	主星
壬申	甲子	庚寅	辛亥	八字
戊壬庚	癸	戊丙甲	甲壬	藏
偏財 偏印 七殺	正印	偏財 食神 比肩	比肩 偏印	副星
絕	沐浴	臨官	長生	運
福德 劫煞 天德合 月破	桃花 沐浴 將星 進神	勾絞 祿神 驛馬 隔角 孤辰	月德合 學堂 亡神	地支神煞

72	62	52	42	32	22	12	2	
壬午	癸未	甲申	乙酉	丙戌	丁亥	戊子	己丑	大運

編號 :0

五行：金四局

性屬：陰男

□□□豬

命主：破軍

身主：天機

子年斗君：申

【田宅】【丁酉】
天 祿
同 存
權
天破天天
官碎壽刑
博墓災弔
士 煞客
11、23、35、47、59、71、83
94～103 小限 9 祿

【子女】【辛卯】
太
陰
龍地
池空
飛冠官
廉帶符
5、17、29、41、53、65、77
34～43 小限 3

【官祿】【戊戌】 身宮
武 擎右
曲 羊弼
科
科
天寡八天封
喜宿座月誥
官死天病
府 煞符
12、24、36、48、60、72、84
84～93 小限 10 祿

【財帛】【庚寅】
紫天天文
微府鉞昌
忌
孤陰台旬
辰煞輔空
喜臨亡貫
神官神索
4、16、28、40、52、64、76
44～53 小限 2

【疾厄】【辛丑】
天
機
天蜚天恩
使廉姚光
病帝地喪
符旺煞門
3、15、27、39、51、63、75
54～63 小限 1

【遷移】【庚子】
破 文
軍 曲
大衰咸晦
耗 池氣
2、14、26、38、50、62、74
64～73 小限 12 忌

【僕役】【己亥】
太
陽
權
天鳳天
傷閣貴
伏病指歲
兵 背建
1、13、25、37、49、61、73
74～83 小限 11

◎廟 ⊕旺 ○得地 △利益 ▲平和 ●不得地 ▼落陷

以「官祿宮干四化」入十二宮論事業上的變化

人生活在社會上，必定會有喜、怒、哀、樂，也必須接觸食、衣、住、行、育、樂，在這些現實的活動中當然必須要有收入才足以應付，要有收入當然要有穩定的工作，如果要運用紫微來斷一生的事業工作運的話，就以命盤中的官祿宮之宮干四化入哪一宮為條件。

在命盤看來這一生在工作事業上大概會有以下之現象：

◎入命宮：

祿—一生必須靠自力創業，白手起家。

權—經營事業會有些微的變動，是好的變動或在升遷上較有機會。

科—在工作或事業上貴人多助。

忌—事業常變動又不順，一定要不斷工作，女命婚後做家庭主婦不上班。

◎入兄弟宮：

祿—有機會當公務員，如果能討好上司易升官。

權—如有合夥事業機會當然有助成長，且會有朋友提攜。

科—上班者一定會有長官或資深年長的人照顧。

忌—做生意營業狀況不好，且客人較少。

◎入夫妻宮：

祿—事業上會有許多貴人。

權—在事業上會往外發展。

科—做事業能輕易就有一番成就，大展鴻圖。

忌—事業、財運、官運皆不佳，容易停滯不前。

◎入子女宮：

祿—事業週轉金財力厚實。

權—有賺錢機會且會投資不動產。

科—如出外創業，會有許多貴人。

忌—看來事業會有所不順且會有大虧損的可能。

◎入財帛宮：

祿—一生事業運不錯。

權—在事業運方面變化會比較大。

科—如果當文人或公務員容易得名。

忌—可能會用錢滾錢的方式賺錢，如果是上班族會將錢投資公司事業。

◎入疾厄宮：

祿—一生有很多很好的機遇。
權—會以勞力運用在工作上，也很努力上進。
科—會以本身的才智來發展事業。
忌—一生事業機緣不佳，必須靠勞心勞力謀生活。

◎入遷移宮：

祿—一生為人聰明且機運好。
權—本身特質適合做外務的工作。
科—一生工作應該算輕鬆且少變動。
忌—一生最好只上班，不宜創業。

◎入僕役宮：

祿—看來可以做公家生意喔！
權—在公營事業較能表現出才華而適時得到升遷。
科—在公家機關易受提拔及升遷。
忌—一生辛苦工作，如創業容易被員工拖垮。

◎**入官祿宮：**

祿—一生能自立創業或有好工作。

權—如果創業工作，會有先冷後熱之狀況。

科—可從事文書或代書工作。

忌—宜選擇較冷門或偏門之工作（或現金生意較無風險）。

◎**入田宅宮：**

祿—可以做不動產或商店行業。

權—做事業可賺錢且會買不動產。

科—在事業上賺錢會存起來。

忌—一生可做現金買賣的行業，現金生意較好。

◎**入福祿宮：**

祿—一生事業運及財運好。

權—在事業上及財務上，會大出大入。

科—事業上能穩定發展，不錯啦！

忌—在事業上易週轉不靈，不宜自行創業。

◎入父母宮：

祿─一生事業運及財運好且會有貴人關愛。

權─在事業上及財務上會大出大入或有長輩做後盾。

科─事業上能穩定發展且有不錯的名聲，不錯啦！

忌─在事業上易週轉不靈，不宜自行創業，也可能會敗壞名聲。

在一生工作事業上當然會有不盡人意的地方，但只要認真做、歡喜受，運氣就會愈來愈好。

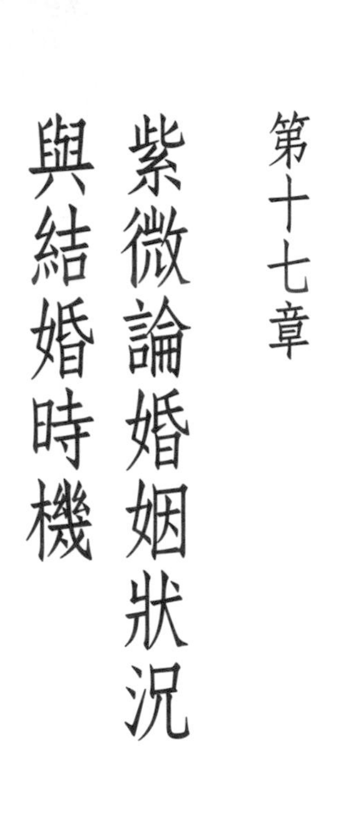

第十七章 紫微論婚姻狀況與結婚時機

紫 微 斗 數 星 盤

日期：2023/10/31

祿存 紅封旬 鸞誥空 【子女】博病亡龍 【丁巳】士　神德 8、20、32、44、56、68、80 93～102 小限 2	天機 擎羊 鈴星 忌忌 天三天天 才台刑月 【夫妻】力死白 【戊午】士　虎 9、21、33、45、57、69、81 103～112 小限 3	紫微 破軍 天鉞 文昌 文曲 忌 寡 宿 【兄弟】青墓攀天 【己未】龍　鞍德 10、22、34、46、58、70、82 113～122 小限 4	天天八天陰地 哭馬座巫煞空 【命宮】小絕歲弔 【庚申】耗　驛客 11、23、35、47、59、71、83 3～12 小限 5　科
太陽 陀羅 火星 天解 虛神 【財帛】官衰地大 【丙辰】府　煞耗 7、19、31、43、55、67、79 83～92 小限 1	（命盤中宮，見下表）		天府 台 輔 【父母】將胎息病 【辛酉】軍　神符 12、24、36、48、60、72、84 13～22 小限 6　科
武曲 七殺 天天天 使官福 【疾厄】伏帝咸小 【乙卯】兵旺池耗 6、18、30、42、54、66、78 73～82 小限 12			太陰 權 截天 空姚 【福德】奏養華歲 【壬戌】書　蓋建 1、13、25、37、49、61、73 23～32 小限 7
天同 天梁　身宮 龍地 池劫 【遷移】大臨指官 【甲寅】耗官背符 5、17、29、41、53、65、77 63～72 小限 11	天相 天魁 左輔 右弼 科 天破 傷碎 【僕役】病冠天貫 【乙丑】符帶煞索 4、16、28、40、52、64、76 53～62 小限 10　科	巨門 鳳蜚天 閣廉壽 【官祿】喜沐災喪 【甲子】神浴煞門 3、15、27、39、51、63、75 43～52 小限 9	廉貞 貪狼 祿忌 天孤恩天 喜辰光貴 【田宅】飛長劫晦 【癸亥】廉生煞氣 2、14、26、38、50、62、74 33～42 小限 8

姓名:　　性別:男

西元：1958年11月28日卯時　農曆：47年10月18日卯

偏印	日元	偏財	劫財	主星
丁卯	己酉	癸亥	戊戌	八字
乙	辛	甲壬	丁辛戊	藏
七殺	食神	正官 正財	偏印 食神 劫財	副星
病	長生	胎	養	運
桃花 日破	六厄 月德合 文昌 學堂 將星 進神	天喜 劫煞 血刃 驛馬 隔角 孤辰	魁罡	地支神煞
74 辛未　64 庚午	54 己巳　44 戊辰	34 丁卯　24 丙寅	14 乙丑　4 甲子	大運

編號:0

五行：木三局

性屬：陽男

□□□狗

命主：廉貞

身主：文昌

子年斗君：午

◎廟 ⊕旺 ○得地 △利益 ▲平和 ●不得地 ▼落陷

由命例（十七）可論斷以下現象

論婚姻狀況與結婚時機

以下論述就是要告訴您這輩子的婚姻關係大概會有以下現象，您要盡量認同與接受，夫妻本來就相處不易，所以有磨擦就必須好好溝通才是。

婚姻狀況

經查出命宮有天梁星者，感情線較晚開，適合晚婚，早婚不利。

經查出夫妻宮有煞星者，晚婚較佳，早婚不利。

從本命診斷出您這一生會結婚，因您官祿有喜神，官祿有沐浴，所以會有婚姻關係。

經查出您的擎羊星在午，如將床鋪移至擎羊星順行空一宮，也就是南方位上，可加速結婚機會。

經查出您本命夫妻宮干化祿入田宅，夫妻宮干化科入僕役，主異性緣較早、也會有婚姻。

從本命診斷出您這一生因您夫妻宮之三方四正位有天姚加地劫星的關係，所以在婚姻上可能會有離婚的現象，請好好經營您的婚姻。

結婚時機

經查出 23～32 歲：本夫化權入大運，所以在本大運會有婚姻可能。

西元：1982年（農曆71年）25歲：大夫化科之流年，姻緣桃花較旺，要把握。

西元：1986年（農曆75年）29歲：大夫化忌之流年，姻緣桃花較旺，要把握。

西元：1987年（農曆76年）30歲：大夫化權之流年，姻緣桃花較旺，要把握。

西元：1988年（農曆77年）31歲：大夫化祿之流年，姻緣桃花較旺，要把握。

經查出 33～42 歲：本夫化祿入大運，所以在本大運會有婚姻可能。

西元：1991年（農曆80年）34歲：大夫化科之流年，大夫化忌之流年，姻緣桃花較旺，要把握。

西元：1996年（農曆85年）39歲：大夫化祿之流年，姻緣桃花較旺，要把握。

此答案就是由以下各項條件所找出來的，只是筆者用電腦抓比較快而已。

第一節　論婚姻狀況與結婚時機

●命格（文中的煞是指六種凶星）。

●先看其命宮是否屬於某些不利婚姻的組合，如武曲加煞，機梁加煞，陰陽顛倒（男命有太陰，女命有太陽），官祿宮有本生年化忌星等情形，如運限不配合，則成為王老五的可能性較大。

從本命診斷出您很可能會晚婚或結不了婚，因您命宮「男命有太陰，女命有太陽星的關係」。

從本命診斷出您很可能會晚婚或結不了婚，因您官祿宮有生年化忌星的關係。

PS：如有上述之命格，若具有婚姻者，絕大多數都是大限走勢促成的，但運過之後，若逢夫宮不佳時，易出問題，以命理角度而言，不如當一個快樂的單身貴族，一旦走入了婚姻這條路，挫折、分手風波必多，反而更累。

●本命宮或第二大限命宮有紅鸞星坐守則屬早婚命格，有天喜主緣分早發而未必是早婚。

因查出您第二大運前命宮有＿＿＿星坐守，主姻緣早發而未必早婚，當然也有早婚的可能。

●太陽、太陰、武曲、天梁坐命者感情線較晚開，適合晚婚，或夫妻宮太差如坐機巨、同巨、巨日、煞星者亦須晚婚較佳。

經查出命宮有＿＿星者感情線較晚開，適合晚婚，早婚不利。

經查出夫妻宮有＿＿星者亦須晚婚較佳，早婚不利。

●夫妻宮坐破軍或左輔，右弼單守或星宿太差時（只需出現在女性命盤）。

經查出夫妻宮有＿＿星者亦須晚婚較佳，早婚不利，也可能會有二度婚姻，更可能成為人家的細姨。

●大限具備要件：大限走本命紅鸞，或大限權祿入本命或大限之夫妻宮，或本命權祿入大限夫妻宮，則於該限有姻緣機會。

經查出＿＿歲到＿＿歲大運的命宮有＿＿星，所以在本大運會有婚姻可能。

經查出＿＿歲到＿＿歲大運的權或祿星化入本命或大限的夫妻宮，所以在本大運會有婚姻可能。

經查出本命祿或權星落入＿＿歲到＿＿歲大運的夫妻宮，所以在本大運會有婚姻可能。

●大限命宮星曜穩定或夫妻宮有化吉星，主該限上五年內結婚。

經查出＿＿歲到＿＿歲大運夫妻宮有化權或化祿星或化科星，所以在本大運會有婚姻可能。

●確定在哪一大限有婚姻現象再進一步縮小範圍，以太歲或小限走夫妻宮，或本命紅鸞或流鸞入命身宮，且該年之夫妻宮又有化吉者為其正式結婚年。

經查出＿＿＿歲走夫妻宮，所以在＿＿＿年會有婚姻可能。

經查出＿＿＿歲到＿＿＿歲中走夫妻宮，所以在＿＿＿年到＿＿＿年會有婚姻可能。

經查出本命紅鸞或流年紅鸞入本命身宮，且該年之夫妻宮又有化四化星者，為其正式結婚年，所以在＿＿＿年會有婚姻可能。

●行限走桃花時（貪狼、天姚、紅鸞、廉貞），田宅宮有化權或化祿。

經查出＿＿＿歲走桃花運，一般有同居傾向，亦有可能結婚，但若不是走婚姻線而結婚，則甚難持久，並於行限夫妻宮逢破時必然分手。

●一般論會結婚的情形：以命、夫、福三宮來看，當然首要是夫妻宮：紅鸞、天喜入以上三宮。

從本命診斷出您這一生會結婚，因您＿＿＿宮有＿＿＿星的關係，所以會有婚姻關係。

●一般論會結婚的情形：以命、夫、福三宮來看有化科或化權或化祿加封誥時。

從本命診斷出您這一生會結婚，因您＿＿＿宮有＿＿＿星的關係，所以會有婚姻關係。

●以命、夫宮三方有青龍、喜神、冠帶、沐浴等星。

從本命診斷出您這一生會結婚，因您＿＿＿宮有＿＿＿星的關係，所以會有婚姻關係。

●夫妻宮中有天同星。

從本命診斷出您這一生會結婚，因您夫妻宮有天同星的關係，所以會有婚姻關係。

●子女宮帶化祿、左輔、右弼、天姚、咸池等星；有雙化忌是奉子女之命。

從本命診斷出您這一生會結婚，因您＿＿宮有＿＿星的關係，所以會有婚姻關係。

●命宮有左輔加擎羊、陀羅，會意氣用事，受人利用。

從本命診斷出您這一生因您命宮有＿＿星的關係，所以在婚姻的經營上會意氣用事，受人利用。

●女命夫妻宮有左輔加廉貞加擎羊。

從本命診斷出您這一生因您夫妻宮有＿＿星的關係，所以在男女關係上容易遭非禮強暴或被逼成婚。

●女命夫妻宮有左輔加天同，尤其又會到天姚、咸池時更是。

從本命診斷出您這一生因您夫妻宮有＿＿星的關係，所以在婚姻上可能會成為人家的偏房，或跟已婚男人同居。

●左輔、右弼坐命之人較重感情，尤其是右弼，初戀大部分不會成功，但永遠懷念著對方。

從本命診斷出您命宮有＿＿星的關係，一生較重感情，所以初戀大部分不會成功，但會永遠懷念著對方。

●左輔、右弼若入命、夫、子的宮位時就會有感情困擾，容易同時出現兩個以上的情人。從本命診斷出您＿＿宮有＿＿星的關係，所以一生會有感情困擾，容易同時出現兩個以上的情人，腳踏兩條船。

●想要儘速結婚的人，將床鋪移至擎羊星順行空一宮的宮方位上，可加速結婚。經查出您的擎羊星在＿＿宮，如將床鋪移至擎羊星順行空一宮，也就是＿＿方位上，可加速結婚機會。

●本命夫妻宮干四化入命、疾、僕、田，主異性緣較早，也會早婚。經查出您本命夫妻宮干四化入＿＿，主異性緣較早，也會早婚。

●本命夫妻宮干化忌沖命、疾、僕、田，主異性緣較不好，也會晚婚。經查出您本命夫妻宮干化忌沖＿＿，主異性緣較不好，也會晚婚。

第二節　用紫微看哪一年會結婚

本夫化祿、權、科所入之大運較有機會結婚。

經查出您本夫化——入——到——大運，所以本大運較有機會結婚。較有機會結婚的大限之夫妻宮（大夫）化祿、權、科之流年或入大命或入大夫或入流命或流夫都有結婚機會。

經查出您大夫化——入——在——年較有機會結婚。

第三節 可能會離婚的組合（以夫妻宮三方四正爲準）

●地空、地劫、化忌皆有時。

從本命診斷出您這一生因您夫妻宮之三方四正位有地空、地劫、化忌星的關係，所以在婚姻上可能會有離婚的現象，請好好經營您的婚姻。

●左輔、右弼加地空、地劫（兩兩成對就會）。

從本命診斷出您這一生因您夫妻宮之三方四正位有左輔、右弼加地空、地劫星的關係，所以在婚姻上可能會有離婚的現象，請好好經營您的婚姻。

●武曲、廉貞加化忌，再另外加一點點煞時。

從本命診斷出您這一生因您夫妻宮之三方四正位有武曲、廉貞加化忌星的關係，所以在婚姻上可能會有離婚的現象，請好好經營您的婚姻。

●天姚加地劫時。

從本命診斷出您這一生因您夫妻宮之三方四正位有天姚加地劫星的關係，所以在婚姻上可能會有離婚的現象，請好好經營您的婚姻。

●以夫妻宮三方四正為準三方煞多加孤辰、寡宿，同會天馬，而流年命宮是哭。虛星，且主星是巨門或「七殺、破軍、貪狼」時更甚之。

從本命診斷出您這一生因您夫妻宮之三方四正位有孤辰、寡宿，同會天馬的關係，所以在婚姻上可能會有離婚的現象，請好好經營您的婚姻，最後經太歲——歲流年走到這種情況最為明顯。

●以夫妻宮三方四正為準有太陰、太陽、巨門，有廉貞、武曲加化忌時也是。

經診斷太歲——歲流年時碰到化忌星，所以在婚姻上可能會有離婚的現象，請好好經營您的婚姻。

●以夫妻宮三方四正為準有鈴星、陰煞時，主會有三角戀愛，或是有第三者來管束他們的戀愛。

經診斷太歲——歲流年時碰到三方四正有鈴星、陰煞時，主會有三角戀愛，或是有第三者來管束他們的戀愛。

第四節　一生姻緣如何較容易尋得

1、先看本命中之命宮、夫妻宮的星宿及有無生年四化，其二宮宮干四化之影響如何。

2、次看命宮、夫妻宮與福德宮之關係。

3、再看適婚之大限，命宮、福德宮、夫妻宮星曜如何，四化之變化如何。如：本命宮，化忌如夫妻宮，且夫妻宮化忌入命宮或福德宮者，主無緣或背道而馳。先找化祿星在何宮，則可藉此宮之力量來借力使力，如化祿入父母宮，則可靠長輩物色介紹，如化祿入事業宮，可由工作關係中尋得。

4、看桃花星何在？流年化祿何在？次看化科星？桃花星入流年命宮，本主姻緣或愛情。未婚者應好好把握，除非有化忌星沖破入命或夫妻或多煞會合，尤其地空、地劫，主失落最不利。

5、流年化祿星亦可主愛情，如貪狼、太陰、廉貞、太陽等化祿皆為異性緣高漲之時，現今社會，常為讀書或工作而錯過了姻緣，尤其時下很多優秀之青年男女，礙於條件、隨緣心態，自律性太高，有延遲之現象，可藉由以上之方法，尋找最有效之時機，尋找更多之機會。

第十八章

紫微論夫妻間
婚前婚後相處之道

命例（十八）

紫 微 斗 數 星 盤

日期：2023/10/31

<table>
<tr>
<td>▲
天　天
機　鉞
科
天孤蜚破天封
福辰廉碎馬誥
【兄弟】 喜絕歲喪
【丁巳】 神　驛門
3、15、27、39、51、63、75
16～25 小限 5　祿</td>
<td>◎
紫
微
天天
官喜
【命宮】 飛墓息貫
【戊午】 廉　神索
4、16、28、40、52、64、76
6～15 小限 6　祿</td>
<td>△⊕
文文
昌曲
忌
龍鳳天
池閣月
【父母】 奏死華官
【己未】 書　蓋符
5、17、29、41、53、65、77
116～125 小限 7</td>
<td>○
破
軍
祿
天地
姚空
【福德】 將病劫小
【庚申】 軍　煞耗
6、18、30、42、54、66、78
106～115 小限 8　權忌</td>
</tr>
<tr>
<td>◎
七
殺
天旬
刑空
【夫妻】 病胎攀晦
【丙辰】 符　鞍氣
2、14、26、38、50、62、74
26～35 小限 4　忌</td>
<td colspan="2" rowspan="2">姓名:　　性別:男
西元：1963年10月3日卯時　農曆：52年8月16日卯
編號 :0
五行：火六局　性屬：陰男　□□□兔
命主：破軍　身主：　子年斗君：申</td>
<td>天天恩天台
虛才光貴輔
【田宅】 小衰災大
【辛酉】 耗　煞耗
7、19、31、43、55、67、79
96～105 小限 9　權</td>
</tr>
<tr>
<td>◎◎
太天天右
陽梁魁弼
權
天天
哭壽
【子女】 大養歲
【乙卯】 耗　建
1、13、25、37、49、61、73
36～45 小限 3</td>
<td>△
廉天
貞府
科
【官祿】 青帝天龍
【壬戌】 龍旺煞德
8、20、32、44、56、68、80
86～95 小限 10</td>
</tr>
<tr>
<td>○◎
武天
曲相
三解地
台神劫
【財帛】 伏長亡病
【甲寅】 兵生神符
12、24、36、48、60、72、84
46～55 小限 2　權</td>
<td>●●◎○
天巨擎鈴
同門羊星
權
天寡
使宿
【疾厄】 官沐地弔
【乙丑】 府浴煞客
11、23、35、47、59、71、83
56～65 小限 1</td>
<td>⊕　▼
貪　祿火
狼　存星
忌
身宮
紅八陰
鸞座煞
【遷移】 博冠咸天
【甲子】 士帶池德
10、22、34、46、58、70、82
66～75 小限 12</td>
<td>◎　▼
太　陀左
陰　羅輔
科
科
天截天
傷空巫
【僕役】 力臨指白
【癸亥】 士官背虎
9、21、33、45、57、69、81
76～85 小限 11</td>
</tr>
</table>

				主星
偏印	日元	食神	偏財	主星
丁卯	己卯	辛酉	癸卯	八字
乙	乙	辛	乙	藏
七殺	七殺	食神	七殺	副星
病	病	長生	病	運
金匱 伏吟 月破 將星	金匱 伏吟 月破 將星 進神	歲破 災煞 文昌 學堂 日破	月破 將星	地支神煞

79	69	59	49	39	29	19	9	
癸丑	甲寅	乙卯	丙辰	丁巳	戊午	己未	庚申	大運

◎廟 ⊕旺 ○得地 △利益 ▲平和 ●不得地 ▼落陷

用紫微論夫妻間婚前婚後相處之道

本項論斷是以本命夫妻宮之主星來論述結婚前與結婚後之現象，如果有以下情況請盡量互相配合，婚姻才能美滿。

1、夫妻宮中有紫微

【結婚前應有的認知】

盡量晚婚，不要太在意個人婚姻外在形象問題或享受物質生活，對於婚姻也不要太過苛求，必須注意的是夫妻是否志同道合。為了緩和婚後會有心靈上的孤寂感，盡量將理想與現實理出一個平衡點。

【結婚後該配合之圓融方式】

婚後最重要的是對配偶要溫柔體貼，培養夫妻共同嗜好，如在藝術文學方面，並且建立共同的交際圈增加話題，以破除夫妻間的心靈落寞感，平常在對話方面，不要太過直接、火爆，才能經營好婚姻。

2、紫微、天府

【結婚前應有的認知】

不要太在意個人婚姻外在形象問題或享受物質生活，對於婚姻也不要太過苛求，必須注意的是夫妻是否志同道合。為了緩和婚後會有心靈上的孤寂感，盡量將理想與現實理出一個平衡點。盡量晚婚。

【結婚後該配合之圓融方式】

配偶有著強烈自尊心及內向，若是一味以物質條件來維繫婚姻，可能導致彼此缺乏精神層面生活。因此，增加彼此心靈活動是不可欠缺的，兩人必須相互鼓勵以防危機產生，進而達到心靈、物質健全的婚姻關係。

3、紫微、天相

【結婚前應有的認知】

對方過於熱心公益且注重形象，很容易忽略個人婚姻。對於已決定結婚的對象，適合採取主動追求，表達你個人感受；因為你的伴侶傾向謹慎、保守並且個性害羞，因此，於婚前最好直接、強烈的表達讓對方知道。

【結婚後該配合之圓融方式】

你的配偶排斥五光十色的生活，喜歡寧靜居家生活，容易有枯燥、刻板的感覺；因此，夫妻間最好能夠規劃一些靜態的休閒性質活動來做為婚姻生活的潤滑劑，如此才能改變及迎合配偶的潛在個性，在教育子女上，最好以幽默方式來代替責罵，方能收到好效果。

4、紫微、破軍

【結婚前應有的認知】

你的初戀是一段令人錐心泣血的創傷史，所以在情感的投入多加冷靜觀察，勿盲目跌進入愛情的深淵。戀愛時，勿追問對方的戀愛史，及以貌取人，先讓對方瞭解你個人想法、個性、脾氣，以免在兩人相處時意氣用事，造成傷害。交往的重心應放在彼此的性向、人生觀是否相同較為重要。

【結婚後該配合之圓融方式】

配偶個性剛強、相當固執己見，不太喜歡過單調平凡的日子；你最好能配合這個動力，將此變化力量轉移至工作、事業上，例如：業務、設計、較獨立性質的工作，同時要鼓勵配偶做多變化的事業。

5、紫微、七殺

【結婚前應有的認知】

在未達適婚年齡之前，婚前最重要的事情盡可能將感情注意力轉移至學業、事業、工作或自我充實上。你個人對一見鍾情及閃電般的婚姻有憧憬，如果早婚，婚姻生活易起變化，能夠晚婚最好。

【結婚後該配合之圓融方式】

夫妻間個性、意見上容易對立，因此採取聚少離多的策略，夫妻雙方最好共同從事文教、藝術方面的工作，同時將彼此重心轉移至工作心得的探討，不但可增加彼此的創作及工作經驗累積，可趨吉避凶。配偶在個性上所有事情非常喜歡干涉，心浮氣躁，且有強烈的佔有慾，所以晚婚較佳。

6、紫微、貪狼

【結婚前應有的認知】

初戀不易有結果，避免進入三角戀愛漩渦之中，選擇異性要小心。對異性不要太注重外表，易引發枝節。外在問題或物質生活條件不須太在意，首先必須注意的是夫妻是否志同道合；家庭背景、年齡差距、個人以往的戀愛史、感情生活為次要，即使聚少離多也無所謂。

【結婚後該配合之圓融方式】

配偶有圓滑的交際手腕，從事與異性接觸的工作非常理想。因此不要太限制配偶的個人消費，譬如：衣飾、家飾……等。夫妻間不適合從事投機、賭博相關的行業，最好建立共同人際關係，可把夫妻間的變動因素降到最低。

7、天機

【結婚前應有的認知】

個人容易胡思亂想，感情的判斷力並不高，潛在對於情感的宣洩不易自我調適，容易一見鍾情，在感情上易遭受挫折、易後悔自己的情感太投入。會有聽天由命的非理性存在，所以對感情徬徨無助與悔意深深的矛盾存在。因此在感情的路途中，不適合早婚或短期的速食戀情，晚婚較適合你。

【結婚後該配合之圓融方式】

配偶在工作上容易對成敗相當在乎，所以幫他放鬆心情，從旁鼓勵，可使他的神經質化解於無形；不但可幫助配偶的事業，也有助於彼此情感的增進。婚後夫妻雙方從事動態性質的工作較為理想，可將感情上的波動轉為工作上的動力，例如：演藝、新聞、設計、寫作、娛樂等。

8、天府

【結婚前應有的認知】

喜愛多采多姿，本性多變的性格，最好在婚前即做好修飾的工作，行事能以現實的考量來斟酌。並非人生完美理想與慾念完全割捨，而是予以合理化；因此雙方在相處中要找出共通點，婚姻生活才會快樂。

【結婚後該配合之圓融方式】

從戀愛到結婚過程均平穩順利，配偶也有超強的包容力。對方太過安於現狀、對人生的事業缺乏開創及競爭精神。在中年時易有心寬體胖的現象，起因於對飲食的注重講究，因而在這方面必須做適度的調整，並要多加運動以維護健康，才可永保婚姻的甜美。

9、天機、巨門

【結婚前應有的認知】

你個人對於情感的自我控制，感情的判斷力並不高，不適合早婚或短期的速食，一見鍾情的感覺，在感情上易遭受挫折，晚婚較適合你。因在感情的路途中，你是位毛病頗多的過敏者，容易胡思亂想，不適合長期戀情。此外夫妻的年齡差距愈大愈理想，老少配、姊弟戀也可以。

【結婚後該配合之圓融方式】

對異性有著強烈的佔有慾、愛恨分明，易產生嫉妒的心理；因此，婚後要培養容忍的雅量。婚後夫妻雙方最好從事動態性質的工作較為理想，可將感情上的波動轉為工作上的動力，如：演藝、新聞、設計、寫作、娛樂等。夫妻間刻意有聚少離多的情況，會使你生活更加美滿。

10、天機、天梁

【結婚前應有的認知】

在感情上易遭挫折創傷，判斷力並不高，容易胡思亂想，你是位毛病頗多的過敏者，晚婚較適合你，但不適合長期戀情。選擇對象上姊弟戀是不錯的選擇，若是男性則太太最好能年齡比你大些，若是女性則丈夫最好年齡能比妳小些。

【結婚後該配合之圓融方式】

你的伴侶自尊心強烈，在生活領域中有強烈的主觀意識，經常位居領導地位。在婚後，很容易出現命令式的口吻，主導夫妻間感情的發展，以及生活模式。因此於婚後，你要瞭解他有此特性，進而發揮與他配合的技巧，極為重要。可從事動態性質的工作較為理想，共同培養嗜好。

11、太陽

【結婚前應有的認知】

對感情的信賴與奉獻、犧牲才是幸福之道；反應太多且強烈的舉動，容易讓人無所適從，而導致壓迫感或是不敢坦誠以對，萬一日後成婚才引發秘密，或是瞭解真相，反而掀起更大的風暴。

【結婚後該配合之圓融方式】

配偶不喜歡居家生活，因此在婚後必須瞭解他強烈的事業心，盡可能給予幫助。也因如此的特性，在人際關係上難免樹大招風，尤其在談吐技巧上，婚後盡可能的予以提醒，不可盲目的擴張，與現狀的事實配合較為理想。

12、太陽、太陰

【結婚前應有的認知】

奉獻、犧牲與信賴才是幸福之道。在你婚姻模式中，最理想的對象是感性、有藝術天分者為佳，雖然在婚前時交友層面非常廣闊，有結交多位異性的傾向，但能讓你真正傾心之人則非常少。

【結婚後該配合之圓融方式】

配偶有膽識、果斷力強，且出手大方、愛面子、好排場，談情說愛時熱情如火，富有正義感、好動，不喜歡居家生活、易固執己見。因此在婚後必須瞭解他強烈的事業心，盡可能給予幫助。適合從事藝術、文化、教育等具高度敏感及感性方面的事業上去發展。

13、太陽、巨門

【結婚前應有的認知】

你擁有善於思考的特性，缺點是反應過度且過快。你的婚姻對象，最理想的是感性、具有藝術天分者為佳。配偶年齡差距最好能在3歲至7歲之間。選擇配偶多評估對方的說話技巧與處世態度，個人是否對於這方面有交集和包容的空間。

【結婚後該配合之圓融方式】

配偶不喜歡居家生活、愛面子、好排場、易固執己見。但如此的特性、粗獷的典型，在人際關係上難免樹大招風，不可盲目的擴張。如果配偶有事業上的運作，必須給予勸告。有強烈的佔有慾，不能容忍你的伴侶與其他異性談天說笑，因此最好晚婚，婚後要培養容忍對方的雅量。

14、太陽、天梁

【結婚前應有的認知】

適婚年齡最好在27歲以上。對象選擇上，年齡差距若是男性則太太最好能年齡比你大些，若是女性則丈夫最好年齡能比妳小些。並且盡量晚婚。奉獻、犧牲與信賴才是幸福之道，彼此寬容諒解，夫妻生活才會長久。

【結婚後該配合之圓融方式】

配偶有膽識、果斷力強，且出手大方、愛面子、好排場，富有正義感、好動，不喜歡居家生活、易固執己見。在婚後會出現命令式的語氣，因此在婚後必須瞭解他強烈的自尊心及事業心。

15、武曲

【結婚前應有的認知】

對於婚姻較傾向於現實主義，適合自由戀愛，喜歡與有經濟基礎、成熟的對象交往；年齡最好不要超過2歲。在選擇對象時，最好選擇志向相同、溫柔、體貼、內向的人，否則婚後易產生衝突；尤其你的脾氣也是倔強一族，如此硬碰硬的組合，極其不妥。適合晚婚。

【結婚後該配合之圓融方式】

對於愛情的處理極為直接，熱戀時，對象會以直接、強悍的方式表達情感。婚後最好能有任勞任怨、忍讓的精神，做為夫妻之間相處的潤滑劑，不宜太苛求對方，寬容瞭解才容易相處。

16、武曲、天府

【結婚前應有的認知】

現實主義者，戀愛過程單純直接，因而缺乏甜蜜的感覺及羅曼蒂克的氣氛。在婚前要選擇年齡相近的為交往對象，對象性剛烈強，易引發婚後的衝突。適合晚婚。在選擇對象時，最好選志向相同、溫柔、體貼、內向的人，否則婚後易產生衝突。

【結婚後該配合之圓融方式】

婚姻運頗為理想，配偶在包容力上比一般人強而有力，間接保障了婚姻的穩定和快樂。對方容易安於現狀，缺乏開創及競爭精神。由於對飲食相當講究，在中年時有肥胖現象，必須多加運動以維護健康，婚姻的甜美才能長久。

17、武曲、貪狼

【結婚前應有的認知】

對婚姻較實際，會選擇有經濟基礎、成熟、年齡相近、志向相同、溫柔、體貼、內向的對象交往；對象個性較剛烈頑固，易產生衝突；尤其你的脾氣也是倔強一族，所以要有靈活交際的手腕，甜言蜜語常掛嘴邊來征服你的另一半。適合晚婚。

【結婚後該配合之圓融方式】

婚後易傾向在精神上的相互折磨，導致於生長環境、教育模式、思考行為上的背道而馳。在你的婚姻模式之中，獨立各行其道是最大的致命傷，所以溝通、互信、互諒成為婚姻生活的成敗關鍵。間接式的相互瞭解與互動關係是好的開始；共同的人際關係、嗜好、休閒活動的建立是重要的。

18、武曲、天相

【結婚前應有的認知】

脾氣倔強，婚姻傾向於現實主義，希望有經濟基礎、成熟的個性。經由熟人介紹或同學、朋友、同事介紹，戀情會較穩定。如果對方是你希望的結婚伴侶，兩人在交往時，對方較內向、保守、謹慎，不妨採取主動。

【結婚後該配合之圓融方式】

婚後生活，多找另一半去看電影、聽音樂會與文化藝術等方面的活動，才不至於讓婚姻生活單調欠缺活力。生活中最好能有任勞任怨、忍讓的精神，做為夫妻之間相處的潤滑劑，不宜太苛求對方。

19、武曲、七殺

【結婚前應有的認知】

你的配偶有旺盛的鬥志與毅力，做事踏實且擇善固執，對於事業豪氣萬丈，因此晚婚是不錯的選擇。對象最好選擇溫柔、體貼、內向、相同嗜好的人，否則婚後易產生衝突。

【結婚後該配合之圓融方式】

夫妻之間相處溝通固然重要，但相聚的時間仍不宜過長，尤其是朝暮相處反而易引發摩擦。將雙方的工作或事業引進日常生活，來取代夫妻之間的一般言談，或是再充實其他的專業知識，取代「愛情」的貼心言語，並以各自事業為主體，切勿過分干涉對方的專業領域。

20、武曲、破軍

【結婚前應有的認知】

你個人喜歡無拘無束的感情生活，不喜歡媒妁之言的婚姻觀念，因此適合自由戀愛，選擇年齡相近，交往對象最好不要超過2歲。適合晚婚。情感處理不可太過獨斷，多聽父母、朋友、親戚與同學、知己等的意見較理想；必須多加包容他人，否則容易在年輕時，愛情會受到激烈的傷痛。

【結婚後該配合之圓融方式】

婚後配偶對於你的教育方式、思考、行事原則不相符時，不可存有過強的反抗心理，夫妻相處之時力求客觀，不可單方考量自己的思維模式而忽略對方的想法，否則恐會影響婚姻。最好能多多寬諒忍讓，做為夫妻之間相處的潤滑劑。

21、天同

【結婚前應有的認知】

太過博愛也是個缺點；在婚前交友的層次上，必須有明確的界線，不可有不謹慎的處理，譬如：談心事的朋友、吃喝玩樂的朋友，甚至終身伴侶，最好能劃分清楚，否則太過感情用事會引發一些意想不到的後遺症。

【結婚後該配合之圓融方式】

伴侶為人隨和但較缺乏開創精神，對你體貼，但你的脾氣相當倔強。因為如此好的對象不容易找到，要好好珍惜。你的配偶在忙碌、辛勤工作有壓力時，會出現反常的個性，因此雙方要多注重休閒生活，以化解壓力。

22、天同、太陰

【結婚前應有的認知】

腳踏多條船，太博愛容易翻船，選擇理想的對象是感性、有藝術天分者為佳，不過也由於對方因有此特性，對於婚姻的敏感度相當敏銳，因此其情緒易受外在因素牽制，相對也會影響婚後夫妻間的相處。

【結婚後該配合之圓融方式】

配偶在生活上懶散，為人隨和，但對你體貼，不會干涉生活細節。你的脾氣相當倔強，時常會令你的伴侶非常難堪，會傷害對方的自尊心。雙方要多注重休閒生活以化解壓力。建議她從事藝術、文化、教育等具高度敏感及感性方面的事業上去發展，商業色彩過於濃厚或太過競爭者，皆不適宜。

23、天同、巨門

【結婚前應有的認知】

選擇朋友跟選擇終身伴侶必須嚴格區別，對於要廝守終身的伴侶應該考慮兩人之間的個性差異、性格傾向、生活品味、人生觀為前提。最好年齡差距在3歲以上，選擇配偶也要多評估對方的處事態度及說話技巧，若兩人無法達成共識時，雅量也要列入考慮範圍。

【結婚後該配合之圓融方式】

你個人對於異性包藏著強烈的佔有慾，甚至不能容忍你的伴侶與其他異性談天說笑，易產生嫉妒的心理，婚後要培養容忍對方的雅量，極為重要。你對伴侶諸如此類不滿的事物，易以尖銳的語言暴力來表達，因此包容退讓很重要，才不至於造成雙方的爭執與煩惱。

24、天同、天梁

【結婚前應有的認知】

太過博愛也是個缺點；在婚前交友的層次上，必須有界線，譬如：談心事的朋友、吃喝玩樂的朋友，甚至終身伴侶，最好能劃分清楚。晚婚好，而且要超過27歲以後。在選擇結婚對象方面，姊弟配是不錯的組合。男性則是太太最好能年齡比你大些，女性選丈夫最好年齡能比妳小些。

【結婚後該配合之圓融方式】

伴侶為人隨和，凡事不會干涉，但自尊心強，主觀意識濃，在生活領域中，經常位居領導地位。所以在婚後會出現命令式的語氣，因此於婚後，你要瞭解他如此的特性，進而調適心態及配合。

25、廉貞

【結婚前應有的認知】

喜歡浪漫的情感生活，陷入迷惘中而不自知，又缺乏分辨心，多接納長輩和友人的觀念、見解，以靈活的思緒與客觀冷靜的態度來看待事情的發展，不要將愛的EQ凍死在冰河之中。晚婚最適合。

【結婚後該配合之圓融方式】

你的配偶會隱藏心事，不易說出真心話，自我保護意識非常強烈，但不要誤會對方非真誠相待。對方有著強烈的正義感，對於不公平的事易反應過度，在夫妻生活及處理雜事上的潛在作用力須多加留意。婚後在相處上要盡量婉轉、冷靜及發揮包容力，以化解夫妻間的衝突。

26、廉貞、天府

【結婚前應有的認知】

配偶是相當謹慎步步為營，而你個性卻多變，在婚前必須做好調整心態的工作，能多與現實的考量來配合。並非慾望與人生理想完全割捨，而是加以合理化，不至於使雙方在平常相處之中有缺憾。

【結婚後該配合之圓融方式】

你先天的婚姻運頗為理想過程平順，配偶在包容力上比一般人強而有力，無形中保障了快樂穩定的婚姻。但對方喜歡安於現狀、缺乏競爭精神及開創的原動力，要用鼓勵的方式來增加其人生事業的開創力。婚後在相處上要婉轉、冷靜及發揮包容力，以化解夫妻間易衝突的無形作用力。

27、廉貞、貪狼

【結婚前應有的認知】

屬外貌協會一員，對所交往的異性長相及造型很在意。配偶具有靈活的交際手腕，又有多才多藝的特性，善於甜言蜜語。最好在年紀稍大，以30歲過後最恰當，思想趨於成熟時再談戀愛，不要盲目的追求愛情，避免感情上的紛擾。適合晚婚。

【結婚後該配合之圓融方式】

因生長環境、交友狀況、教育模式及思考行為均不相同，所以婚後要溝通再溝通、互信、互諒。你要多加注意的是；配偶自我保護意識非常強烈，有著強烈的正義感，不公平的事易反應過度，在相處上要盡量婉轉、冷靜及發揮包容，以化解夫妻間的衝突。

28、廉貞、天相

【結婚前應有的認知】

與異性交往多接納友人、師長的見解，以靈活的思緒與客觀冷靜的態度來面對，經由熟人、同學、同事、朋友介紹成功機率較高，最重要乃在於晚婚，起碼30歲以後，思想、經濟、各方客觀條件也較成熟，有助於彼此感情的融洽。

【結婚後該配合之圓融方式】

在夫妻生活及處理雜事上必須多加留意，兩人在相處上要盡量輕言細語、冷靜及包容，以化解夫妻間的衝突。為了避免婚後的單調生活及一成不變的生活模式，製造Surprise的浪漫生活，比如看電影、聽音樂會、參與文化藝術活動、生日約會，不至於使婚姻生活變得枯燥無味。

29、廉貞、七殺

【結婚前應有的認知】

你的伴侶個性剛強、易衝動、愛發脾氣，有拒人於千里之外的個性。所以，在婚前你個人所找的對象，也必須熱衷於工作，又雙方都很愛面子，所以婚後彼此有工作生活空間緩衝，才不會讓衝突影響婚姻品質。適合晚婚，以30歲過後最恰當。

【結婚後該配合之圓融方式】

雙方應將各持己見的爭執點，如工作與職權及家庭生活瑣事做好事前劃分。儘可能將雙方的工作或事業帶進日常生活中，或是再充實其他的專業知識，並以各自事業為主體，勿過分干涉對方的專業領域。晚婚對你的幫助最大。

30、廉貞、破軍

【結婚前應有的認知】

自由派，嚮往無拘無束的感情生活，不太喜歡接受媒妁之言的觀念，初戀是一段刻骨銘心的愛情史。這時父母、朋友、親戚與同學、知己等的意見可聽聽看，傷較少、痛較輕。適合晚婚，以30歲過後最恰當。

【結婚後配合之圓融方式】

吵架有時也可為感情增溫，偶爾激烈碰撞一下，感情會更甜蜜，但要有停火協議。婚後不要太任性，配偶不易說出真心話，多一點包容心、愛心和耐心，想想對方的好，這樣就好了。

31、天機、太陰

【結婚前應有的認知】

感情的EQ並不高，容易一見鍾情，因而易後悔自己的情感投入，在感情上易遭受挫折。你常感到愛情無助與悔意深深的矛盾存在。因在感情的路途中，容易胡思亂想，能讓你真正傾心之人則非常少，不適合長期遠距離戀情。

【結婚後該配合之圓融方式】

動態性質的工作適合雙方，可將感情上的波動轉為工作上的動力，例如：演藝、新聞、設計、寫作、娛樂等。配偶在生活上非常懶散，且又帶有神經質與潔癖。夫妻會有聚少離多的情況，反而使你生活更加美滿。

32、太陰

【結婚前應有的認知】

和你攜手共度一生最理想的對象是具理性、感性且有藝術天分者為佳，不過也由於對方如此的特性，對於外在環境感覺相當敏銳，因此讓對方有安全感，情緒不受影響，才有穩定甜蜜的感情。

【結婚後該配合之圓融方式】

配偶在生活上懶散，許多事不積極處理，且又帶有強烈神經質和潔癖。適合從事藝術、文化、教育等具高度敏感及感性方面的事業上去發展，純粹的競爭性質或商業色彩過於濃厚者，皆不適宜；萬一有如此情況發生，必須鼓勵她改變，去從事真正屬於她的範圍，這也是間接維護婚姻的客觀要素。

33、貪狼

【結婚前應有的認知】

配偶是個有靈活交際手腕的人，有多才多藝的特性，喜歡甜言蜜語，在意異性的長相及造型。愛情是枝微末節堆積出來的，因此婚後容易發生生活習慣不同、口角種種問題。你最好在年紀稍大、思想趨於成熟時再談戀愛，避免感情上的紛擾。

【結婚後該配合之圓融方式】

因生長環境、交友、教育模式、行為思想上的不同，所以溝通、互信、互諒成為婚姻生活的成敗關鍵。共同的人際關係、嗜好、休閒活動的建立是重要的。在你的婚姻生活中，間接式的相互瞭解與互動是良好關係的開始。

34、巨門

【結婚前應有的認知】

選擇配偶多評估對方的品行、說話技巧與態度，個人對於這方面是否有包容的空間。紅顏知己與終身伴侶必須嚴格區別出，尤其終身伴侶應以考慮相互之間的個性、性向、品味、人生觀為前提。結婚對象年齡差距最好能在3歲以上，若年紀相當則更須相互觀察、瞭解。

【結婚後該配合之圓融方式】

對於異性潛藏著強烈的佔有慾、愛恨分明，易產生嫉妒的心理，甚至不能容忍你的伴侶與其他異性談天說笑；因此，婚後要培養容忍對方的雅量，極為重要。所以在婚前或婚後，對於情感的事，要放鬆心情，順其自然，保持平靜的心靈。晚婚對你最適合。

35、天相

【結婚前應有的認知】

配偶是經由熟人或同學、朋友、同事介紹所相互產生的戀情，也可能是以往所結交的朋友，重新點燃舊情。因此愛情模式以單純的友誼為前提，所以較保守、內向、謹慎，如遇到對方是你希望的結婚伴侶，你不妨採取主動，有助於彼此感情的速度。

【結婚後該配合之圓融方式】

因配偶保守，婚後生活容易產生呆板的生活模式。所以應從靜態活動開始著手，比如看電影、聽音樂會、參與親子關係講座與文化藝術等方面，然後再擴及熱情性的活動，以避免婚後的單調。

36、天梁

【結婚前應有的認知】

盡量晚婚，起碼要27歲以後，姊弟戀是不錯的選擇，你若是男性則太太最好能年齡比你大些，若是女性則丈夫最好年齡能比妳小些。如此才能將婚姻之中所潛伏的抽象式人為力量，所無法扭曲改變的精神壓力，降到最低。

【結婚後該配合之圓融方式】

配偶主觀意識、自尊心強，在生活領域中，經常位居領導地位。在婚後，很容易出現命令式的口吻，主導夫妻間感情的發展。因此於婚後，你要瞭解他如此的個性。遇到意見磨擦，要以合情的理論、公正的原則、理性的角度、客觀的分析來與他溝通，不要太過自私，方能達到溝通的效果。

37、七殺

【結婚前應有的認知】

伴侶愛發脾氣、個性剛強、固執、易衝動，甚至有拒人於千里之外的個性。由於雙方都很愛面子，所以你在婚前所找的對象，最好必須熱衷於工作，婚後彼此才會有很好的婚姻感情生活。

【結婚後該配合之圓融方式】

應以各自事業為主體。夫妻之間相處溝通固然重要，但相聚的時間不宜過長，朝暮相處反而易引起摩擦。若你是男性，那配偶不適合當全職家庭婦女，最好是職業婦女。在家庭生活中，先區分工作與職權，將雙方的工作或事業做好規劃，這樣會較好。

38、破軍

【結婚前應有的認知】

個人不太喜歡接受媒妁之言，喜歡無拘無束的自由戀愛，戀愛沒有真理，會有一段傷心愛情史的初戀。多聽聽父母、朋友、親戚與同學、知己等的意見較理想，並且盡可能晚婚。

【結婚後該配合之圓融方式】

夫妻相處時力求客觀，有時良性的吵架對兩人的關係有正面幫助，再美的花都需要土壤，因此不要嫌棄土壤的髒與醜，不然美麗的花也活不久。夫妻也是！即使習慣品味不同，感情生活還是需要用心經營。

第十九章

紫微斗數挑剖腹生產日子

紫 微 斗 數 星 盤

日期：2023/10/31

<table>
<tr>
<td>⊕▲
紫七祿
微殺存
破三天天恩天
碎台刑巫光貴
【官祿】博長劫小
【丁巳】士生煞耗
6、18、30、42、54、66、78
44～53 小限 8</td>
<td>▼
擎
羊
天天天
傷哭虛
【僕役】力沐災大
【戊午】士浴煞耗
7、19、31、43、55、67、79
54～63 小限 9 權</td>
<td>△
天鈴
鉞星　身宮
天旬
壽空
【遷移】青冠天龍
【己未】龍帶煞德
8、20、32、44、56、68、80
64～73 小限 10 祿權忌</td>
<td>天蜚地
使廉劫
【疾厄】小臨指白
【庚申】耗官背虎
9、21、33、45、57、69、81
74～83 小限 11 祿</td>
</tr>
<tr>
<td>△◎◎
天天陀
機梁羅
忌
權
龍解
池神
【田宅】官養華官
【丙辰】府　蓋符
5、17、29、41、53、65、77
34～43 小限 7</td>
<td colspan="2" rowspan="2">姓名:　性別:男
西元：2008年10月4日酉時　農曆：97年9月6日酉時
（見下方八字表）
編號 :0
五行：金四局
性屬：陽男
□□□鼠
命主：巨門
身主：火星
子年斗君：丑</td>
<td>▲▼
廉破
貞軍
天八天
喜座姚
【財帛】將帝咸天
【辛酉】軍旺池德
10、22、34、46、58、70、82
84～93 小限 12</td>
</tr>
<tr>
<td>▼
天
相
天天紅台
官福鸞輔
【福德】伏胎息貫
【乙卯】兵　神索
4、16、28、40、52、64、76
24～33 小限 6</td>
<td>鳳寡截陰
閣宿空煞
【子女】奏衰地弔
【壬戌】書　煞客
11、23、35、47、59、71、83
94～103 小限 1 祿</td>
</tr>
<tr>
<td>⊕◎
太巨右
陽門弼
科
忌
孤天天地
辰馬月空
【父母】大絕歲喪
【甲寅】耗　驛門
3、15、27、39、51、63、75
14～23 小限 5</td>
<td>◎◎　◎◎
武貪天文文
曲狼魁昌曲
祿
天
才
【命宮】病墓攀晦
【乙丑】符　鞍氣
2、14、26、38、50、62、74
4～13 小限 4</td>
<td>⊕◎
天太左
同陰輔
權
【兄弟】喜死歲
【甲子】神　建
1、13、25、37、49、61、73
114～123 小限 3</td>
<td>○　△
天　火
府　星
封
誥
【夫妻】飛病亡病
【癸亥】廉　神符
12、24、36、48、60、72、84
104～113 小限 2</td>
</tr>
</table>

食神	日元	偏財	傷官	主星
己酉	丁丑	辛酉	戊子	八字
辛	辛癸己	辛	癸	藏
偏財	偏財 七殺 食神	偏財	七殺	副星
長生	墓	長生	絕	運
天喜 福德 桃花 天乙貴人 文昌 學堂 將星	飛刃 墓庫 華蓋 退神	天喜 福德 桃花 天乙貴人 文昌 學堂 將星		地支神煞

72	62 血刃	52	42	32	22 血刃	12	2	大運
己巳	戊辰	丁卯	丙寅	乙丑	甲子	癸亥	壬戌	

◎廟 ⊕旺 ○得地 △利益 ▲平和 ●不得地 ▼落陷

紫 微 斗 數 星 盤

日期：2023/10/31

▼ 太 祿 陰 存 權 祿 破天天地地 碎刑巫劫空 【父母】博絕劫小 【丁巳】士 煞耗 6、18、30、42、54、66、78 15～24 小限 8 科	⊕ ▼ 貪 擎 狼 羊 祿 祿 天天三 哭虛台 【福德】力胎災大 【戊午】士 煞耗 7、19、31、43、55、67、79 25～34 小限 9	● ● 天巨天 同門鉞 旬 空 【田宅】青養天龍 【己未】龍 煞德 8、20、32、44、56、68、80 35～44 小限 10	○ ◎ ▼ 武天火 曲相星 權忌 蜚八封 廉座誥 【官祿】小長指白 【庚申】耗生背虎 9、21、33、45、57、69、81 45～54 小限 11
△ ◎ ◎ ○ ▼ 廉天陀文鈴 身 貞府羅昌星 宮 忌 科 龍天天解 池才壽神 【命宮】官墓華官 【丙辰】府 蓋符 5、17、29、41、53、65、77 5～14 小限 7			▲ ○ 太天 陽梁 權 天天天恩 傷喜姚光 【僕役】將沐咸天 【辛酉】軍浴池德 10、22、34、46、58、70、82 55～64 小限 12
天天紅天 官福鸞貴 【兄弟】伏死息貫 【乙卯】兵 神索 4、16、28、40、52、64、76 115～124 小限 6 權			◎ ▼ 七 文 殺 曲 鳳寡截陰 閣宿空煞 【遷移】奏冠地弔 【壬戌】書帶煞客 11、23、35、47、59、71、83 65～74 小限 1 科
○ 破 右 軍 弼 科 權 孤天天 辰馬月 【夫妻】大病歲喪 【甲寅】耗 驛門 3、15、27、39、51、63、75 105～114 小限 5	天 魁 【子女】病衰攀晦 【乙丑】符 鞍氣 2、14、26、38、50、62、74 95～104 小限 4	▲ 紫 左 微 輔 台 輔 【財帛】喜帝歲 【甲子】神旺建 1、13、25、37、49、61、73 85～94 小限 3	▲ 天 機 忌 天 使 【疾厄】飛臨亡病 【癸亥】廉官神符 12、24、36、48、60、72、84 75～84 小限 2 科

姓名: 性別:男

西元：2008年10月5日午時 農曆：97年9月7日午時

比肩	日元	傷官	比肩	主星
戊午	戊寅	辛酉	戊子	八字
己丁	戊丙甲	辛	癸	藏
劫財 正印	比肩 偏印 七殺	傷官	正財	副星
帝旺	長生	死	胎	運
歲破 災煞 羊刃 將星	喪門 天德貴人 學堂	天喜 福德 桃花	飛刃	地支神煞

72	62	52	42	32	22	12	2	
己巳	戊辰	丁卯	丙寅	乙丑	甲子	癸亥	壬戌	大運

編號：0

五行：土五局

性屬：陽男

□□□鼠

命主：廉貞

身主：

子年斗君：戌

◎廟 ⊕旺 ○得地 △利益 ▲平和 ●不得地 ▼落陷

上兩張命盤一張是剖腹生產第一名（431分），一張是剖腹生產第八十四名（45分），此兩張命盤是從2008年9月29日到2008年10月5日，每天12張命盤，7天共84張命盤，然後用本章第一到第五節的條件一一篩選後，依得分順序排出，所以精細度很高，如果沒有電腦幫忙而只靠老師一張一張排，然後又用人工加減分，平心而論，要從84張命盤中挑出第一名可能會有一點困難，而此項功能是本中心用人工智慧經電腦軟體自動比對，可想而知，準確度一定高很多，親愛的讀者、老師們需要我們研究研究嗎?可來電研討。

用紫微斗數挑剖腹生產日子

人說落土時八字命，當一位媽媽懷有身孕時，都很期盼能生個好命又好運的小孩，如果想自然生產時，那就盡量多祈福及多說好話、多做好事，老天爺自然會挑好日子及時辰來讓您的小孩降臨。

如果想用剖腹生產的方式來生產，建議可以用紫微斗數擇好日的方式，來挑一個學理上最好的日子及時辰來讓您的小孩出生。

那要如何用紫微斗數來擇日呢?首先將預產期設定，例如：預產期是99年10月3日，那剖腹生產之日子就必須訂在9月15到9月30日區間，這區間共有16天，每天有12時盤，16天乘12盤共192張命盤，再用紫微擇好日的各項條件挑出192張命盤的優先順序，如此才能找出最佳的時辰，以下將提供紫微斗數剖腹生產擇好日的各項條件，讓各位先進及讀者參考。

第一節 條件（一）剖腹生產之好格局

如命盤有以下組合通通加30分：

1、七殺在午和天府在子（七殺朝斗格）……30
2、七殺在申和寅宮有紫微、天府（七殺朝斗格）……30
3、七殺在寅和紫微，天府在申（七殺朝斗格）……30
4、七殺在子和午宮有天府（七殺朝斗格）……30
5、命、財、官各有化祿或化科或化權最好（三奇嘉會格）……30
6、化權、化祿、化科成三合局（三奇嘉會格）……30
7、戌宮天同、化權和午宮祿存和寅宮有天機，太陽（化星反貴格）……30
8、天鉞在申和天魁在子（天乙拱命格）……30

35、命宮在子有太陽和午宮在天梁和申宮在祿存（陽梁昌祿格）……30
36、命宮在午宮有紫微（極向離明格）……30
37、申宮有天馬、祿存、天相、武曲或寅宮有天馬、祿存、天相、武曲（祿馬交馳格）……30
38、命宮在子或在午有天梁星（壽星入朝格）……30
39、文昌在卯且左輔在亥（輔拱文星格）……30
40、申宮在天同、天梁和辰宮有太陰和子宮有天機（機月同宮格）……30
41、擎羊入辰或戌或丑或未（擎羊入廟格）……30
42、祿存和化祿在申（雙祿交流格）……30
43、化祿星在巳和祿存星在酉（雙祿交流格）……30
44、命宮之三方四正有化祿和化權（權祿巡逢格）……30

PS：但在命宮及三方四正位如有化祿星或化權或化科，每個祿或權或科再加15分

PS：但在命宮及三方四正位如有化忌星或自化忌，每個忌扣15分

第二節 條件（二）剖腹生產之壞格局

如命盤有以下組合通通扣30分：

1、文曲在午（文星失位格）……扣30
2、文昌在寅（文星失位格）……扣30
3、天機在巳或在亥（天機巳亥格）……扣30
4、太陰在辰和太陽在戌（日月反背格）……扣30
5、太陰和天同在午（月同陰煞格）……扣30
6、巨門或擎羊在寅和陀羅在午和火星在申和鈴星在戌（巨逢四煞格）……扣30
7、天機或巨門化忌在酉宮（巨機化酉格）……扣30
8、擎羊和天相和廉貞在子宮或午宮（刑囚夾印格）……扣30
9、擎羊在辰和陀羅在寅和紫微化忌在卯（羊陀夾印格）……扣30
10、命宮及父母宮無主星，紫微、天機、太陽、武曲、天同、廉貞、天府、太陰、貪狼、巨門、天相、天梁、七殺、破軍（命無正曜格）……扣30

11、命宮在巳或在亥有地空+地劫（命裡逢空格）……………………扣30
12、命宮在巳、辰宮有地空和午宮有地劫或命宮在亥，子宮有地劫和戌宮有地空（空劫夾命格）……………………扣30
13、文曲在戌宮和太陽與巨門在寅宮（桃花滾浪格）……………………扣30
14、在子或午或卯或酉宮是命宮且有擎羊者（馬頭帶劍格）……………………扣30
15、天同在亥和天梁在巳或天同在巳和天梁在亥（梁同巳亥格）……………………扣30
16、七殺和武曲在卯和貪狼，廉貞在亥（殺拱廉貞格）……………………扣30
17、命在午宮有擎羊及陀羅或命宮在戌宮有擎羊及陀羅或命宮在寅宮有擎羊及陀羅（君子在野格）……………………扣30
18、命宮有祿存且對宮有化祿和三合方地空及地劫（兩重華蓋格）……………………扣30
19、命宮在午和寅有祿存，空亡和戌有七殺（祿滾馬困格）……………………扣30
20、命宮在申和寅宮有鈴星和辰宮化忌和子宮地空（名不利達格）……………………扣30
21、命宮在申有武曲和寅宮有擎羊和辰宮有空劫和子宮化忌（花開遭狂雨格）……………………扣30
22、命宮在申有貪狼和寅宮有地空和辰宮有火星和子宮化忌（三方凶格）……………………扣30

23、命宮在申有祿存和寅宮化忌且辰宮有空劫（祿逢沖破格）……………扣30
24、貪狼在亥和子（泛水桃花格）…………………………………………扣30
25、命宮在申化忌且寅宮有空亡和辰宮有截路子宮有陀羅（馬落空亡格）……扣30
PS：但在命宮及三方四正位如有化祿星或化權或化科，每個祿或權或科加8分
26、貪狼、擎羊在午（風流彩杖格）………………………………………扣30
PS：但在命宮及三方四正位如有化忌星或自化忌，每個忌扣15分

第三節 條件（三）看命宮之三方四正內星宿吉凶

命宮及三方四正位——有好的星，每個加5分

紫微，天機，太陽，武曲，天同，天府，天相，天梁，文曲，文昌，祿存，天魁，天鉞，天馬，華蓋，紅鸞，天喜，左輔，右弼

命宮及三方四正位——有壞的星，每個扣5分

天刑，天姚，陰煞，地空，地劫，火星，鈴星，廉貞，太陰，貪狼，巨門，七殺，破軍，擎羊，陀羅，孤辰，寡宿

第四節 條件（四）各星在十二地支之曜度

		子	丑	寅	卯	辰	巳	午	未	申	酉	戌	亥
廟	◎	機府陰相梁破祿	紫府武陰貪相殺昌曲羊陀鸞	廉府巨相梁殺祿火鈴鸞姚刑	陽巨梁祿鸞姚刑	府梁貪武殺羊陀鸞	同祿昌曲	紫機梁相破祿火鈴	紫府武貪殺羊陀	相祿殺巨廉	祿巨昌曲姚刑	府梁武貪殺羊陀火鈴鸞姚刑	陰同祿鸞
旺	◎	武同貪巨殺	梁破	紫陽陰	紫機殺曲	陽破	紫陽巨	陽武府貪巨殺	梁曲破	紫同	紫機府陰殺	陰破	紫巨曲
得地	∨	昌曲	火鈴	機武破	府	紫相昌曲	府相火鈴		陽相	機陽府武破昌曲	梁火鈴	紫相	府相
利益	∨		廉	同	武貪昌火鈴	機廉			廉昌火鈴	陰	武貪	機廉	昌火鈴
平和	∨	紫廉姚刑		貪曲	同廉	同姚刑	機武姚刑殺破	姚刑廉		姚刑貪	陽同廉	同	機武姚刑殺破
不得地	ㄨ		陽同巨					陰	陰同巨			陽	
陷	ㄨㄨ	陽羊火鈴	機姚刑	昌陀	陰相破羊	陰巨火鈴	陰梁貪廉陀	同昌曲羊	機姚刑	梁陀火鈴	相破羊	巨昌曲	陽廉貪梁陀

各星在十二地支之曜度
如在廟……加10分
如在旺……加8分
如在得地……加6分
如在利益……加4分
如在平合……加2分
如在不得地…扣6分
如在落陷……扣10分

第五節 條件（五）自化祿或權或科或忌特別加減分

在整個命盤中除了命宮及三方四正位外，其他宮如有自化祿或自化權或自化科，每個自化祿或權或科加10分。

在整個命盤中除了命宮及三方四正位外，其他宮如有自化忌星，每個自化忌扣15分。

PS：剖腹生產命盤之優先順序以五項條件分數相加後產生高低分，再排出優先次序。

如果各位老師或親愛的讀者認為要用人工排出那麼多命盤有困難，本中心有開發一套紫微論命軟體，就剖腹生產擇日功能要排出幾十張命盤且將優先順序一一排出，只需花幾分鐘即可挑出，很方便，有需要可來電，謝謝！

作者說明

紫微診斷一生命運還有很多地方可以探討的，這本書當然無法一一說明，如果您真的很想學會紫微斗數斷吉凶，規劃人生，趨吉避凶的話，本中心有錄製一套簡單易學的紫微論命「初中高」教學DVD，讓您輕鬆在家學習，當不懂時，可隨時來電，一定給予詳盡說明。

還有一點聲明，如果您沒時間學習，而只想知道未來會怎麼樣，那就可以買一套「紫微論命軟體」。只要輸入出生年、月、日，您想知道的答案就會印出來，可節省很多時間。洽04-24521393。

第二十章

如何排出一張完整的紫微斗數盤

準備一張空白命盤表

紫 微 斗 數 星 盤

日期:

【綜合盤】

【 】 【巳】	【 】 【午】	【 】 【未】	【 】 【申】
【 】 【辰】	姓名:　性別: 西元:　年　月　日　時　農曆:　年　月　日		【 】 【酉】
【 】 【卯】			【 】 【戌】
【 】 【寅】	【 】 【丑】	【 】 【子】	【 】 【亥】

				主星
				八字
				藏
				副星
				運
				地支神煞
				大運

五行:　性屬:　生肖:

命主:　身主:

命例（二十一）

將以下表一到表廿六之資料按表操課填入空白命盤，就可以得到命例（二十一）的命盤完整表格。**當然用軟體也可以。**

紫微斗數星盤

日期：2023/10/31

<table>
<tr>
<td>▲▲▼
武破陀右
曲軍羅弼

天天封
壽馬誥
【父母】力絕歲弔
【乙巳】士　驛客
11、23、35、47、59、71、83
116～125 小限 5</td>
<td>⊕
太　祿
陽　存

天
姚
【福德】博墓息病
【丙午】士　神符
12、24、36、48、60、72、84
106～115 小限 6</td>
<td>⊕　⊕△⊕
天　擎文文
府　羊昌曲

【田宅】官死華歲
【丁未】府　蓋建
1、13、25、37、49、61、73
96～105 小限 7</td>
<td>○△
天太
機陰
科祿
忌權
紅孤天地
鸞辰巫空
【官祿】伏病劫晦
【戊申】兵　煞氣
2、14、26、38、50、62、74
86～95 小限 8</td>
</tr>
<tr>
<td>▲
天
同
權

寡三陰
宿台煞
【命宮】青胎攀天
【甲辰】龍　鞍德
10、22、34、46、58、70、82
6～15 小限 4</td>
<td colspan="2" rowspan="2">姓名:　性別:男
西元：1967年7月27日卯時　農曆：56年6月20日卯
編號 :0
□□□羊
性屬：陰男
五行：火六局
子年斗君：戌
身主：
命主：廉貞</td>
<td>⊕△
紫貪天左
微狼鉞輔
權
天台
傷輔
【僕役】大衰災喪
【己酉】耗　煞門
3、15、27、39、51、63、75
76～85 小限 9</td>
</tr>
<tr>
<td>鳳蜚天
閣廉月
【兄弟】小養白
【癸卯】耗　虎
9、21、33、45、57、69、81
16～25 小限 3　忌</td>
<td>▼
巨
門
忌　身宮

八
座
【遷移】病帝天貫
【庚戌】符旺煞索
4、16、28、40、52、64、76
66～75 小限 10　科</td>
</tr>
<tr>
<td>天天截天地旬
官喜空刑劫空
【夫妻】將長亡龍
【壬寅】軍生神德
8、20、32、44、56、68、80
26～35 小限 2</td>
<td>△◎○
廉七鈴
貞殺星

天破恩天
虛碎光貴
【子女】奏沐地大
【癸丑】書浴煞耗
7、19、31、43、55、67、79
36～45 小限 1</td>
<td>◎　▼
天　火
梁　星
祿
解
神
【財帛】飛冠咸小
【壬子】廉帶池耗
6、18、30、42、54、66、78
46～55 小限 12</td>
<td>○
天　天
相　魁

天天天龍天
使福哭池才
【疾厄】喜臨指官
【辛亥】神官背符
5、17、29、41、53、65、77
56～65 小限 11　科</td>
</tr>
</table>

劫財	日元	正財	正財	主星
癸卯	壬辰	丁未	丁未	八字
乙	癸乙戊	乙丁己	乙丁己	藏
傷官	劫傷七 財官殺	傷正正 官財官	傷正正 官財官	副星
死	墓	養	養	運
金匱 白虎 血刃 天乙貴人	福德 墓庫 華蓋 魁罡 福星貴 狠神	伏吟		地支神煞
77 己亥 ／ 67 庚子	57 辛丑 ／ 47 壬寅	37 癸卯 ／ 27 甲辰	17 乙巳 ／ 7 丙午	大運

◎廟 ⊕旺 ○得地 △利益 ▲平和 ●不得地 ▼落陷

紫微斗數排盤的各項條件

一、時辰轉換地支表

時辰	時間
子	23:00~01:00
丑	01:00~03:00
寅	03:00~05:00
卯	05:00~07:00
辰	07:00~09:00
巳	09:00~11:00
午	11:00~13:00
未	13:00~15:00
申	15:00~17:00
酉	17:00~19:00
戌	19:00~21:00
亥	21:00~23:00

二、定十二宮天干表

十二宮／本生年干	甲、己	乙、庚	丙、辛	丁、壬	戊、癸
寅	丙	戊	庚	壬	甲
卯	丁	己	辛	癸	乙
辰	戊	庚	壬	甲	丙
巳	己	辛	癸	乙	丁
午	庚	壬	甲	丙	戊
未	辛	癸	乙	丁	己
申	壬	甲	丙	戊	庚
酉	癸	乙	丁	己	辛
戌	甲	丙	戊	庚	壬
亥	乙	丁	己	辛	癸
子	丙	戊	庚	壬	甲
丑	丁	己	辛	癸	乙

三、安命宮及身宮表

12	11	10	9	8	7	6	5	4	3	2	1	生月／生時	
丑	子	亥	戌	酉	申	未	午	巳	辰	卯	寅	身命	子
子	亥	戌	酉	申	未	午	巳	辰	卯	寅	丑	命	丑
寅	丑	子	亥	戌	酉	申	未	午	巳	辰	卯	身	
亥	戌	酉	申	未	午	巳	辰	卯	寅	丑	子	命	寅
卯	寅	丑	子	亥	戌	酉	申	未	午	巳	辰	身	
戌	酉	申	未	午	巳	辰	卯	寅	丑	子	亥	命	卯
辰	卯	寅	丑	子	亥	戌	酉	申	未	午	巳	身	
酉	申	未	午	巳	辰	卯	寅	丑	子	亥	戌	命	辰
巳	辰	卯	寅	丑	子	亥	戌	酉	申	未	午	身	
申	未	午	巳	辰	卯	寅	丑	子	亥	戌	酉	命	巳
午	巳	辰	卯	寅	丑	子	亥	戌	酉	申	未	身	
未	午	巳	辰	卯	寅	丑	子	亥	戌	酉	申	身命	午
午	巳	辰	卯	寅	丑	子	亥	戌	酉	申	未	命	未
申	未	午	巳	辰	卯	寅	丑	子	亥	戌	酉	身	
巳	辰	卯	寅	丑	子	亥	戌	酉	申	未	午	命	申
酉	申	未	午	巳	辰	卯	寅	丑	子	亥	戌	身	
辰	卯	寅	丑	子	亥	戌	酉	申	未	午	巳	命	酉
戌	酉	申	未	午	巳	辰	卯	寅	丑	子	亥	身	
卯	寅	丑	子	亥	戌	酉	申	未	午	巳	辰	命	戌
亥	戌	酉	申	未	午	巳	辰	卯	寅	丑	子	身	
寅	丑	子	亥	戌	酉	申	未	午	巳	辰	卯	命	亥
子	亥	戌	酉	申	未	午	巳	辰	卯	寅	丑	身	

四、定十二宮表

命宮	兄弟	夫妻	子女	財帛	疾厄	遷移	僕役	官祿	田宅	福德	父母	身宮
子	亥	戌	酉	申	未	午	巳	辰	卯	寅	丑	身宮常附化宮之內，不一定身命同宮。
丑	子	亥	戌	酉	申	未	午	巳	辰	卯	寅	
寅	丑	子	亥	戌	酉	申	未	午	巳	辰	卯	
卯	寅	丑	子	亥	戌	酉	申	未	午	巳	辰	
辰	卯	寅	丑	子	亥	戌	酉	申	未	午	巳	
巳	辰	卯	寅	丑	子	亥	戌	酉	申	未	午	
午	巳	辰	卯	寅	丑	子	亥	戌	酉	申	未	
未	午	巳	辰	卯	寅	丑	子	亥	戌	酉	申	
申	未	午	巳	辰	卯	寅	丑	子	亥	戌	酉	
酉	申	未	午	巳	辰	卯	寅	丑	子	亥	戌	
戌	酉	申	未	午	巳	辰	卯	寅	丑	子	亥	
亥	戌	酉	申	未	午	巳	辰	卯	寅	丑	子	

五、定五行局表

本生年干＼命宮	子丑	寅卯	辰巳	午未	申酉	戌亥
甲、己	水二局	火六局	木三局	土五局	金四局	火六局
乙、庚	火六局	土五局	金四局	木三局	水二局	土五局
丙、辛	土五局	木三局	水二局	金四局	火六局	木三局
丁、壬	木三局	金四局	火六局	水二局	土五局	金四局
戊、癸	金四局	水二局	土五局	火六局	木三局	水二局

六、起紫微表

生日＼五行局	水二局	木三局	金四局	土五局	火六局
初一	丑	辰	亥	午	酉
初二	寅	丑	辰	亥	午
初三	寅	寅	丑	辰	亥
初四	卯	巳	寅	丑	辰
初五	卯	寅	子	寅	丑
初六	辰	卯	巳	未	寅
初七	辰	午	寅	子	戌
初八	巳	卯	卯	巳	未
初九	巳	辰	丑	寅	子
初十	午	未	午	卯	巳
十一	午	辰	卯	申	寅
十二	未	巳	辰	丑	卯
十三	未	申	寅	午	亥
十四	申	巳	未	卯	申
十五	申	午	辰	辰	丑
十六	酉	酉	巳	酉	午
十七	酉	午	卯	寅	卯
十八	戌	未	申	未	辰
十九	戌	戌	巳	辰	子
廿	亥	未	午	巳	酉
廿一	亥	申	辰	戌	寅
廿二	子	亥	酉	卯	未
廿三	子	申	午	申	辰
廿四	丑	酉	未	巳	巳
廿五	丑	子	巳	午	丑
廿六	寅	酉	戌	亥	戌
廿七	寅	戌	未	辰	卯
廿八	卯	丑	申	酉	申
廿九	卯	戌	午	午	巳
三十	辰	亥	亥	未	午

七、安紫微諸星表

紫微星位置	甲				
	天機	太陽	武曲	天同	廉貞
子	亥	酉	申	未	辰
丑	子	戌	酉	申	巳
寅	丑	亥	戌	酉	午
卯	寅	子	亥	戌	未
辰	卯	丑	子	亥	申
巳	辰	寅	丑	子	酉
午	巳	卯	寅	丑	戌
未	午	辰	卯	寅	亥
申	未	巳	辰	卯	子
酉	申	午	巳	辰	丑
戌	酉	未	午	巳	寅
亥	戌	申	未	午	卯

八、定天府星表

紫微星位置	甲
	天府星
子	辰
丑	卯
寅	寅
卯	丑
辰	子
巳	亥
午	戌
未	酉
申	申
酉	未
戌	午
亥	巳

九、安天府諸星表

甲	甲						
天府星	太陰	貪狼	巨門	天相	天梁	七殺	破軍
子	丑	寅	卯	辰	巳	午	戌
丑	寅	卯	辰	巳	午	未	亥
寅	卯	辰	巳	午	未	申	子
卯	辰	巳	午	未	申	酉	丑
辰	巳	午	未	申	酉	戌	寅
巳	午	未	申	酉	戌	亥	卯
午	未	申	酉	戌	亥	子	辰
未	申	酉	戌	亥	子	丑	巳
申	酉	戌	亥	子	丑	寅	午
酉	戌	亥	子	丑	寅	卯	未
戌	亥	子	丑	寅	卯	辰	申
亥	子	丑	寅	卯	辰	巳	酉

十、安時系星表

諸星／生年支	甲		甲								乙			
	文昌	文曲	寅午戌		申子辰		巳酉丑		亥卯未		地劫	天空	台輔	封誥
生年支			火星	鈴星	火星	鈴星	火星	鈴星	火星	鈴星				
子	戌	辰	丑	卯	寅	戌	卯	戌	酉	戌	亥	亥	午	寅
丑	酉	巳	寅	辰	卯	亥	辰	亥	戌	亥	子	戌	未	卯
寅	申	午	卯	巳	辰	子	巳	子	亥	子	丑	酉	申	辰
卯	未	未	辰	午	巳	丑	午	丑	子	丑	寅	申	酉	巳
辰	午	申	巳	未	午	寅	未	寅	丑	寅	卯	未	戌	午
巳	巳	酉	午	申	未	卯	申	卯	寅	卯	辰	午	亥	未
午	辰	戌	未	酉	申	辰	酉	辰	卯	辰	巳	巳	子	申
未	卯	亥	申	戌	酉	巳	戌	巳	辰	巳	午	辰	丑	酉
申	寅	子	酉	亥	戌	午	亥	午	巳	午	未	卯	寅	戌
酉	丑	丑	戌	子	亥	未	子	未	午	未	申	寅	卯	亥
戌	子	寅	亥	丑	子	申	丑	申	未	申	酉	丑	辰	子
亥	亥	卯	子	寅	丑	酉	寅	酉	申	酉	戌	子	巳	丑

十一、安月系諸星表

諸星／生年月	甲		乙						
	左輔	右弼	天刑	天姚	天馬	解神	天巫	天月	陰煞
正月	辰	戌	酉	丑	申	申	巳	戌	寅
二月	巳	酉	戌	寅	巳	申	申	巳	子
三月	午	申	亥	卯	寅	戌	寅	辰	戌
四月	未	未	子	辰	亥	戌	亥	寅	申
五月	申	午	丑	巳	申	子	巳	未	午
六月	酉	巳	寅	午	巳	子	申	卯	辰
七月	戌	辰	卯	未	寅	寅	寅	亥	寅
八月	亥	卯	辰	申	亥	寅	亥	未	子
九月	子	寅	巳	酉	申	辰	巳	寅	戌
十月	丑	丑	午	戌	巳	辰	申	午	申
十一月	寅	子	未	亥	寅	午	寅	戌	午
十二月	卯	亥	申	子	亥	午	亥	寅	辰

十二、安日系諸星表

星級	諸星	安星方法
乙	三台	從左輔上起初一，順行，數到本日生。
乙	八座	從右弼上起初一，逆行，數到本日生。
乙	恩光	從文昌上起初一，順行，數到本日生再退後一步。
乙	天貴	從文曲上起初一，順行，數到本日生再退後一步。

十三、安生年博士十二星法

丙	
不論男女命，尋找祿存星所在宮位起博士，陽男陰女順行，陰男陽女逆行	博士、力士、青龍、小耗、將軍、奏書、飛廉、喜神、病符、大耗、伏兵、官符

十四、安干系諸星表

級星	甲					甲				乙		丙	甲
生年干	祿存	擎羊	陀羅	天魁	天鉞	化祿	化權	化科	化忌	天官	天福	天廚	流年文昌
甲	寅	卯	丑	丑	未	廉貞	破軍	武曲	太陽	未	酉	巳	巳
乙	卯	辰	寅	子	申	天機	天梁	紫微	太陰	辰	申	午	午
丙	巳	午	辰	亥	酉	天同	天機	文昌	廉貞	巳	子	子	申
丁	午	未	巳	亥	酉	太陰	天同	天機	巨門	寅	亥	巳	酉
戊	巳	午	辰	丑	未	貪狼	太陰	右弼	天機	卯	卯	午	申
己	午	未	巳	子	申	武曲	貪狼	天梁	文曲	酉	寅	申	酉
庚	申	酉	未	丑	未	太陽	武曲	太陰	天同	亥	午	寅	亥
辛	酉	戌	申	午	寅	巨門	太陽	文曲	文昌	酉	巳	午	子
壬	亥	子	戌	卯	巳	天梁	紫微	左輔	武曲	戌	午	酉	寅
癸	子	丑	亥	卯	巳	破軍	巨門	太陰	貪狼	午	巳	亥	卯

十五、安支系諸星表

級星	乙		乙		乙		乙		乙		乙	
生年支	天哭	天虛	龍池	鳳閣	紅鸞	天喜	孤辰	寡宿	蜚廉	破碎	天才	天壽
子	午	午	辰	戌	卯	酉	寅	戌	申	巳	命宮	由身宮起子，順行，數至本生年支，即安天壽星。
丑	巳	未	巳	酉	寅	申	寅	戌	酉	丑	父母	
寅	辰	申	午	申	丑	未	巳	丑	戌	酉	福德	
卯	卯	酉	未	未	子	午	巳	丑	巳	巳	田宅	
辰	寅	戌	申	午	亥	巳	巳	丑	午	丑	官祿	
巳	丑	亥	酉	巳	戌	辰	申	辰	未	酉	僕役	
午	子	子	戌	辰	酉	卯	申	辰	寅	巳	遷移	
未	亥	丑	亥	卯	申	寅	申	辰	卯	丑	疾厄	
申	戌	寅	子	寅	未	丑	亥	未	辰	酉	財帛	
酉	酉	卯	丑	丑	午	子	亥	未	亥	巳	子女	
戌	申	辰	寅	子	巳	亥	亥	未	子	丑	夫妻	
亥	未	巳	卯	亥	辰	戌	寅	戌	丑	酉	兄弟	

十六、安五行長生十二星表

局數	星級	丙											
	順逆	長生	沐浴	冠帶	臨官	帝旺	衰	病	死	墓	絕	養	胎
水二局	陽男陰女	申	酉	戌	亥	子	丑	寅	卯	辰	巳	午	未
	陰男陽女		未	午	巳	辰	卯	寅	丑	子	亥	戌	酉
木三局	陽男陰女	亥	子	丑	寅	卯	辰	巳	午	未	申	酉	戌
	陰男陽女		戌	酉	申	未	午	巳	辰	卯	寅	丑	子
金四局	陽男陰女	巳	午	未	申	酉	戌	亥	子	丑	寅	卯	辰
	陰男陽女		辰	卯	寅	丑	子	亥	戌	酉	申	未	午
土五局	陽男陰女	申	酉	戌	亥	子	丑	寅	卯	辰	巳	午	未
	陰男陽女		未	午	巳	辰	卯	寅	丑	子	亥	戌	酉
火六局	陽男陰女	寅	卯	辰	巳	午	未	申	酉	戌	亥	子	丑
	陰男陽女		丑	子	亥	戌	酉	申	未	午	巳	辰	卯

十七、安截路空亡表

生年干	截空（丙）
甲	申
己	酉
乙	午
庚	未
丙	辰
辛	巳
丁	寅
壬	卯
戊	子
癸	丑

十八、安旬（空亡）表

年干年支／旬中支	戌亥	申酉	午未	辰巳	寅卯	子丑
甲	子	戌	申	午	辰	寅
乙	丑	亥	酉	未	巳	卯
丙	寅	子	戌	申	午	辰
丁	卯	丑	亥	酉	未	巳
戊	辰	寅	子	戌	申	午
己	巳	卯	丑	亥	酉	未
庚	午	辰	寅	子	戌	申
辛	未	巳	卯	丑	亥	酉
壬	申	午	辰	寅	子	戌
癸	酉	未	巳	卯	丑	亥

十九、安天傷、天使表

星級	丙	
命宮位置	天傷	天使
子	巳	未
丑	午	申
寅	未	酉
卯	申	戌
辰	酉	亥
巳	戌	子
午	亥	丑
未	子	寅
申	丑	卯
酉	寅	辰
戌	卯	巳
亥	辰	午

註：天傷永在僕役宮，天使永在疾厄宮

廿、安命主表

命宮	命主
子	貪狼
丑	巨門
寅	祿存
卯	文曲
辰	廉貞
巳	武曲
午	破軍
未	武曲
申	廉貞
酉	文曲
戌	祿存
亥	巨門

廿一、安身主表

出生年支	身主
子	火星
丑	天相
寅	天梁
卯	天同
辰	文昌
巳	天機
午	火星
未	天相
申	天梁
酉	天同
戌	文昌
亥	天機

廿二、安流年將前諸星

星級	年支	寅午戌	申子辰	巳酉丑	亥卯未
丁	將星	午	子	酉	卯
丁	攀鞍	未	丑	戌	辰
丁	歲驛	申	寅	亥	巳
戊	息神	酉	卯	子	午
丁	華蓋	戌	辰	丑	未
戊	劫煞	亥	巳	寅	申
戊	災煞	子	午	卯	酉
戊	天煞	丑	未	辰	戌
戊	指背	寅	申	巳	亥
戊	咸池	卯	酉	午	子
戊	月煞	辰	戌	未	丑
戊	亡神	巳	亥	申	寅

廿三、安流年歲前諸星表

星極	丁	戊						丁	戊	丁	戊	
年支	歲建	晦氣	喪門	貫索	官符	小耗	大耗	龍德	白虎	天德	弔客	病符
子	子	丑	寅	卯	辰	巳	午	未	申	酉	戌	亥
丑	丑	寅	卯	辰	巳	午	未	申	酉	戌	亥	子
寅	寅	卯	辰	巳	午	未	申	酉	戌	亥	子	丑
卯	卯	辰	巳	午	未	申	酉	戌	亥	子	丑	寅
辰	辰	巳	午	未	申	酉	戌	亥	子	丑	寅	卯
巳	巳	午	未	申	酉	戌	亥	子	丑	寅	卯	辰
午	午	未	申	酉	戌	亥	子	丑	寅	卯	辰	巳
未	未	申	酉	戌	亥	子	丑	寅	卯	辰	巳	午
申	申	酉	戌	亥	子	丑	寅	卯	辰	巳	午	未
酉	酉	戌	亥	子	丑	寅	卯	辰	巳	午	未	申
戌	戌	亥	子	丑	寅	卯	辰	巳	午	未	申	酉
亥	亥	子	丑	寅	卯	辰	巳	午	未	申	酉	戌

廿四、起大年限表

五行局	順逆	命宮	兄弟	夫妻	子女	財帛	疾厄	遷移	僕役	官祿	田宅	福德	父母
水二局	陽男陰女	2~11	112~121	102~111	92~101	82~91	72~81	62~71	52~61	42~51	32~41	22~31	12~21
	陰男陽女	2~11	12~21	22~31	32~41	42~51	52~61	62~71	72~81	82~91	92~101	102~111	112~121
木三局	陽男陰女	3~12	113~122	103~112	93~102	83~92	73~82	63~72	53~62	43~52	33~42	23~32	13~22
	陰男陽女	3~12	13~22	23~32	33~42	43~52	53~62	63~72	73~82	83~92	93~102	103~112	113~122
金四局	陽男陰女	4~13	114~123	104~113	94~103	84~93	74~83	64~73	54~63	44~53	34~43	24~33	14~23
	陰男陽女	4~13	14~23	24~33	34~43	44~53	54~63	64~73	74~83	84~93	94~103	104~113	114~123
土五局	陽男陰女	5~14	115~124	105~114	95~104	85~94	75~84	65~74	55~64	45~54	35~44	25~34	15~24
	陰男陽女	5~14	15~24	25~34	35~44	45~54	55~64	65~74	75~84	85~94	95~104	105~114	115~124
火六局	陽男陰女	6~15	116~125	106~115	96~105	86~95	76~85	66~75	56~65	46~55	36~45	26~35	16~25
	陰男陽女	6~15	16~25	26~35	36~45	46~55	56~65	66~75	76~85	86~95	96~105	106~115	116~125

廿五、安小限表

												小限之歲／宮位／本年支	
12	11	10	9	8	7	6	5	4	3	2	1		
24	23	22	21	20	19	18	17	16	15	14	13		
36	35	34	33	32	31	30	29	28	27	26	25		
48	47	46	45	44	43	42	41	40	39	38	37		
60	59	58	57	56	55	54	53	52	51	50	49		
72	71	70	69	68	67	66	65	64	63	62	61		
84	83	82	81	80	79	78	77	76	75	74	73		
96	95	94	93	92	91	90	89	88	87	86	85		
108	107	106	105	104	103	102	101	100	99	98	97		
120	119	118	117	116	115	114	113	112	111	110	109		
卯	寅	丑	子	亥	戌	酉	申	未	午	巳	辰	男	寅午戌
巳	午	未	申	酉	戌	亥	子	丑	寅	卯	辰	女	
酉	申	未	午	巳	辰	卯	寅	丑	子	亥	戌	男	申子辰
亥	子	丑	寅	卯	辰	巳	午	未	申	酉	戌	女	
午	巳	辰	卯	寅	丑	子	亥	戌	酉	申	未	男	巳酉丑
申	酉	戌	亥	子	丑	寅	卯	辰	巳	午	未	女	
子	亥	戌	酉	申	未	午	巳	辰	卯	寅	丑	男	亥卯未
寅	卯	辰	巳	午	未	申	酉	戌	亥	子	丑	女	

廿六、安子年斗君表

生時＼正月	正月	二月	三月	四月	五月	六月	七月	八月	九月	十月	十一月	十二月
子	子	亥	戌	酉	申	未	午	巳	辰	卯	寅	丑
丑	丑	子	亥	戌	酉	申	未	午	巳	辰	卯	寅
寅	寅	丑	子	亥	戌	酉	申	未	午	巳	辰	卯
卯	卯	寅	丑	子	亥	戌	酉	申	未	午	巳	辰
辰	辰	卯	寅	丑	子	亥	戌	酉	申	未	午	巳
巳	巳	辰	卯	寅	丑	子	亥	戌	酉	申	未	午
午	午	巳	辰	卯	寅	丑	子	亥	戌	酉	申	未
未	未	午	巳	辰	卯	寅	丑	子	亥	戌	酉	申
申	申	未	午	巳	辰	卯	寅	丑	子	亥	戌	酉
酉	酉	申	未	午	巳	辰	卯	寅	丑	子	亥	戌
戌	戌	酉	申	未	午	巳	辰	卯	寅	丑	子	亥
亥	亥	戌	酉	申	未	午	巳	辰	卯	寅	丑	子

【星和五術哲學研究中心　服務項目】

服務項目
命名、改名（綜合各派姓名學，配合紫微命盤命名、改名）
開市、入宅、安神擇日（依三元、三合、玄空擇日催發）
嫁娶合婚、剖腹生產擇日（配合八字及紫微命盤合參）
神位安座（以形家祕法催旺財氣）
陽宅鑑定、陽宅規劃（以形家陽宅及三元納氣）
紫微斗數論命
文王米卦占卜
開運印鑑、助運名片（以八字及姓名改變運勢和磁場）
孫老師著作：形家姓名學教學DVD，可上網選購
易經卜卦初階及進階教學DVD
各項助運、制煞物品及教學DVD銷售…請上網查詢

國寶派紫微斗數、卜卦、綜合派姓名學、形家陽宅教學滿五人開課

命理教學：請電洽　孫承緯老師　0930-769388

服務處：台中市西屯路二段97-11號

台中市西屯區中平路146號

電話：（04）2317-0235、2297-4503　網址：www.n111.com.tw

簡介：星和五術哲學研究中心　負責人

星和印相社　負責人

中國五術教育協會　學術講師

台中市五術教育協會　理事

陳氏太極拳總會直屬九支會　教練

台中師院太極拳社　指導老師

【吉發堂奇門開運中心　服務項目】

一、孔明神籤：本中心恭請南投縣魚池鄉啟示玄機院　孔明仙師　分靈降駕，並提供神籤服務，為眾生指點迷津--功德隨意

二、奇門遁甲：應用方位磁場，可求貴人、買賣經商、考試推甄------------------1200元

三、陽宅鑑定及規劃：綜合各派陽宅學以達成平安發福、財官雙美之格局，並贈送男、女主人八字命書精批任選一本------------------6000元，外縣市酌收車馬費

四、神位安座：以法奇門秘法請神、開光、安座------------------6000元，外縣市酌收車馬費

五、祖先進塔：以仙命為主選塔位，為福東添福祿------------------10000元，外縣市酌收車馬費

六、生涯規劃諮詢：贈命書精批一本，共有20多頁的內容請上網查詢------------------1800元

七、嫁娶擇日合婚：贈新郎、新娘命書精批任選一本------------------3600元

八、嫁娶婚課批覆：贈新郎、新娘命書精批任選一本------------------3200元

九、生產擇日：配合父母親生肖，選用最佳之生產吉期10個時辰備用------------------3000元

十、命名、改名：配合各派姓名學，選三十個以上名字備用，贈命書一本------------------2680元

十一、皮紋檢測：應用電腦科技分析大腦先天學習能量與先天學習敏銳度---------------- 1200元
十二、一般擇日：開市、祭祀、購車交車、求醫療病，贈奇門遁甲秘法---------------- 1200元
十三、開運印章：以八字調整姓名靈動數，並擇日開光，贈命書精批一本---------------- 4500元
十四、助運名片：配合個人生辰精心設計、製作並擇日開光，贈命書精批一本-------------- 2680元
十五、服務項目說明和開運吉品或化煞用品請上www.9989.com.tw網站查閱
十六、奇門遁甲、八字命理、紫微斗數、姓名學、陽宅規劃、擇日學開運秘法傳授。 以上所有開運吉品、化煞用品都由林老師恭請本堂供奉神明：孔明先師、關聖帝君、玄天上帝、三奶夫人（陳靖姑聖母）、五路武財神開光加持。

服務處：台中縣豐原市豐南街12號（國稅局附近）

電話：04-25353141　0933-411186

http://www.9989.com.tw　E-mail：jin.jouu@msa.hinet.net　林錦洲 老師

歡迎上網加入本中心會員，常有不定時寶貴訊息知識交流。

【吉祥坊易經開運中心　服務項目】

一、命名、改名（用多種學派），附改前、改後命書流年一本	3600元
二、一般開市、搬家、動土、擇日，附奇門遁甲擇日	1200元
三、嫁娶合婚擇日，附新郎、新娘八字命書一本	3600元
四、剖腹生產擇日，附12張時辰命盤優先順序	3600元
五、陽宅鑑定及規劃佈局，附男、女主人八字命書一本	6000元
六、開運印鑑，附八字流年命書一本	4500元
七、吉祥印鑑	1800元
八、開運名片附八字流年命書一本	3600元
九、八字命理、陽宅規劃、姓名學、卜卦等多項課程招生	電洽
十、多種五術命理教學VCD、DVD，請上網瀏覽	
十一、姓名學、八字、奇門遁甲、紫微斗數、擇日軟體，請上網查閱	
十二、各類開運物品或制煞物品，請上網查閱	

服務處：台中市西屯區西屯路二段297之8巷78號（逢甲公園旁）

電話：04-24521393　黃恆堉老師　行動：0936-286531

網址：http://www.abab.com.tw　E-mail:w257@yahoo.com.tw

網址:http://www.a8899.com　網址:http://www.ab131.com.cn（大陸）

網址:http://www.131.com　網址:http://www.131.com.tw

感謝各位讀者購買本書，上網有免費線上即時論命、姓名、數字等吉凶。

國家圖書館出版品預行編目資料

這年頭，每個人都需要懂紫微 / 黃恆堉著.
——第一版——臺北市：知青頻道出版；
紅螞蟻圖書發行，2009.5
面 ； 公分——(Easy Quick ; 95)
ISBN 978-986-6643-75-0（平裝附光碟）

1.紫微斗數

293.11　　98004925

Easy Quick 95
這年頭，每個人都需要懂紫微
作　　者／黃恆堉
美術構成／Chris'office
校　　對／周英嬌、黃恆堉、李羽宸
發 行 人／賴秀珍
總 編 輯／何南輝
出　　版／知青頻道出版有限公司
發　　行／紅螞蟻圖書有限公司
地　　址／台北市內湖區舊宗路二段121巷19號（紅螞蟻資訊大樓）
網　　站／www.e-redant.com
郵撥帳號／1604621-1　紅螞蟻圖書有限公司
電　　話／(02)2795-3656（代表號）
傳　　真／(02)2795-4100
登 記 證／局版北市業字第796號
法律顧問／許晏賓律師
印 刷 廠／卡樂彩色製版印刷有限公司
出版日期／2009年 5 月　第一版第一刷
2023年12月　　第四刷(500本)

定價 380 元　港幣 127 元

ISBN 978-986-6643-75-0　　Printed in Taiwan